Study on the Liability of
Motor Vehicle Traffic Accidents

机动车交通事故责任研究

王清平 著

中国科学技术大学出版社

内 容 简 介

本书采用提问式标题,用通俗语言表达作者对机动车交通事故责任及其认定的所思所想。在机动车交通事故责任概述部分,探讨了机动车交通事故责任的概念、特征、性质、类型以及与侵权责任的关系、法源等内容;在机动车交通事故责任认定部分,介绍了责任认定的归责原则、构成要件、责任人的确认及其特殊形态;在机动车交通事故相关责任部分探讨了相关的刑事责任和行政责任。本书可作为高校法学专业学生及相关从业人员的参考资料。

图书在版编目(CIP)数据

机动车交通事故责任研究/王清平著.—合肥:中国科学技术大学出版社,2023.3
ISBN 978-7-312-05636-9

Ⅰ.机… Ⅱ.王… Ⅲ.公路运输—交通运输事故—法律责任—研究—中国 Ⅳ.D922.144

中国国家版本馆CIP数据核字(2023)第049464号

机动车交通事故责任研究
JIDONGCHE JIAOTONG SHIGU ZEREN YANJIU

出版	中国科学技术大学出版社
	安徽省合肥市金寨路96号,230026
	http://press.ustc.edu.cn
	https://zgkxjsdxcbs.tmall.com
印刷	安徽瑞隆印务有限公司
发行	中国科学技术大学出版社
开本	710 mm×1000 mm 1/16
印张	11.50
字数	224千
版次	2023年3月第1版
印次	2023年3月第1次印刷
定价	60.00元

前　言

中国已由一个自行车大国变为汽车大国,即将成为汽车强国,这是伟大的改革开放取得的巨大成就之一。与此同时,"机动车交通事故"也是造成当今社会人身伤亡和财产损失最为突出的原因之一,以至于道路交通事故损害赔偿案件已成为许多基层人民法院受理的第一大民生案件。"机动车交通事故责任"是我国《民法典》重点规制的七种侵权责任之一。

本书共分3篇10章。一是原理篇,共3章,主要介绍侵权责任法律制度的基本原理。侵权责任因违反法律义务、侵害他人合法权益而引发,故第一章在介绍权益、义务、责任相互关系的基础上,探讨机动车交通事故责任的概念。第二、第三章分别探究侵权责任归责的法理和责任认定的具体标准。二是认定篇,共4章,其中第四、第五章分别是第二、三章内容在机动车交通事故责任领域的具体化和特色探讨;第六章"实务中机动车交通事故责任该如何确定"、第七章"机动车交通事故责任存在哪些特殊情形"是笔者在相关领域律师实务的总结思考。三是拓展篇,共3章。"机动车交通事故责任"作为一种典型的损害赔偿民事侵权责任,对民法学者而言,对它的研究由前述7章即可完成,但机动车交通事故责任具有强烈的社会大众性和现实性,第八章"机动车交通事故发生后各方当事人如何维权"不能不写;另外,"机动车交通事故"往往又涉及行政责任和刑事责任,"机动车交通事故责任"可以广义地理解为机动车交通事故中的民事责任、行政责任和刑事责任,在此基础上撰写了第九章"与机动车交通事故关联的行政责任有哪些"和第十章"与机动车交通事故关联的刑事责任有哪些"。

本书有两大特色。其一,它是笔者对机动车交通事故责任法律制度的理论思考和律师实务的总结,因此,本书既不是纯理论著作也不是单纯的案例分析,这是笔者教师和律师双重身份使然之果。其二,它的读者主要面对社会大众。本书源自对笔者"侵权责任法"课程教学讲稿的整理,是从机动车交通事故责任角度讲授侵权责任法律制度,法理的探讨应该是重点,考虑到读者大众性,一方面对初次出现的法律概念要做适当的介绍,另一方面有关法律或法理问题较为深入的探讨,以脚注的方式呈现,尽可能使正文简单、通俗易懂。

本书在目录之前编写了"缩略语表",正文直接使用缩略语。缩略语一般用于我国法律法规等规范性文件的名称和较长的专门用语,如果规范性文件或专门用语在书中出现次数少就直接使用全称而不列入。另外,对法律法规等规范文件和学术资料直接引用的部分(添加了引号)不使用缩略语,以示尊重原文。

缩 略 语 表

全　　称	简　　称
《中华人民共和国民法典》	《民法典》
《中华人民共和国道路交通安全法》(2021年修正)	《道路交通安全法》
《中华人民共和国侵权责任法》(已废止)	原《侵权责任法》
《中华人民共和国民法通则》(已废止)	原《民法通则》
《中华人民共和国行政处罚法》(2021年修正)	《行政处罚法》
《中华人民共和国刑法》(2020年修正)	《刑法》
《中华人民共和国道路交通安全法实施条例》(2017年修正)	《道路交通安全法实施条例》
《中华人民共和国道路运输条例》(2022年修正)	《道路运输条例》
《最高人民法院关于审理人身损害赔偿案件适用法律若干问题的解释》(2022年修正)	《人身损害赔偿解释》
《最高人民法院关于确定民事侵权精神损害赔偿责任若干问题的解释》(2020年修正)	《精神损害赔偿解释》
《最高人民法院关于审理道路交通事故损害赔偿案件适用法律若干问题的解释》(2020年修正)	《交通事故损害赔偿解释》
《机动车驾驶证申领和使用规定》(公安部令第162号,2021年修改,自2022年4月1日施行)	《驾驶证申领和使用规定》
《机动车登记规定》(公安部令第164号,2021年修正)	《机动车登记规定》
《机动车交通事故责任强制保险条例》(2019年修订)	《交强险条例》
《道路交通事故处理程序规定》(公安部令第146号,2017年修正)	《道路交通事故处理程序规定》
《安徽省实施〈中华人民共和国道路交通安全法〉办法》(2012年修正)	《安徽省道路交通安全办法》
《安徽省道路交通安全管理规定》(2019年修订)	《安徽省道路交通安全管理规定》
《中华人民共和国刑法修正案(八)》(2011年)	《刑法修正案(八)》
《中华人民共和国刑法修正案(九)》(2015年)	《刑法修正案(九)》
《中华人民共和国刑法修正案(十一)》(2020年)	《刑法修正案(十一)》
《最高人民法院关于审理交通肇事刑事案件具体应用法律若干问题的解释》(法释〔2000〕33号)	《审理交通肇事刑事案件的解释》

续表

全　称	简　称
《车辆驾驶人员血液、呼气酒精含量阈值与检验》（GB 19522—2010）	《酒驾国家标准》
《人体损伤致残程度分级》（最高人民法院、最高人民检察院、公安部、国家安全部、司法部，2016年4月18日联合发布，2017年1月1日起施行）	《人体损伤致残程度分级》
第三者责任强制保险	交强险
机动车商业保险	商业保险
公安机关交通管理部门	交警部门
其他法律：《中华人民共和国……法》（比如：《中华人民共和国消费者权益保护法》）	我国《……法》（我国《消费者权益保护法》）

目　　录

前言 ………………………………………………………………………… (i)
缩略语表 …………………………………………………………………… (iii)

第一篇　原　理　篇

第一章　什么是机动车交通事故责任 ……………………………… (002)
一、权益、义务、责任基本概念 ……………………………………… (003)
二、机动车交通事故责任的特征 ……………………………………… (007)
三、机动车交通事故责任的类型 ……………………………………… (009)
四、机动车交通事故责任的方式 ……………………………………… (011)

第二章　侵权责任归责的法理是什么 ……………………………… (013)
一、归责原则概述 ……………………………………………………… (013)
二、几种具体归责原则 ………………………………………………… (019)

第三章　侵权责任认定的要件是什么 ……………………………… (032)
一、侵权责任构成要件概述 …………………………………………… (032)
二、加害行为 …………………………………………………………… (037)
三、损害 ………………………………………………………………… (038)
四、因果关系 …………………………………………………………… (051)
五、过错 ………………………………………………………………… (056)

第二篇　认　定　篇

第四章　机动车交通事故责任归责原则有何特点 ………………… (060)
一、我国机动车交通事故责任归责原则立法历史 …………………… (060)
二、现行《道路交通安全法》第76条归责原则的争议 ……………… (062)
三、其他国家或地区机动车交通事故归责原则立法原则 …………… (065)

第五章　机动车交通事故责任构成要件有何特殊 ……………（067）
  一、机动车交通事故的致害事实 …………………………（067）
  二、机动车交通事故的损害事实 …………………………（069）
  三、机动车交通事故的因果关系 …………………………（077）
  四、机动车交通事故的主观过错 …………………………（078）

第六章　实务中机动车交通事故责任该如何确定 ……………（085）
  一、机动车交通事故案件的责任人 ………………………（085）
  二、机动车交通事故责任确认过程 ………………………（093）

第七章　机动车交通事故责任存在哪些特殊情形 ……………（111）
  一、非接触性交通事故责任 ………………………………（111）
  二、驾驶人肇事逃逸的责任 ………………………………（113）
  三、不法使用引发事故责任 ………………………………（115）
  四、其他情形下的事故责任 ………………………………（120）

第三篇　拓　展　篇

第八章　机动车交通事故发生后各方当事人如何维权 ………（128）
  一、维权的当事人 …………………………………………（128）
  二、维权的法律法规 ………………………………………（129）
  三、维权的证据 ……………………………………………（134）
  四、维权的程序 ……………………………………………（137）

第九章　与机动车交通事故关联的行政责任有哪些 …………（143）
  一、违反机动车驾驶证管理规定的行政责任 ……………（144）
  二、违反机动车登记管理规定的行政责任 ………………（146）
  三、违反机动车使用管理规定的行政责任 ………………（147）

第十章　与机动车交通事故关联的刑事责任有哪些 …………（151）
  一、交通肇事罪及其刑事责任 ……………………………（151）
  二、危险驾驶罪及其刑事责任 ……………………………（158）

参考文献 ………………………………………………………（171）

后记 ……………………………………………………………（175）

第一篇　原理篇

第一章　什么是机动车交通事故责任

中央电视台"新闻直播间"曾报道杭州一起重大交通肇事案：陈某穿拖鞋驾驶小型越野客车行驶至某路口左转弯过程中，因违反"向左转弯时，靠路口中心点左侧转弯"的规定，转弯弧度过小导致车辆左侧前后轮先后驶上道路中央分隔带端部缘石。陈某在处置过程中，因慌张错将油门踏板当作制动踏板连续使用，致使车辆在左转弯后持续加速、车辆失控，致5人死亡、4人轻伤、3人轻微伤及财产损失。经事故责任认定，陈某负事故全部责任。一年后，人民法院考虑到陈某有自首情节，案发后通过亲属积极赔偿，取得绝大多数被害方的谅解，有悔改表现，一审判决被告人陈某因犯交通肇事罪被判处有期徒刑6年。[①]显然，陈某引发并承担了机动车交通事故责任。

机动车交通事故责任，依字面意思就是因机动车发生交通事故而产生的法律责任，它有狭义、中义、广义三个层面的内涵。狭义上的机动车交通事故责任，特指机动车一方为责任主体对道路交通其他参与人人身权益及其财产权益损害的民事侵权赔偿责任。中义上的机动车交通事故责任，是指因机动车发生交通事故而引发的民事侵权赔偿责任；除狭义的机动车交通事故责任外，它还包括机动车单方事故造成自身权益损害，以及致使道路交通设施、道路旁建筑物构筑物损害或致使其他非道路交通参与人人身损害的赔偿责任。前者比如机动车自燃、开入池塘、翻滚山沟等遭受的自身人身权益和财产权益损害的赔偿责任，后者比如导致道路民房、店铺损毁、通信电线杆折断、店铺营业员受伤等赔偿责任。[②]广义上的机动车交通事故责任，除中义的机动车交通事故责任外，还包括与交通事故有牵连的机动车一方因交通违法行为应承担的刑事责任、行政责任。前例中，陈某被判处有期徒刑6年（刑事责任）、对被害方的民事赔偿（民事侵权赔偿责任）以及必定被交警部门吊销驾驶证（行政责任）等，就是陈某承担的广义上的机动车交通事故责任。本书以狭义上的机动车交通事故责任为主要研究对象，广义概念中的行政责任和刑事责

---

① 中央电视台.[新闻直播间]杭州"7·30交通肇事案"一审宣判[EB/OL].[2019-7-16].http://tv.cctv.com/2019/07/16/VIDEaCBbGzPwklc6PfmqxjTu190716.shtml.

② 此中义上的机动车交通事故责任，无论是《道路交通安全法》第76条，还是《民法典》，都未对其进行专门规定，故该赔偿责任适用一般侵权责任的规定。

任将分别在第九章、第十章探讨。

《民法典》第176条规定："民事主体依照法律规定和当事人约定,履行民事义务,承担民事责任。"此条表明一切民事责任以"民事义务的违反"为前提。《民法典》第七编"侵权责任"第1164条规定："本编调整因侵害民事权益产生的民事关系。"此条则表明一切侵权责任以"侵害民事权益"为基础。因"不侵害他人民事权益"是所有民事主体的基本义务,故作为狭义上的机动车交通事故责任,其成立离不开"民事义务的违反"和"民事权益的损害"。基于此,欲理解机动车交通事故责任,有必要先了解"权益、义务、责任、法律责任"等基础性概念。

一、权益、义务、责任基本概念

(一) 权益

权益,在一般语境中特指民事权益,是民事法律上的一个重要概念,如《民法典》第1条："为了保护民事主体的合法权益……根据宪法,制定本法。"第3条"民事主体的人身权利、财产权利以及其他合法权益受法律保护,任何组织或者个人不得侵犯。"第120条："民事权益受到侵害的,被侵权人有权请求侵权人承担侵权责任。"第126条："民事主体享有法律规定的其他民事权利和利益。"由此可知,权益是"民事权利"和"利益"的统称。

权益的主要组成部分——民事权利,其实已经涵盖了"利益"成分。何谓权利?学界有三种观点。[①]第一,意思说,强调权利为个人意思所能自由活动或所能自由支配的范围,权利的本质归结为意思。第二,利益说,它强调凡依法律归属个人的利益,无论精神的或物质的,皆为权利,权利的本质即法律所保护的利益。第三,法力说,其认为权利由"特定利益"和"法律上的力"两个要素组成,其中,法律上的力为权利的本质。本书赞成法力说。广义上的"特定利益"可以是政治利益,也可以是社会经济利益或文化利益等;对民事权利而言,"特定利益"特指人身利益和财产利益。"法律上的力",是法律所赋予的一种力量,凭借此种力量,权利人可以采取一定的措施去维护、享受其利益。就权利两要素的关系而言,"特定利益"是权利的目的,"法律上的力"是实现"特定利益"的手段,是"特定利益"得以实现的保障之力。比如,机动车所有权人可以占有、使用其机动车,也可出租收取租金或设立抵押取得贷款等,对妨碍使用、损害之人既可以适度自力救济,也可请求公力裁判来维护自己的合法利益。其中,"占有、使用机动车""收取租金或取得贷款"等是机动车所

[①] 关于权利的本质,有意思说、利益说和法力说三种理论主张,本书赞成法力说。参见:梁慧星.民法总论[M].北京:法律出版社,2004:68-69.

有权人的"特定利益",而可以"自力救济""请求公力救济"背后的力量,就是法律授予机动车所有权人的"法律上的力"。①

权利的分类。分类的标准不同,分类的结果不同。以权利产生的法律为标准,权利可以分为公权和私权;与我们日常生活密切相关的民事权利为私权,如机动车所有权。以权利的效力范围为标准,权利可以分为相对权和绝对权。此分类也是民事权利一种常见分类,比如合同债权、配偶权等为相对权②,物权、知识产权、人格权等为绝对权。依特定利益的内容为标准,权利可以分为政治权利、经济权利、文化权利等。依特定利益内容分类为标准,民事权利分为人身权和财产权。③与机动车交通事故责任相关的权利,主要限于民事权利,它因民事法律而产生,既有人身权,又有财产权。

权益的另一组成部分——利益,特指非权利的合法利益,即"尚未上升为民事权利、但受到法律一定程度保护的利益"④。此"利益"有如下特点:第一,它并非权利组成要素中的"特定利益",即此"利益"上未形成"权利";第二,它也受到法律的保护,但法律保护的程度有限。如果某种客观"利益"完全不受法律保护则不属于此"利益"。法律之所以要保护此"利益",因为保护它实际上是对某种相关"权利"保护的延伸。在机动车交通事故领域,比如某人因交通事故致使延误火车时间、火车票作废所涉及的经济利益,交通事故致使孕妇死亡而涉及的胎儿利益,二次交通事故对遗体的碾压、损害牵涉的有关尸体完整的利益,以及载有化学危险品的液罐车发生交通事故侵害了当地人民群众对良好环境品质所享有的利益,等等。

(二) 义务

义务,是法律规定或确认的主体必须为一定作为或不作为,以满足权利主体利益的约束。在交通领域,机动车驾驶人负有严格按照交通法律法规的要求,谨慎驾驶、不得损害他人权益的义务。

---

① 在法力说两个要素中,"法律上的力"维护的是自身的"特定利益",则为权利;"法律上的力"维护的是公众的"特定利益",则为权力。这就是所谓的"权利"即"私权"或"私权利","权力"即"公权"或"公权力"。

② 配偶权是否为相对权颇有争议。传统观点认为其是绝对权(参见:杨立新.人身权法论[M].北京:中国检察出版社,1996:720.),也有认为"配偶权之性质经历了由绝对权、支配权向相对权、请求权演变的过程"[董学立,纪振永.论配偶权的性质及救济[J].东岳论丛,2004(5):177-181.],还有认为"配偶权具有对内的相对权和对外的绝对权的双重属性"[裴桦.配偶权之权利属性探究[J].法制与社会发展,2009(6):64-73.]。

③ 还有人认为,尚存在兼有人身权和财产权两种属性的权利,比如,继承权、股权;也有人认为著作权也属于这种复合性权利。

④ 陈甦.民法总则评注:下册[M].北京:法律出版社,2017:877.

义务的分类,也因分类标准不同而不同。以行为的方式为依据,义务分为作为的义务和不作为的义务。"作为",即积极的行为,如对他人的辱骂、拳击,物的移交、使用、转款等,它们都具有一定的物质形式,能为他人感知;"不作为",即消极的行为,没有实施积极的行为。在民事领域,合同债务、监护义务等通常属于作为的义务,不特定人对他人物权、知识产权、人格权等不妨碍、不侵犯的注意义务即为不作为的义务。在机动车交通领域,驾驶人员负有按照交通法规认真检查车辆安全状况、谨慎驾驶的义务,均属于作为义务,不得侵害他人权益则是不作为义务,后者的违反一般以前者的违反为前提。以义务内容确定之源为依据,义务分为法定义务和意定义务。法定义务是法律规范明确规定的或能从法律规范中推定出来的义务,此义务与当事人的意志无关。意定义务是当事人之间协商确定并能为法律承认的义务,此义务的发生、种类及其内容源于当事人的意志。对机动车的管理和使用,交通法规都有详细规定,引发交通事故责任的多是对法定义务的违反,比如,超速、酒驾、逆行等。

(三) 权利与义务的关系

就权利与义务的共同点而言,它们是一切法律最基本的范畴,有关对它们的规定是法律的基本内容;另外,两者相互对应、相互依存,一方的权利就是对方或他方的义务,一方权利的实现有赖对方或他方义务的履行,反之亦然。

就权利与义务的区别而言,表现在以下三个方面:第一,两者的本质不同。权利,对人们而言是一种利益或利益期待,也是利益的保障力。人们凭借它可以做一定的作为或不作为。义务,对人们而言是一种不利益、是一种负担。总之,权利与义务是"得"与"失"的区别。第二,两者对人的意义不同。权利,是人们生存发展的"必需品",对权利的追求是人的本性。从权利角度看,人类发展史就是为权利斗争史。义务,非人们生存发展的必需品,对义务的排斥是人性"趋利避害"的一种表现,尽管它是人的必须"为之品"。残酷的现实是:相当多的人只愿强调自己的权利,不愿履行或回避自己的义务。交通事故的发生多为人们违反义务的结果。第三,法律的态度不同。对权利而言,法律的完善、法治的进步,目的在于赋予人们拥有更多的权利、促使人们切实享受权利带来的利益,但法律允许人们放弃权利。对义务而言,法律不允许人们放弃义务,强调违反义务要承担法律责任。在交通领域,所有交通参与人都必须严格遵守相关交通法律义务。正因法律态度不同,交通事故发生后,民事诉讼允许当事人和解、调解,但涉及的行政诉讼、刑事诉讼不允许和解或调解。

（四）责任与法律责任

责任，可以做四种解释。一是义务，比如诉讼中的举证责任，实为举证义务。二是职责，强调某种岗位、职务甚至某种身份等分内应做的事，比如教师的责任、父母的责任，实为教师的职责、父母的职责；职责也可理解为义务，教师的职责、父母的职责可以理解为教师的义务、父母的义务。三是过错，"是指没有做好分内的事"[1]，比如，"这事没有做好我有责任"。四是法律责任，它强调人们因违反法律义务依法承担的强制性不利后果。在法律相关领域，责任一般是指法律责任。依据法律性质的不同，法律责任被区分为民事责任、行政责任、刑事责任三大类型。

民事责任，是指民事主体因违反民事义务依法承担的强制性的不利后果，它主要有侵权责任和违约责任两种。基于民事义务和民事权利相互之间的对应性和依存性，某方违反义务一般会损害他方或他人的权利，但违约责任偏重于强调义务违反的不利后果，侵权责任则偏重强调权利被侵害的不利后果。[2]正如前文所述，民事义务一般分为法定民事义务和意定民事义务。法定民事义务又有两大类：一是针对不特定人的义务，表现为每一个人都负有不得损害他人权利（如所有权、人身权、知识产权等）的义务；二是针对特定人的义务，表现为某特定人须向另一特定人实施某种行为或抑制某种行为的义务。与前一种法定民事义务相对应的责任是侵权责任，本书主要探讨的狭义机动车交通事故责任即为此种责任，因为"事故"已经侵害了他人的人身权、所有权；与后一种法定民事义务相对应的责任理论上称为法定债务不履行责任，可能是缔约过失责任、或拒不返还不当得利的责任、或在无因管理中受益人拒不偿还管理人为受益人的利益所支出必要费用的责任等。意定民事义务，可以是双方或多方通过合意设立，也可以是单方设定，对前者合意的意定义务的违反要承担违约责任，对后者单方的意定义务的违反即承担单方允诺责任。[3]

行政责任，是行政管理相对人因违反了行政法所设定的行政管理法律义务而依法承担的不利后果。政府出于对社会公共利益的维护，有必要赋予行政机关一

---

[1] 徐毅刚,谭志福.道路交通事故处理新论[M].济南:山东人民出版社,2011:445.

[2] 侵权责任又不能依字面简单理解为"侵害民事权利的民事责任"，侵权责任与违约责任维护的权利有一定的分工，侵权责任侵害的权利一般为人身权、物权、知识产权等绝对权，债权在特殊情况下才可能成为侵权的客体。侵害债权一般承担违约责任。

[3] 单方允诺责任是否有别于违约责任理论上存在争议。因《民法典》颁布而失效的原《最高人民法院关于适用〈中华人民共和国合同法〉若干问题的解释(二)》第3条规定的悬赏广告虽未明确提到要约和承诺，但该司法解释既然明确指向合同法的正确适用，似乎悬赏广告之类的单方允诺责任可以并入违约责任之中。另外，《民法典》第三编"合同"第一分编"通则"第二章"合同的订立"中的第499条就是关于"悬赏广告"的规定，表明《民法典》已将单方允诺责任视为违约责任。

定职权对社会各个领域进行管理,在管理过程中,与行政机关相对的另一方——行政管理相对人,有自觉遵守法律规定的义务,违反就要承担不利后果即行政责任。在交通领域,比如对机动车交通事故责任主体处以警告、罚款、暂扣或者吊销机动车驾驶证、拘留、一定期限内甚至终生不得重新取得机动车驾驶证等,也是广义上的机动车交通事故责任。

刑事责任,是指严重危害社会、构成犯罪,依照刑法承担的不利后果。从法理上看,承担刑事责任的基础也是行为人违反了法律义务,此义务即刑法上的义务。其实,刑法上的义务内容是由民事义务、行政义务等构成,但并非一切法律义务都能上升到刑法高度,当法律义务的违反实际或可能严重危害社会时,该法律义务就有可能被立法者上升到刑法领域。比如,饮酒不得驾驶机动车,是机动车驾驶人道路交通安全法义务(行政义务),当饮酒达到醉酒状态,此行政义务同时进入刑法义务领域,行为人将会因构成危险驾驶罪而承担刑事责任,行为人也将承担被"吊销机动车驾驶证"等行政责任;如果因醉酒发生严重交通事故致他人死亡、重伤或使公私财产遭受重大损失,行为人将会构成交通肇事罪而承担刑事责任,与此同时,行为人不仅要承担行政责任,还要承担民事赔偿责任。刑法上的义务与民事义务、行政义务的特殊关系,是刑事责任、行政责任、民事责任聚合的基础。

二、机动车交通事故责任的特征

一般语境下,机动车交通事故责任就是狭义上的民事侵权责任,即因机动车交通事故而引发的机动车一方为责任人,对遭受人身伤亡或财产损失的受害人的损害赔偿责任。机动车驾驶人因单纯操作失误或意外发生事故导致机动车毁损、驾驶人受伤,虽然也会产生"法律责任",但该责任不属于狭义上的机动车交通事故责任。机动车交通事故责任的特征可以从责任的性质、责任发生的事实基础、责任的主体三个方面分析。

(一) 责任的性质

它具有民事责任性质。"机动车交通事故责任"与"交通事故责任"不能混同。前者属于法律责任的专业术语,特指民事上的损害赔偿责任,其法律依据为《民法典》[①]。后者非严谨的法律概念,在交通事故语境下可以是前者的简称,甚至进一步简称为"事故责任",也可以是非机动车之间或非机动车与行人之间在交通过程中发生的事故责任,或者是无第三方仅机动车一方自身的事故损害责任;还可以是指

---

① 该法第七篇"侵权责任"第五章章名"机动车交通事故责任",共设10个条款,比《民法典》生效前原《侵权责任法》相应内容增加了4条。

交警部门对交通事故事实的认定结论,此时其性质重在事故发生原因、各方当事人主观过错等事实因素的分析、判断与认定。也正如此,根据《道路交通安全法》第76条的规定,机动车一方被交警部门认定无责,却可能仍要承担一定损害赔偿责任。

(二) 责任发生的事实基础

首先,它是机动车在道路交通领域中的事故责任。此包含两层意思:第一,它属于一种事故责任。在现实中存在多种事故责任,比如,医疗损害责任、工伤事故责任、学生伤害事故责任、火灾事故责任等。第二,机动车交通事故发生在道路交通领域。《道路交通安全法》第119条规定:"交通事故",是指车辆在道路上因过错或者意外造成的人身伤亡或者财产损失的事件。此条款中的"车辆",包括机动车和非机动车。但机动车交通事故责任所指的"交通事故"中的车辆特指机动车,即交通事故主要是由机动车碰撞或被碰撞等物理性接触[①]引发的。这里的"道路",是指公路、城市道路和虽在单位管辖范围但允许社会机动车通行的地方,包括广场、公共停车场等用于公众通行的场所。

其次,它以机动车运行为前提。《道路交通安全法》第119条规定:"机动车",是指以动力装置驱动或者牵引,上道路行驶的供人员乘用或者用于运送物品以及进行工程专项作业的轮式车辆。"非机动车",是指以人力或者畜力驱动,上道路行驶的交通工具,以及虽有动力装置驱动但设计最高时速、空车质量、外形尺寸符合有关国家标准的残疾人机动轮椅车、电动自行车等交通工具。由此可知,机动车有如下特征:其一,它的运行以动力装置驱动或牵引;其二,它的功能在于运送人员、物品,或进行工程专项作业;其三,它是轮式车辆。履带式车辆,如履带式拖拉机不为机动车;其四,车辆的最高时速、质量、外形尺寸达到一定的标准。低于标准的不为机动车,可能为玩具车、或非机动车。[②]

机动车只有处于"运行"[③]状态方产生机动车交通事故责任。所谓机动车的运行,是指按照该机动车设计的装置和使用方法使用该机动车的情况,它主要表现为机动车在道路上行驶,此为机动车运行的常态。除此以外,还包括机动车在道路上踩刹停车、上下人、装卸货物等事实,因此,非机动车与暂时停在道路上的机动车发生碰撞也产生机动车交通事故责任,即使机动车的暂停行为被认定合法也是如此,但一辆非机动车因驾驶人的过失撞到了在路边停车位正常停车的轿车上,导致该

---

① 也存在"非接触性"机动车交通事故,具体请见第七章的分析。
② 2019年4月15日开始实施的《电动自行车安全技术规范》(GB 17761—2018)是有关电动自行车的国家标准,只有达到该标准的方为非机动车,否则可能属于机动车。
③ "运行",在道路交通及其法律领域被称作"通行"。

非机动车损坏和驾驶人受伤,此种损害不发生机动车交通事故责任,因为机动车并未处在运行状态,这与非机动车撞上路边大树的情形并无二致。

(三) 责任的主体

首先,责任主体为机动车一方的个人或社会组织。根据"交通事故"的概念可知交通事故可能发生在机动车与机动车之间,也可能发生在机动车与非机动车驾驶人、行人、乘车人、其他人之间,还可能发生在非机动车之间,或非机动车驾驶人与行人之间。但非机动车之间以及非机动车驾驶人与行人之间的交通事故,不属于机动车交通事故。因此,在机动车交通事故责任中,机动车一方一定是一方当事人且为责任人;该责任人可能是机动车驾驶人,也可能是机动车所有人或管理人[①];可能是自然人,也可能是社会组织。受害人一般是行人、非机动车驾驶人,但也可能是相对机动车一方、本车乘车人、其他人。[②]

其次,责任人与受害人之间在事故前一般不存在牵连性的相对法律关系。医疗损害发生前,责任人与受害人之间存在医疗合同关系;工伤事故发生前,责任人与受害人之间存在劳动或劳务关系;学生伤害事故发生前,学生与学校等教育机构之间存在教育服务合同关系。这些医疗合同关系、劳动或劳务关系、教育服务合同关系分别是医疗损害、工伤事故、学生伤害事故相牵连的相对法律关系,没有这些相关法律关系,也就不存在这些特殊的损害责任。但在机动车交通事故责任中,受害人多为行人、非机动车驾驶人、其他机动车驾驶人等,与责任人之间一般不存在牵连性的相对法律关系,责任人与这些受害人之间存在绝对性的法律关系,即受害人人身和财产不受侵害的法律关系。[③]

三、机动车交通事故责任的类型

机动车交通事故责任,作为广义概念,存在刑事、行政、民事三种责任类型,另有中义概念。作为狭义概念,因分类标准不同而有不同类型。

---

① 何为机动车管理人以及与机动车所有人的区别请见本书第六章相关内容。

② 本车乘车人作为受害人争议巨大,具体请见下节讨论;另外,相对方机动车驾驶人作为受害人也有异议。有人认为(机动车事故责任主体以外的)"驾驶人应该不属于机动车交通事故责任的保障范围,因为其自身介入了机动车的运行"(王利明,周友军,高圣平.侵权责任法疑难问题研究[M].北京:中国法制出版社,2012:430.)。其他人,比如交通设施的所有者,道路旁建筑物、构筑物的所有人。

③ 作为事故机动车的乘车人与机动车一方也可引发机动车交通事故责任,虽然他们之间还存在合同关系,但这是特殊例外。乘车人还可主张违约责任,此时发生侵权责任与违约责任的责任竞合。

（一）不同主体之间的机动车交通事故责任类型

此分类以受害人的特点为标准，分为四种①：第一，机动车之间的机动车交通事故责任。这种责任的受害人为另一机动车一方，或者两机动车各方互为责任人和受害人。第二，机动车与非机动车驾驶人、行人之间的机动车交通事故责任。这种责任是机动车交通事故责任制度规制的重点，其受害人为非机动车驾驶人或行人。第三，机动车与本车乘车人之间的机动车交通事故责任。乘车人包括本车内的乘车人或对方机动车内乘车人，这里的乘车人特指本车内乘车人。此种情形能否成为一种机动车交通事故责任存在很大争议。因我国交强险将"本车人员、被保险人"排除在保障范围之外②，故人们普遍不承认该第三种责任也为一种机动车交通事故责任。本书认为，交强险排除某些人为保障对象是为了规避道德风险，但法律不能以交强险保障对象作为是否为机动车交通事故责任的认定标准，应以机动车交通事故责任制度设置的目的——救济因机动车运行风险给他人造成损害为标准，其实《民法典》第1217条有关"好意同乘"责任的规定，表明《民法典》已经认可第三种责任类型。第四，单纯致其他人财产权益损害的机动车交通事故责任。比如，机动车单方事故致交通设施、道路旁建筑物或构筑物损害，此种机动车交通事故责任不是法律规制的重点，也非本书重点研究内容。③此种分类体现在立法上，最具实务意义，因归责原则不同，进而影响事故损害赔偿结果。

（二）不同损害结果的机动车交通事故责任类型

此分类以损害的直接结果类型为标准，分为以下三种：第一，造成人身损害的机动车交通事故责任。此类责任事故仅造成人身损害，没有造成直接的财产损失或财产损失微乎其微。这类责任又可以进一步分为伤人的事故责任和致人死亡的事故责任。第二，造成财产损失的机动车交通事故责任。此类责任事故仅造成财产损失，没有发生人身损害或人身损害完全可以忽略不计。第三，造成了人身损害和财产损失的机动车交通事故责任。此种分类的意义在于法律对人身损害和财产损失的衡量、计算的标准不同。

---

① 驾驶人借用、租赁所有人、管理人机动车，会因机动车损坏灭失导致驾驶人对所有人、管理人的损害赔偿责任，但这种责任的发生并非绝对因机动车的运行即交通事故而引起，而且责任的性质可以是侵权也可以是违约。总之，它属于一般的财产损失责任，而不是机动车交通事故责任。

② 《交强险条例》第3条：本条例所称机动车交通事故责任强制保险，是指由保险公司对被保险机动车发生道路交通事故造成本车人员、被保险人以外的受害人的人身伤亡、财产损失，在责任限额内予以赔偿的强制性责任保险。

③ 从理论上讲此种责任应为机动车交通事故责任，但无论是《道路交通安全法》第76条，还是《民法典》都未对其进行专门规定，故该赔偿责任适用一般侵权责任的规定。

(三) 不同过错状态的机动车交通事故责任类型

此分类以哪一方有过错为标准,分为以下三种:第一,单方过错的机动车交通事故责任。在机动车之间的交通事故中,有过错一方即为责任方,无过错的一方为受害方;在机动车与非机动车驾驶人、行人之间的交通事故中,均存在仅一方有过错、另一方无过错情形,但不管哪一方有过错,责任方均为机动车一方。①第二,双方混合过错的机动车交通事故责任。在机动车之间的交通事故中,双方均有过错,则双方互为责任方和互为受害方;在机动车与非机动车驾驶人、行人之间的交通事故中,双方均有过错,责任方都是机动车一方。②第三,双方均无过错的机动车交通事故责任。此种类型不常见,但确实存在,比如机动车的行驶并无任何过错,但因机动车驾驶人或非机动车驾驶人突发疾病而导致事故的发生。值得注意的是,在各方交通参与人均无过错的事故中并非一定产生机动车交通事故责任,比如高架桥断裂,原正常行驶的轿车砸到桥下附近的行人,此种情形不会发生机动车交通事故责任,当然会发生其他性质的损害赔偿责任。此分类的意义在于是否有过错、哪一方有过错,会影响责任主体的确立及其责任大小的分配。

前述三类责任类型都是基于责任的要素所做的区分,但从责任承担的角度还有单独责任与共同责任,共同责任又有连带责任和按份责任以及关联的不真正连带责任、补充责任,这部分内容将在第六章介绍。

四、机动车交通事故责任的方式

(一) 侵权责任方式的内涵及其种类

侵权责任方式,是侵权人依法应当对侵权损害承担的不利法律后果的形式和类别③,即法律条文中的"承担侵权责任的方式"。它是对责任自身特点描述的概念,与责任的"承担"方式,比如连带责任、按份责任等不属于同类概念范畴。简言之,侵权责任方式是落实侵权责任的具体形式,是行为人的行为承担侵权责任的最终法律后果。没有承担侵权责任的方式,侵权责任的规定将没有任何威慑力。原《侵权责任法》因独立立法而特别规定了8种侵权责任方式,《民法典》未对侵权责

---

① 机动车一方无过错,非机动车驾驶人、行人有过错,机动车一方承担不超过10%的赔偿责任;如果非机动车驾驶人、行人的过错属于故意,机动车一方不承担赔偿责任。

② "混合过错"概念源于苏联时期的法学概念,大陆法系称作"与有过失",英美法系称作"助成过失"或"促成过失",相对来说"混合过错"最为通俗,非法律人士更容易理解。在混合过错情况下,将适用"过失相抵"规则。

③ 张新宝.侵权责任法[M].北京:中国人民大学出版社,2013:81.

任方式作专门规定,"总则"编第179条采用侵权责任方式和违约责任方式混合立法主义,规定了11种"民事责任"方式:停止侵害,排除妨碍,消除危险,返还财产,恢复原状,修理、重作、更换,继续履行,赔偿损失,支付违约金,消除影响、恢复名誉,赔礼道歉;另外肯定了惩罚性赔偿。在前述民事责任方式中,一般认为修理、重作、更换,继续履行,支付违约金是违约责任专门的责任方式;停止侵害,排除妨碍,消除危险,消除影响、恢复名誉,赔礼道歉是侵权责任专门的责任方式;返还财产,恢复原状,赔偿损失是侵权责任和违约责任共同的责任方式。其中,赔偿损失和恢复原状是主要的侵权责任方式。[1]

(二)机动车交通事故责任方式特点

赔偿损失是机动车交通事故责任唯一的责任方式。机动车交通事故责任方式此项特点,有如下原因:

第一,与机动车交通事故造成的损害类型相匹配。机动车交通事故损害类型可以细分为人身伤亡、财产损失和精神损害三种。其中,财产损失采用赔偿损失责任方式自不待言,人身伤亡、精神损害本身并无经济损失度量之说,特别是死亡、人死不能复生,精神损害多数是一个过程,也就是说,死亡和精神损害实际上无从恢复原状,在市场经济时代给予一定的经济补偿是一种不得而为的最为妥当的民事侵权责任方式。

第二,保险赔付深度介入机动车交通事故责任的承担。在现实生活中,机动车所有人、管理人如果依法购买了交强险并买足了商业保险[2],交通事故发生后几乎无需另行承担赔偿责任,而保险机构能够替代承担的责任方式只能是赔偿损失。

第三,社会广泛分工也是赔偿损失责任方式适用的重要原因。交通事故发生后,无论是受害人的抢救、治疗,还是受损车辆等财物恢复原状,都有社会相应机构替代完成,无需责任人亲力亲为,支付相应对价不仅简单方便而且较为公平合理。侵权责任传统的"恢复原状"责任方式,在机动车事故责任领域完全可以被"赔偿损失"责任方式所取代。

第四,在汽车社会人们观念上已经接受了机动车交通事故风险。机动车在带给人们便利的同时,也给社会带来了巨大的事故损害风险,随着机动车家庭普及,人们已经认识到了机动车潜在的风险,损害发生后实际上已经认同了赔偿损失这种责任方式。

---

[1] 返还财产,排除妨碍,消除危险,消除影响、恢复名誉,赔礼道歉均为广义的恢复原状。

[2] 机动车商业保险主要分为基本险和附加险,基本险一般有车辆损失险、第三者责任险、盗抢险、车上人员责任险。机动车交通事故责任由商业保险所承担的部分实际上是由其中的第三方责任险赔付。

第二章　侵权责任归责的法理是什么

准确、深入理解机动车交通事故责任,必须先理解机动车交通事故责任的归责原则,后者是机动车交通事故责任确认的法理基础。欲正确理解机动车交通事故责任的归责原则,有必要认识民事法律制度中侵权责任的归责原则。故本章先对归责原则进行概述,然后一一介绍具体的归责原则,在此基础上将安排专章探讨机动车交通事故责任的归责原则。

一、归责原则概述

(一)归责原则概念

归责,是指确认和追究某个人承担法律责任的过程。法律以权利义务为内容,但权利的享有、义务的履行均以相应的法律责任作保障,因此,在任何一个法律领域都存在归责问题。在民事侵权责任制度领域,归责就是确认和追究侵权人承担侵权责任的过程。有学者认为,归责的根本含义是确定责任的归属,且是"决定侵权行为造成损害的赔偿责任的归属"[①]。但大多数学者认为,归责并不仅仅限于赔偿责任的归属,应是关于全部侵权责任的归属。另外,归责的核心是责任的标准问题,且为一个复杂的责任判断过程,责任是归责的结果。

归责原则,即关于归责的原则,具体是指法律确认、追究责任人侵权责任的原因和理由,是关于责任人承担侵权责任可归责事由的抽象与概括。它有如下特点:

第一,它是关于侵权责任法理基础的规则。归责原则是法律从价值判断的角度明确为什么要对侵权人强加法律责任,属于解决责任的根据问题,强调相应时代的法律肯定什么、否定什么。

第二,它是关于侵权责任可归责事由的抽象和概括。针对形形色色的侵权责任案件,我们需要分门别类,高度提炼各类责任的根据,用简洁的词汇表达立法者要求责任人承担侵权责任的原因和理由。比如,"过错"就是责任人承担过错责任的原因和理由,"危险"是责任人承担无过错责任的原因和理由。

---

① 杨立新.侵权责任法[M].北京:法律出版社,2010:54.

第三,它是侵权责任制度内容和体系的支柱。归责原则是侵权责任制度的灵魂所在,在侵权责任制度中居于重要地位,统领了侵权责任制度的全部规范。《民法典》第七编"侵权责任"共分10章,其中前第一、第二章是该编的总则,是有关我国侵权责任制度的归责原则体系以及作为一般侵权责任的过错责任的内容,后八章相当于侵权责任制度的分则,是依据特别归责原则而设立的特殊侵权责任的规定,第五章"机动车交通事故责任"即本书研究的对象。

第四,它确定了相应责任的构成要件。归责原则尽管是法律确认和追究责任人承担侵权责任的根据,但责任最终的认定需要借助责任构成要件的判断,而责任构成要件离不开归责原则。归责原则不同,相应责任的构成要件就不同;归责原则相同,相应责任的构成要件必相同。过错责任的构成要件为致害事实、损害后果、因果关系和过错,无过错责任的构成要件为前三项。

第五,它确定了相应责任的免责减责的抗辩事由。过错责任的抗辩事由为行为人主观上没有过错,行为人只要能证明,就能免责。无过错责任,不以行为人的主观过错为要件,行为人没有过错不能成为抗辩事由,其抗辩事由需要法律明确规定。在过错推定责任情况下,侵权人如果能够证明损害是由受害人或第三人的原因所致,自己已经尽到了法律法规所确立的以及合理谨慎的标准所要求的注意义务,也可以被免除或减轻责任。

归责原则的意义如下:

第一,显示人类法律文明不断进步。在人类早期,对待他人攻击行为基本就是以眼还眼以牙还牙,血态复仇在观念上公平合理,是社会常态,以致进入阶级社会在相当长的时间内包括侵权责任在内的法律制度普遍奉行结果归责原则,资本主义催生了过错归责原则,虽然它反过来有利资本主义发展,但也为普通人的社会活动和行为自由解除了法律束缚,主观无过错,即使行为造成损害也无需承担责任。资本的扩张、生产规模的扩大凸显了过错归责原则的弊端,避免无辜的损害得不到救济,为缓和社会矛盾、推动公平正义,过错推定归责原则和无过错归责原则相继确立。

第二,体现国家侵权责任立法政策。归责原则是一个历史范畴,每个国家侵权责任归责原则及其体系必定与其所处的特定历史阶段相匹配。中国也不例外,比如,我国机动车交通事故责任归责原则的演变历史:在20世纪80年代末原《民法通则》确立了无过错归责原则,但随着经济的高速发展,汽车社会迅速到来,人们的法治、道德意识没有同步提升,交通事故成为一大社会问题,政府应接不暇,对此个别地方政府先后制定"撞了白撞",即依"过错归责原则"处理交通事故,其中最著名的是1999年8月30日沈阳市人民政府发布的《沈阳市行人与机动车道路交通事故处理办法》,以至于著名法学家梁慧星教授在人民法院报上发表了《"行人违章撞了白撞"是违法的》长篇专门批评文章①,沈阳市人民政府最后取消了该"办法"。《道路交通安全法》2003年通过,2007年进行了第一次修改,修改的就是第76条归责原则条款。以上立法实例无不昭示整个社会在归责原则上如何取舍不得不考虑社会历史背景。

第三,有利侵权纠纷公平合理解决。立法如果对各类或特殊侵权情形明确相应的归责原则,无疑昭示了各方当事人维护自身权利的举证责任或免责减责抗辩事由,有利于司法人员依法主持诉讼,做出符合法律规定的公正判决;对当事人而言,就能知晓自己案件属于何种类型、应该适用何种归责原则,可以集中精力搜集有利于自己主张的证据,正确行使诉讼权利和履行诉讼义务,提出合理的诉讼请求或抗辩理由,对人们法院的裁判也容易接受。

第四,促使社会行为保持合理尺度。今天的世界已经进入人际交往频繁、多样、复杂的时代,汽车社会是其中的一个代表,人们的社会行为不经意间会侵害他人权益,但保持人的行为自由是社会进步的要求、人天性的使然。如何在人的行为自由与避免对他人权益的损害作出较为合理的平衡,科学的方法就是在侵权责任制度中科学合理安排归责原则,构建恰当的归责原则体系。一方面保持随心的行为自由,另一方面履行必要的尊重他人权益、避免侵犯他人权益的注意义务。

(二)归责原则体系

所谓归责原则体系,是指一个国家的民事侵权法律制度的归责原则应该由某种单一归责原则组成,还是应当由多种归责原则构成的具备特定逻辑关系的系统。在理论上,对归责原则体系有所谓的一元归责原则说、二元归责原则说和多元归责原则说。一元归责原则说,国外国内均有学者主张,有强调过错责任为唯一的归责原则,主张通过扩大过错责任来解决侵权责任制度领域中新的责任问题,也有强调以危险归责代替过错归责,主张危险一元归责。②二元归责原则说,强调归责原则体系由过错责任归责原则和无过错责任归责原则构成,其实质上是否定过错推定责任为单独的归责原则,认为过错推定责任是过错责任原则运用中的一种特殊形式。多元归责原则说,也有不同主张,是学者们有关过错责任、无过错责任、过错推定责任、公平责任如何取舍、组合的主张。本书赞成过错责任、过错推定责任和无过错责任三项归责原则构成我国民事法律制度侵权责任的归责原则体系,其中,过错责任、过错推定责任、无过错责任是三种独立归责原则,公平责任不是一种独立的归责原则,它只是一种限于损害赔偿责任适用、依法发挥微调作用的责任分配

---

① 梁慧星.为中国民法典而斗争[M].北京:法律出版社,2002:255-261.
② 王利明.侵权行为法归责原则研究[M].北京:中国政法大学出版社,1992:26.

规则。①

《民法典》"侵权责任"归责原则体系。我国侵权责任归责原则体系由过错责任为主、过错推定和无过错责任为补充的三种归责原则构成。其中,过错责任原则是一般归责原则,过错推定责任原则和无过错责任原则是特殊的归责原则,所谓"特殊"就是要有法律明确规定的适用对象,法律未明确规定的不适用。过错责任原则作为一般归责原则,除法律明确规定适用过错推定责任、无过错责任情形外,适用其他一切侵权行为的责任。另外,对于法定的特殊侵权行为,如果受害人选择适用过错责任的,法院也应当允许。②也就是说,过错责任原则普遍适用于各种侵权行为。

我国侵权责任归责原则体系具有如下特点:

第一,构建的是多元而特殊的归责原则体系。我国侵权责任制度实行的不是单一的归责原则,也不是二元归责原则体系,而是主要由过错责任、过错推定责任、无过错责任三种归责原则建构、公平责任分担规则微调的特殊归责原则体系。

第二,具体归责原则在原则体系中的地位和作用不同。三种原则之间具有一定的层次性和逻辑关系,过错原则是一般性的、具有普遍适用价值、主要的归责原则,即使在无过错责任中也有适用的价值,比如,受害人有过错应该适当减轻侵权人的责任;而过错推定原则和无过错原则只是特殊性归责原则,只适用于法律明确规定的特殊情形,法律未规定情形不得适用,它们处于次要、补充地位,纠正完全适用过错原则可能造成的不公现象,以实现社会和谐。

第三,立法上采用一般条款与类型化相结合的方式。所谓一般条款,是指在成文法中居于重要地位,具有高度概括性和普遍指导意义的条款。③《民法典》第1165条第1款、第2款④和第1166条⑤分别是"侵权责任"编过错责任、过错推定责任和无过错责任的一般条款,同时又专章分别规定以过错推定原则和无过错责任原则为主的各类型的特殊侵权责任。在某一类特殊侵权责任制度中,又进一步采取一般条款与类型化相结合立法方式,比如,在高度危险责任中,第1236条⑥规定了高度危险责任的一般条款,第1237条规定"民用核设施或者核材料致害责任",第1238条规定"民用航空器致害责任"等。一般条款使得侵权责任制度既具有全面

---

① 有关公平责任请见后文的专门讨论。
② 王利明,周友军,高圣平.侵权责任法疑难问题研究[M].北京:中国法制出版社,2012:135.
③ 张新宝.侵权行为法的一般条款[J].法学研究,2001(4):42-54.
④ 第1165条:(1)行为人因过错侵害他人民事权益造成损害的,应当承担侵权责任。(2)依照法律规定推定行为人有过错,其不能证明自己没有过错的,应当承担侵权责任。
⑤ 第1166条:行为人造成他人民事权益损害,不论行为人有无过错,法律规定应当承担侵权责任的,依照其规定。
⑥ 第1236条:从事高度危险作业造成他人损害的,应当承担侵权责任。

概括性,又具有开放性,属于兜底条款,而类型化有助于指导司法实践。

第四,注重各项归责原则的综合运用。在《民法典》"侵权责任"编的分则中,相当多类型的侵权责任是按照特殊归责原则确立的,但在一些具体的制度中又是多重归责原则的运用。比如,在交通事故责任制度中,机动车之间的交通事故责任适用过错责任原则,机动车与非机动车、行人之间的责任则适用过错推定原则,对于机动车一方无过错时,也要承担不超过10%的损害赔偿责任。这一规定与社会生活充分结合,有利于某一类型侵权责任判断规则的完整性,有利于指导司法实践,解决实际纠纷。

(三)公平责任问题

《民法典》第1186条:"受害人和行为人对损害的发生都没有过错的,依照法律的规定由双方分担损失",此即理论上所谓的公平责任。此条源于原《侵权责任法》第24条"受害人和行为人对损害的发生都没有过错的,可以根据实际情况,由双方分担损失"。两者的变化是:将后者条文中的"可以根据实际情况"修改为前者"依照法律的规定"。修改的背景是原《侵权责任法》第24条在实务中存在滥用趋向,修改的实质是取消了法官对案件的自由适用与裁量权,公平责任的适用类似于无过错责任、过错推定责任也必须有法律的明文规定。第1186条是公平责任的一般条款,诸如《民法典》第1254条"不明抛掷物、坠落物致害,可能加害方的补偿责任"[①],则是《民法典》有关公平责任具体适用的案件类型。

公平责任是民法基本原则"公平原则"在侵权责任领域的具体体现,但公平责任能否成为侵权责任一项独立的归责原则,学界历来存在争议,现主流观点认为它不是一项独立的归责原则,本书也赞同这种观点。但公平责任不仅仅是特殊情形下损害赔偿责任的"适用规则",它也涉及某种情形损害赔偿责任的成立,即归责问题。根据案件适用的思维逻辑,一个责任人无过错的案件,首先要判断该案是否属于某类或某种无过错责任,如果不是,再思考它是否属于公平责任,法律条文依据是什么。以高空抛物致人损害案件为例,它原本属于《民法典》第七编"侵权责任"第十章"建筑物和物件损害责任",实行过错推定责任原则,但该归责原则适用的前提是清楚高空抛物行为人、坠物所有人是谁,如果无法查清,案件到此结束,这是现实中许多侵权案件无法追责的原因,但第1254条特别规定了"由可能加害的建筑物使用人给予补偿",这里的"补偿"也是一种法律责任,一旦人民法院判决确定且生

[①]《民法典》第1254条第1款:禁止从建筑物中抛掷物品。从建筑物中抛掷物品或者从建筑物上坠落的物品造成他人损害的,由侵权人依法承担侵权责任;经调查难以确定具体侵权人的,除能够证明自己不是侵权人的外,由可能加害的建筑物使用人给予补偿。可能加害的建筑物使用人补偿后,有权向侵权人追偿。

效即具有法律强制力,如果没有该条相关规定,"补偿"责任不成立。总之,公平责任尽管不是一个独立的归责原则,但在我国归责原则体系中发挥着一定的微调作用。

公平责任适用的条件如下:

一是公平责任适用的案件不属于无过错责任案件。这是公平责任适用的前提条件。无过错责任案件无适用公平责任的可能,公平责任适用的应为过错或过错推定责任案件。当某案件不属于无过错责任案件范围,自然应适用过错或过错推定归责原则,又因行为人确实无过错而不承担责任,损害结果只能由受害人独自承担,但这一结果又有失社会公平正义,故法律特别规定行为人给予受害人适当补偿。

二是受害人和行为人对损害的发生都没有过错的。如果一方有过错也无公平责任适用的可能。行为人有过错,适用过错责任;行为人无过错,受害人自身存在过错,则受害人自己担责。双方均无过错,意味受害人既不能通过适用无过错归责原则得到救济,又不能通过适用过错或过错推定归责原则获得补偿,除非法律有另行特别规定,即公平责任制度。

三是公平责任的适用须有明确的法律规定。此处"法律"应该狭义理解,特指全国人民代表大会及其常委会制定的法律规范,不包括行政法规以下法律渊源,除《民法典》外,如果其他特别民事法律或其他法律部门中的民事法律规范,对于适用民法公平原则分担损失有规定的也应该适用其规定。在《民法典》中,除第1254条"可能加害方的补偿责任"外,还有以下责任也为公平责任:(1)第182条第2款"自然原因引起的紧急避险补偿责任":"危险由自然原因引起的,紧急避险人不承担民事责任,可以给予适当补偿。"(2)第183条"见义勇为受益人对受害人的补偿责任":"因保护他人民事权益使自己受到损害的(由侵权人承担民事责任),受益人可以给予适当补偿。没有侵权人、侵权人逃逸或者无力承担民事责任,受害人请求补偿的,受益人应当给予适当补偿。"(3)第1190条第1款"完全民事行为能力人丧失意识无过错的侵权补偿责任":"完全民事行为能力人对自己的行为暂时没有意识或者失去控制造成他人损害(有过错的,应当承担侵权责任);没有过错的,根据行为人的经济状况对受害人适当补偿。"(4)第1192条第2款"提供劳务方因第三方侵权,接受劳务方的补偿责任":"提供劳务期间,因第三人的行为造成提供劳务一方损害的(提供劳务一方有权请求第三人承担侵权责任),也有权请求接受劳务一方给予补偿……"

四是双方当事人的行为须与损害后果的发生具有一定的因果关系。一般情况下行为人的行为与受害人的损害存在因果关系,特别是事实上的因果关系,比如,第1254条"可能加害方的补偿责任",抛物行为或坠物与损害因果关系是客观的,但抛物行为人、坠物所有人到底是谁不清楚,法律出于公平考虑无奈只好将可能的人纳入损失分摊的对象,这样规定也在提醒共同体范围之人相互之间有相互帮助、相互监督的道义。另外,特殊情况下,受害人的损害还与自身行为有因果关系,比如,第183条"见义勇为受益人对受害人的补偿责任",见义勇为之人是受害人,被见义勇为救助之人为受益人,实为这里的行为人。第1192条第2款"提供劳务方因第三方侵权,接受劳务方的补偿责任"的因果关系近似于第183条的因果关系。总之,没有一定的因果关系不能让行为人分担受害人的损失。

二、几种具体归责原则

(一)过错责任原则

1. 过错责任原则的概念

过错责任,又称过失责任,从字面上看两者的内涵不同,但在侵权法领域,两者的外延完全一致,采用"过失责任"表述,有明轻以示重的效果[①]。所谓过错责任,是指依据过错归责原则所确认的责任。过错责任原则,即过错责任归责原则,也可称作过错归责原则,或过失责任原则、过失归责原则等,它是指以过错作为确认、追究行为人侵权责任原因和理由的归责原则。它包含两个方面的含义:

第一,过错是行为人侵权责任是否确立的依据和基础。即过错为过错责任的可归责事由,行为人没有过错就不会承担侵权责任。它源于如下法律思想:一个人之所以要承担责任,不是因为其造成了实际损害,而在于主观有过失;过失要承担责任,比过失更恶劣的故意自然更要承担责任。此意味过错既是过错责任构成要件之一,也是过错责任确立的最终要件。因过错属于主观概念,故过错责任原则在性质上为主观归责原则。

第二,过错还是行为人承担责任范围的依据和基础。行为人的过错大小以及被侵权人是否存在过错、过错大小,制约着行为人责任范围的大小。一方面,行为人有过错就有责任,无过错就无责任;行为人故意或重大过失会加重其责任,轻微过失会减轻责任。另一方面,被侵权人对其损害如果也有过错,会减轻行为人的责任,如果是故意,则会免除行为人的责任。

2. 实行过错责任原则的意义

第一,历史意义。人类法制史上,最早实行结果归责原则[②],即造成损害就要承

[①] 过错包括故意与过失两种形态,但在民事侵权领域两者的区分不像刑法那样重要。在特殊情况下有一定意义,比如涉及与犯罪的关系、赔偿范围、免责和减责等方面。有关过错、故意、过失的具体内容请见第三章相关分析。

[②] 结果归责原则,又称加害原则。

担责任,这是原始社会血态复仇意识的反映。过错归责原则属于主观归责原则,其萌芽虽存在于罗马法时代,但它作为一般归责原则,最早出现在1804年资产阶级的第一部民法典《法国民法典》中,这是人类文明进步的表现。

第二,现实意义。过错归责原则是维护个人行为自由和社会安全的最佳平衡点。一个人只要尽到了对他人利益尊重的注意义务,即主观不存在过失,即使造成了他人利益的损害也不应该承担责任,这有利于维护人的行为自由。另一方面,过错归责原则又要求人们在行为之时,需要充分注意对他人利益的尊重,如果缺乏注意,即主观存在过错,造成他人利益的损害或潜在损害,都应该承担责任,这样做有利于维护社会安全。结果归责原则,虽然有利于维护社会安全,但极大限制了人的自由。

3. 我国《民法典》有关过错责任原则规定的特点

过错责任原则在我国的法源,即《民法典》第1165条第1款"行为人因过错侵害他人民事权益造成损害的,应当承担侵权责任。"它有如下特点[①]:

第一,普遍适用性。一方面,过错责任原则作为一般归责原则,不仅适用于一般侵权行为,其精神还可以适用于无过错责任和过错推定责任情形。在此情况下,行为人是否存在过错以及过错大小也会影响其责任范围。另一方面,只要因过错侵害他人民事权益,就要承担责任。至于是否造成实际损害在所不问,造成实际损害要承担赔偿责任,没有造成损害但可能导致损害潜在危险的,也要承担停止侵害、排除妨碍、消除危险的责任。

第二,高度抽象和概括性。它主要以一般条款的形式出现。一方面,现代社会关系十分广泛而复杂,另一方面,立法者难以通过具体的法律规范对各类社会关系一一进行调整,无法穷尽。因此,需要借助一般条款,既要发挥统领现有具体规范的作用,又要具有开放性,能够适应未来社会发展的需要,成为一个兜底条款。

第三,具有开放性。《民法典》第1165条第1款突出对"民事权益"的保护,既保护人身权益,又保护财产权益,既保护民事权利,又保护未形成权利、合法的利益。因此,无论今后如何发展,新的财产、新的利益都可以获得保护。

4. 过错责任原则的适用

过错责任原则适用的案件范围。过错责任原则主要采用一般条款形式确立案件适用范围,因此,凡不属于过错推定和无过错责任的案件,都适用于过错责任。[②]此时,过错是认定责任的根据。

[①] 王利明,周友军,高圣平.侵权责任法疑难问题研究[M].北京:中国法制出版社,2012:140-142.

[②] 与一般条款相对的就是法律的特别规定条款。过错推定责任和无过错责任适用案件范围都必须有法律明文规定,此法律明文规定即法律的特别规定条款。

值得一提的是,并非法律特别规定的侵权及其责任一定属于非过错责任,即要么为过错推定责任,要么为无过错责任。其实,不排斥法律也会特别明文规定某些案件适用过错责任。比如,《民法典》第1200条是有关教育机构对限制民事行为能力人"人身损害"承担过错责任的规定。①也就是说,过错责任除适用一般条款的规定,也适用法律特别规定的情形。这是现实的需要,与现实相匹配的规则集中规定,有利于避免争议、方便实务。《民法典》第1199条是有关"无"民事行为能力人在教育机构遭受"人身损害"承担过错推定责任的规定②,但作为"限制"民事行为能力人的学生在教育机构遭受人身损害的责任,也需要一并明确规定,因此第1200条做了特别规定。

过错责任原则适用的程序规则。此即有关过错的举证和证明负担的分配规则。根据过错归责原则的精神和民事诉讼法的规定,应该由原告(被侵权人)承担过错举证责任,证明被告(侵权人)有主观过错,被告如果主张自己不应承担责任或承担较轻责任,应该举证证明自己没有过错,或者证明原告有过错,或原告过错程度重于被告。

5. 过错程度对责任的影响

因过错存在故意与过失,过失又有重大过失、一般过失和轻微过失之实际情形,因此过错程度对责任大小的影响是一个不可回避的问题。虽然法学通说认为过错程度对责任的成立及大小一般没有影响,但此问题在学说、法理上仍有异议,有学者认为:"过错程度是侵权构成以及效果确定中的核心考量因素之一,应当对侵权构成及效果的确定产生普遍性的影响"③。过错是人的一种不良心态,过错程度体现了人的主观恶性程度,既然过错责任原则将过错作为归责的事由与依据,因此归责不能不考虑过错程度。过错程度对责任的影响,在实践上极为复杂,它又因以下三种情形而有不同结论:

第一,单独侵权且仅行为人一方有过错的情形。此种情形下,行为人的过错程度对纯粹财产损失以及因人身损害所导致的财产损失的赔偿责任没有影响,因为现代民事侵权责任制度主要实行损失填补理念,财产损失赔偿实行全部赔偿原则,责任惩罚的传统作用只发生在极其特殊情形。过错程度主要对精神损害赔偿与惩罚性赔偿责任有影响。《精神损害赔偿解释》第5条明确规定,精神损害的赔偿数额

---

① 第1200条:限制民事行为能力人在学校或者其他教育机构学习、生活期间受到人身损害,学校或者其他教育机构未尽到教育、管理职责的,应当承担侵权责任。

② 第1199条:无民事行为能力人在幼儿园、学校或者其他教育机构学习、生活期间受到人身损害,幼儿园、学校或者其他教育机构应当承担侵权责任;但是,能够证明尽到教育、管理职责的,不承担侵权责任。

③ 叶金强.论过错程度对侵权构成及效果之影响[J].法商研究,2009(3):70-76.

要根据"侵权人的过错程度"等因素确定。①惩罚性赔偿,也称示范性赔偿或报复性赔偿,一般是指由法庭所作出的赔偿数额超出了实际的损害数额的赔偿,它具有补偿受害人遭受的损失、惩罚和遏制不法行为等多重功能。比如,《民法典》第1207条规定:"明知产品存在缺陷仍然生产、销售,或者没有依据前条规定采取有效补救措施,造成他人死亡或者健康严重损害的,被侵权人有权请求相应的惩罚性赔偿。"②产品责任的归责原则,生产者为无过错责任,销售者为过错责任,可一旦他们的主观过错达到"故意"程度,即条文中的"明知",他们就要承担惩罚性赔偿责任。

第二,共同侵权人之间存在过错程度差异的情形。在共同侵权案中,数人的过错程度可能一致,也可能不一致。在不一致情形,过错程度高的侵权人承担的责任一定大于过错程度低的侵权人,而且适用的损害责任类型也不存在限制,它包含财产损失、人身损害、精神损害等赔偿责任。

第三,行为人与被侵权人互有过错的情形。③这就是所谓的"混合过错"情形,此种情形其实还可以进一步区分单独侵权与共同侵权的混合过错,为探讨的简洁,以下仅讨论单独侵权的混合过错情形。混合过错是侵权责任承担实务的常态,双方的过错程度不仅影响责任的承担,甚至影响责任的成立。而且此种情形所适用的损害责任类型也无任何限制,同样包含财产损失、人身损害、精神损害等赔偿责任。其《民法典》上的依据,一是第1173条"被侵权人对同一损害的发生或者扩大有过错的,可以减轻侵权人的责任"。二是第1174条"损害是因受害人故意造成的,行为人不承担责任"。该条是现实"碰瓷"的防范条款。

基于以上讨论可以发现,过错程度对责任的影响体现在以下方面:

第一,责任的成立。过错程度除前述对精神损害赔偿和惩罚性赔偿责任的成立有普遍实质意义外,对其他某些特别责任的成立也有影响。比如,《民法典》第1176条就是关于文体活动"自甘风险"的规定,强调具有一定风险的文体活动的损

---

① 《精神损害赔偿解释》第5条:精神损害的赔偿数额根据以下因素确定:(1)侵权人的过错程度,但是法律另有规定的除外;(2)侵权行为的目的、方式、场合等具体情节;(3)侵权行为所造成的后果;(4)侵权人的获利情况;(5)侵权人承担责任的经济能力;(6)受理诉讼法院所在地的平均生活水平。

② 请注意此条系"缺陷"而非"欺诈",且未明确具体计算标准。我国《消费者权益保护法》规定:商品或服务因缺陷导致严重人身损害的可以主张所受损失2倍以下惩罚性赔偿;有欺诈行为的,惩罚性赔偿可以是购买商品的价款或者接受服务的费用的3倍,赔偿金额不足500元的,为500元。我国《食品安全法》规定:不符合食品安全标准的食品,可以按照支付价款10倍或者损失3倍主张惩罚性赔偿;赔偿金额不足1000元的,为1000元。

③ 单纯的混合过错不属于过错程度问题,但两者有类似关系。

害(非以人身为限)责任以致害人有故意或者重大过失为前提。[①]

第二,责任的分担。它涉及多个行为人之间的责任分担,或行为人与被侵权人之间的责任分担,即共同过错和混合过错情况下,过错程度对财产损失的赔偿责任也有实质意义。过错程度对责任的影响原则上都是法定情形,但毫无疑问,根据过错程度确定责任范围时授予法官一定的自由裁量权也是较为务实的做法。当然,过错总是伴随侵权行为而存在,过错程度也会借助对因果关系、原因力的判断,对责任承担的大小发生影响。正如学者所言,"依过错程度归责,是过错责任成熟化的标志"[②]。

第三,责任的升级。过错程度在影响侵权责任承担的同时,还有引发刑事责任的可能,比如,因机动车引发的相关犯罪就是一个典型。具体请见第十章相关内容。

(二) 过错推定责任原则

1. 过错推定责任原则的概念

推定,即根据已知的事实,对未知的事实进行推断和确定。过错推定,是从已经发生的损害等事实,推断与确定行为人有过错。所谓过错推定责任原则,即过错推定责任归责原则,又称过错推定归责原则,或过错推定原则、过失推定原则,是指在法律上有特别规定的场合,从损害事实和其他事实推定侵权人有过错,并据此确定侵权人承担侵权责任的归责原则。依过错推定责任原则所确定的责任即过错推定责任。

过错推定责任原则与过错责任原则的相同点。首先,两者均以过错为承担侵权责任的原因和理由,即过错均为两种责任的可归责事由,这是两者最根本的共同点,正因如此,学界有人认为过错推定原则不是一种独立的归责原则。其次,两种原则下过错确定过程中,均允许侵权人或曰行为人有关自己"无过错"的反驳。过错原则下被侵权人针对侵权人的过错证明过程也是侵权人反驳、论证自己无过错的过程,过错推定原则下过错推定过程也是行为人反驳、论证自己无过错的过程。

过错推定责任原则与过错责任原则的不同点有以下几个方面:

第一,过错确定的过程及举证责任不同。过错责任原则下的过错需要被侵权人证明,被侵权人举证不能或不能证明,过错不能被确认。而过错推定原则下过错是被推定的,行为人的过错无需被侵权人举证证明。从举证责任角度,过错责任原

[①]《民法典》第1176条第1款:自愿参加具有一定风险的文体活动,因其他参加者的行为受到损害的,受害人不得请求其他参加者承担侵权责任;但是,其他参加者对损害的发生有故意或者重大过失的除外。

[②] 王利明,周友军,高圣平.侵权责任法疑难问题研究[M].北京:中国法制出版社,2012:145.

则下被侵权人负有完全的举证义务,除要证明侵权人的过错外,还要证明损害、侵权行为及其因果关系;在过错推定原则下,被侵权人也负有损害、侵权行为及其因果关系的证明义务,当然,"在因果关系认定上采用事实自证法则或者举证责任缓和的规则,适当降低对因果关系认定的标准"①,同时,法律赋予侵权人享有自己无过错的反驳权,侵权人举证不能或不能证明自己没有过错即推定过错成立。换言之,有关"过错"的举证责任倒置了。另外,过错程度区分的意义不同,在前述过错责任原则讨论中,已经表明过错程度的区分有着极其特别的意义,但在过错推定原则下一般不需要区分过错程度,过错是推定确认的,再来确定其程度非常不易。

第二,法律规定的方式不同。或曰法律依据不同。过错责任主要基于法律的一般条款而确定,一般条款只是明确了责任成立的必要条件,没有规定适用案件的具体情形;特殊情况下,也存在用特别条款明确适用过错责任,其目的是避免归责原则适用的争议,此情形是过错责任一般条款的补充。对过错推定责任而言,首先,所有适用的案件都必须采用特别条款规定方式,法律没有明确规定的不得适用过错推定责任原则。其次,法律对推定过错存在的基础事实必须有明确规定。这里的基础事实就是推定过错存在的已知事实,在众多的已知事实中,损害事实是不可缺少的基础事实;另外,可能还有其他事实。比如:在《民法典》有关"推定医疗机构过错"的第1222条中,患者有"损害"是必不可少的基础事实,没有它就不存在过错,但同时还要具备其他三种法定事实之一。②

第三,适用的案件范围完全不同。过错推定责任是一种独立的特殊责任,与过错责任的案件适用范围不存在交集,彼此独立,不会存在既适用过错责任又适用过错推定责任某种情形。过错推定责任适用的全部是特殊侵权行为案件,多为替代责任,而过错责任适用的主要是一般侵权行为案件,多为自己责任。这与某一类侵权中不同情形可能适用不同归责原则不矛盾,比如,在医疗损害责任中,原则上实行过错责任原则,比如第1218条③,但在特殊情况下,可能适用过错推定责任,如前述第1222条。机动车交通事故责任也有类似情况,具体请见第四章的讨论。

第四,对受害人权益保护的力度不同。有的国家立法将过错推定原则称之为过错责任与严格责任之间的中间责任。法律之所以将过错推定原则独立出来并区别于过错原则,这是因为适用过错推定原则的案件有自身的特殊性,受害人往往不

---

① 最高人民法院民法典贯彻实施工作领导小组.中华人民共和国民法典侵权责任编理解与适用[M].北京:人民法院出版社,2020:33.

②《民法典》第1222条:患者在诊疗活动中受到损害,有下列情形之一的,推定医疗机构有过错:(1)违反法律、行政法规、规章以及其他有关诊疗规范的规定;(2)隐匿或者拒绝提供与纠纷有关的病历资料;(3)遗失、伪造、篡改或者违法销毁病历资料。

③《民法典》第1218条:患者在诊疗活动中受到损害,医疗机构或者其医务人员有过错的,由医疗机构承担赔偿责任。

易证明侵权人的过错,简单适用过错原则难以对受害人进行法律救济,将过错推定原则独立出来是对过错原则适用的修正,更好实现公平正义和社会和谐。总之,相比过错责任,过错推定原则是一种加重责任,是从保护受害人利益考虑而产生的,大大减轻了受害人的举证责任,举证责任倒置增加了行为人免除责任的难度,无疑加重了行为人的责任。因此,过错推定责任的意义,在于加重侵权人的责任,能切实保护被侵权人的合法权益,有效制裁民事违法行为,促进社会和谐。过错推定责任发展历史虽然可以上溯到罗马法时期,但得到系统规定的是第一部资产阶级民法典《法国民法典》。

2. 过错推定责任原则的适用范围

我国《民法典》有关适用过错推定责任原则的案件主要包括以下几类:

第一,教育机构对无民事行为能力人损害责任。我国法律对未成年人在教育机构学习、生活期间受到人身损害的归责原则,因民事行为能力不同而不同,其中,无行为能力人遭受人身损害采用过错推定责任原则,限制行为能力人遭受人身损害采用过错责任原则。不言而喻,完全民事行为能力人,比如大学生、研究生在大学遭受人身损害也应适用过错责任原则。

第二,动物园动物致人损害责任。动物致人损害的归责原则,因饲养人、管理人不同而不同,仅动物园对其饲养、管理的动物致人损害采用过错推定责任原则,除动物园以外其他饲养人、管理人要承担无过错责任。

第三,特殊情况下的医疗损害责任。医疗损害责任一般情况下为过错责任,但具有下列三种情形之一的,推定医疗机构有过错:一是违反法律、行政法规、规章以及其他有关诊疗规范的规定;二是隐匿或者拒绝提供与纠纷有关的病历资料;三是遗失、伪造、篡改或者违法销毁病历资料。

第四,建筑物和物件损害责任。它有五种情形:一是人造不动产倒塌、塌陷致害责任①;二是与人造不动产相关物件脱落、坠落或抛掷致害责任;三是动产物件因堆放异动或因妨碍通行致害责任;四是林木折断、倾倒或者果实坠落等致害责任;五是地表或地下设施致害责任。

建筑物和物件损害责任有如下特点:其一,致害之物的范围非常宽泛。可以是不动产本身,比如建筑物、构筑物、其他设施或林木,或者不动产的组成部分,比如,房屋外墙上的瓷砖、隧道吊顶、脚手架上固定螺钉、树枝、果实等;也可以是与不动产存在一定关联的动产,比如阳台上的花盆、晒衣架等不动产上的搁置物、悬挂物,从建筑物抛出的物品;还可以是地面上的堆放物或公共道路上妨碍通行的物品;甚至可以是容易成为陷阱的地表或地下设施空间。其二,致害原因多种多样。除建

---

① 人造不动产,即建筑物、构筑物或者其他设施。

筑物等不动产倒塌、塌陷外,物件致人损害的原因,可以是物件的高空脱落、坠落①、人为抛掷、林木折断果实坠落,还可以是堆放物的倒塌、滚落、滑落,以及堆放、倾倒、遗撒物品对通行的妨碍,以及地表或地下设施变成陷阱。其三,责任人系致害物制造质量担保之人、所有人以及后期使用管理之人。人造不动产倒塌、塌陷损害责任人原则上是建设单位与施工单位,但也可能是勘察、设计、监理等机构;与人造不动产相关物件脱落、坠落或抛掷造成他人损害的责任人是该不动产的所有人、管理人或者使用人,如果物件坠落或抛掷致人损害难以确定具体侵权人,除能够证明自己不是侵权人的外,则"由可能加害的建筑物使用人给予补偿";动产堆放异动或妨碍通行致人损害的责任人为堆放人等有关单位或者个人;地表或地下设施致人损害的责任人是设施的施工人或管理人。

第五,机动车致非机动车驾驶人、行人人身损害和财产损失责任。《民法典》用10个条款规定了机动车交通事故责任,比原《侵权责任法》增加了4个条款,但机动车交通事故责任的归责原则,无论是原《侵权责任法》还是现行《民法典》均未规定,而是由《道路交通安全法》加以规定,根据该法其中机动车致非机动车驾驶人、行人人身损害和财产损失责任实行过错推定原则。具体内容请见后文的分析。

3. 过错推定责任原则的适用规则

过错推定责任原则的适用规则,主要体现在举证责任的配置上。原告(被侵权人)需要证明侵权行为、损害事实、因果关系;被告(侵权人)如果否定,就需要证明自己无过错或无因果关系的存在。

过错推定的要件:

第一,存在过错推定的基础事实。基础事实分为两类,一是一般的基础事实,核心就是损害,甚至还包括行为及因果关系,这是任何过错推定的不可或缺的基础事实,相当多的过错推定责任案件,只要证明这一类基础事实,就能证明行为人有过错。二是其他法定事实,是相对一般基础事实的特别基础事实。有些过错推定的侵权案,除一般基础事实外,还需要特别基础事实存在才能进行过错推定。比如,在医疗损害责任中,除损害、诊疗行为、因果关系等一般基础事实之外,还需要证明具有三种特别基础事实之一,才能进入过错推定程序。

第二,侵权行为与损害之间具有法律上的因果关系。在前述基础事实中,因果关系作为一种基础事实,主要是从客观事实层面的理解,但要确定过错推定成立就必须证明侵权行为与损害之间具有法律上的因果关系。以机动车事故为例,在道口电动自行车驾驶人为避免与横向车道行使的机动车相撞紧急刹车、转向而侧翻受伤,显然机动车的行驶与电动自行车驾驶人的受伤存在事实上的因果关系。对

---

① 这里的"脱落、坠落"物件不包括目前热门的无人机等飞行器及其搁置物、悬挂物,它们致人损害应该实行无过错责任。

于此非接触性交通事故,机动车如果闯红灯属于违法行为,与电动自行车一方损害有法律上的因果关系,此时推定机动车一方有过错。如果机动车一方是按绿灯、正常的道路通行,该通行行为与电动自行车非接触损害就不存在因果关系,自然再来推定机动车一方是否有过错就没有意义了。①

过错推定的程序如下:

第一,原告提出过错推定基础事实存在的证据。这些证据涉及一般基础事实证据和特别基础事实证据,具体包括哪些会因侵权责任类型不同而不同。其中,证明损害事实和侵权行为的证据最为重要,证据须符合民事诉讼法证据合法性、真实性、关联性的三性要求。此为过错推定程序最重要的环节,原告要有充分的证据意识,注意证据的收集与保存。

第二,被告提出其"没有过错"的反证证据。此并非过错推定程序必不可少的环节。反证有两种情形,其一,法律有明确的特别基础事实,行为人欲证明自己没有过错,须举证证明对其有利的一面。比如,在第1258条有关地表或地下设施施工过程致人损害责任中,"设置明显标志和采取安全措施"是一个法定的基础事实,施工人不能证明已经设置明显标志和采取安全措施即推定施工人有过错,施工人如果证明自己设置了明显标志并采取了安全措施,就反证了自己"没有过错"。其二,法律没有明确特别基础事实的,行为人可以证明其行为符合法律法规的规定和合理的、谨慎的行为标准,损害是由受害人和第三人行为所致。比如,阳台衣架坠落导致地面车辆损坏,如房屋所有人或使用人能提供证据证明衣架坠落系楼上重物坠落所致或小偷所致。

第三,分析证据论证过错推定成立与否。如果被告提出反证证据,将过错推定证据与反证证据综合分析,如果被告没有提出反证证据,仅就过错推定证据进行分析。如果证明基础事实的证据确凿充分有效,推定被告有过错;如果过错推定证据不够充分但又没有过错排除证据,能够让法官相信被告有过错较大可能的,也推定被告有过错;如果过错推定证据不够充分且存在过错排除证据,或现有证据无法使法官相信被告有过错,则推定被告无过错。

(三)无过错责任原则

1. 无过错责任原则的概念

无过错责任,是大陆法系概念,类似英美法系的严格责任,特指行为人的行为或管控对象造成他人的损害,不论该行为人是否有过错,只要不存在法定的免责事由,都应该承担侵权责任。所谓无过错责任原则,是指以行为潜在的危险性及其实

---

① 后一种情形,如果发生接触性损害,尽管因果关系成立,但机动车一方可以自己系正常行使为由论证自己无过错,电动自行车一方闯红灯有过错进行反驳。

际损害结果共同作为确认、追究责任人侵权责任的原因和理由的归责原则。它属于客观归责原则，过错责任原则被视为主观归责原则。

无过错责任原则有如下特点：

第一，它以行为潜在的危险性及损害作为可归责事由。从适用的条件和结果看，该责任原则与古人以牙还牙、血态复仇以及奴隶封建社会的结果原则相近，似乎均以损害结果为可归责事由，其实不然，诞生于近代的无过错责任原则一定有它文明的"特质"。正因如此，主流观点认为，无过错责任的可归责事由主要是危险，其中包括分享活动和危险物；①还有观点认为，危险、在先的特定法律关系以及侵权人的优势地位是无过错责任的可归责事由。②本书认为，行为潜在的危险性是不可或缺的可归责事由，但行为仅有危险而无实际损害也无归责之理，这与过错责任仅以"过错"为可归责事由情形不同。在过错责任原则下，谈过错，是因为有损害，致害原因——行为有过错，也就是说，过错意味着过错行为，同时暗含损害的发生，过错本身带有强烈的谴责意味，而行为的危险性并不必然引发损害，危险只是一种事实状态，不具有主观谴责意思。故本书主张应以行为潜在的危险性及损害结果共同作为责任人承担责任的法理基础和根本原因，此归责事由具有复合性，行为的危险性和损害结果两者缺一不可。③这是现代无过错责任与原始古人以牙还牙理念、奴隶封建社会结果原则的重大区别。

第二，它不考虑责任人的主观过错。原《民法通则》第106条第3款"没有过错，但法律规定应当承担民事责任的，应当承担民事责任"，是改革开放后我国法律有关无过错责任原则的规定。很明显，法条中"没有过错"的表述是不周全的。无过错责任原则的实质是只关注是否有损害而不考虑责任人的过错，责任人是否存在过错不影响无过错责任的成立，无过错要担责，有过错更要担责，当然，在现实中适用无过错责任原则的案件大多责任人存在过错。另外，这里所指的无过错的主体特指责任人，无过错责任有相当部分属于替代责任，责任人并非一定是实际侵权行为人，可能是侵权行为人，也可能是侵权行为人之外的人。在责任人与实际侵权行为人分离的情况下，行为人有过错属于常态。

第三，它的免责事由必须由法律明确规定。无过错责任原则只关注损害不考虑过错，换句话说，就是责任人不能以自己没有过错作为免责的抗辩事由。但无过错责任又并非绝对责任，责任人可以主张免责事由，只是何种事实属于免责事由应

---

① 王利明,周友军,高圣平.侵权责任法疑难问题研究[M].北京:中国法制出版社,2012:160.

② 张新宝.侵权责任法[M].北京:中国人民大学出版社,2013:18.

③ 在高度危险责任、饲养动物损害责任、环境污染和环境破坏责任中，行为的危险性比较好理解，而在产品责任、监护责任、雇主责任、工伤事故责任中，所谓行为的危险性分别表现为制造、提供有隐患产品的危险性，监护行为不尽责的危险性、雇主对雇员管理不到位的危险性,职工安全教育、防护不力的危险性。

由法律明确规定,责任人不能随意主张免责事由。无过错责任之所以又称作严格责任,其实就是免责事由严格。法律会就不同的无过错责任规定相应的免责事由。另外,尽管责任人不能以自己无过错作为免责抗辩事由,但被侵权人的过错则是无过错责任普遍的免责减责事由。

第四,它的适用范围须由法律明确规定。哪种情形应该适用无过错责任应由法律明确规定,法律没有明确规定的只能适用过错责任。无过错责任原则的具体适用范围请见后文介绍。

第五,无过错责任原则在具体运用上有特别要求。首先,原告虽然无须证明责任人是否有过错,但损害事实、因果关系客观存在的论证不可或缺。不能证明损害就不会引发无过错责任原则的适用,不能证明因果关系就无法认定致害原因,也就无法确认责任人。其次,国家基于利益的平衡,会对某些领域的赔偿作出限额规定。比如,《国内航空运输承运人赔偿责任限额规定》(中国民用航空总局令第164号,2006年)第3条规定:每名旅客的赔偿责任限额为人民币40万元,随身携带物品的赔偿责任限额为人民币3000元,旅客托运的行李和对运输的货物的赔偿责任限额为每千克人民币100元。

无过错责任与过错责任的关系。相同点:两者均为我国归责原则体系的重要组成部分,是侵权责任最为重要的两种归责原则。不同点:第一,两者的可归责事由不同。无过错责任原则可归责事由是行为潜在的危险性以及实际损害,属于复合事由,过错责任可归责事由仅为过错,属于单一事由。第二,两者的性质不同。无过错责任原则和过错责任原则的可归责事由分别具有客观性和主观性,决定了前者为客观归责原则,后者系主观归责原则。第三,两者的地位不同。过错责任原则是一般归责原则,在归责原则体系中处于基础、中心地位,无过错原则是特殊归责原则,是过错责任原则的补充,纠正完全适用过错责任会造成不公现象,追求社会公平正义。第四,两者的适用范围不同。过错责任原则主要适用于一般侵权行为的责任,无过错责任原则适用部分特殊侵权行为的责任,在适用范围上两者不存在交集。

无过错责任与过错推定责任的关系。[①]首先,两者具有近似性。除均为特殊归责原则外,一是两者具有相同的目的,即强化对受害人救济的功能;二是在一些情况下两者适用的结果几乎相同。因为在许多过错推定责任案中,被推定的过错几乎不能被推翻。其次,两者的理念和性质不同。性质上的差别,即客观归责与主观归责的差别。理念的差别是两者不同的核心,在过错责任中,过错仍然是可归责事由,而在无过错责任中,过错不是可归责事由。具体表现为:其一,在责任的成立方面,无过错责任相对容易。无过错责任不以过错为成立要件,而过错推定责任仍以过错为要件。其二,在责任的减轻或免除方面,过错推定责任免责事由相当广泛,

---

[①] 王利明,周友军,高圣平.侵权责任法疑难问题研究[M].北京:中国法制出版社,2012:163-166.

只要责任人能证明自己没有过错的事由都是免责事由,而无过错责任免责事由需要法律明确规定,因而更为严格。

无过错责任原则的意义。第一,它是现代化社会大生产的产物。无过错责任原则是随着工业革命的完成而应运而生,特别是大型危险性工业的兴起而产生和发展的。无过错责任原则最早由普鲁士王国1838年制定的《铁路企业法》确认。之后,1884年德国的《劳工伤害赔偿法》、1898年法国的《劳工赔偿法》等规定了无过错责任原则。第二,它有助于社会和谐,实现公平正义。资本主义的大发展必然导致资本家、企业与人民大众之间经济地位的差距,人民大众偶遇的社会风险越来越多,为减轻灾难带给人民的痛苦,需要对某些易引发灾难的行为实行无过错责任。它的重要使命在于处理现代化大生产中的诸如高度危险作业、环境污染等致人损害的赔偿责任问题。第三,促使从事特别行业的人负有更加特别注意的义务。与过错推定责任相比,它进一步加重了责任人的责任,相关危险行业的人员需要有高度责任感、谨慎小心,不断改进技术安全措施,提高工作质量,尽力保障周围人员和环境的安全。第四,使被侵权人更加容易获得救济。无过错责任决定了过错不是该责任的构成要件,既免除了过错责任中被侵权人的过错举证义务,又不存在过错推定责任中侵权人的反证机会以及广泛的无过错免责事由,为被侵权人获得法律救济扫除了障碍、提供了便利。

2. 无过错责任原则的适用范围

第一,监护人责任。将监护人责任归为无过错责任存在争议。本书认为将监护人责任列为无过错责任有利于促使监护人更好地尽职尽责。根据《民法典》规定,监护人的减责免责事由,一是监护人尽到监护职责的,可以减轻其侵权责任,二是优先从被监护人财产中支付赔偿费用,不足部分,由监护人赔偿。

第二,雇主责任。[①]又称用工者责任或用工责任,是指雇员在履行用工职责过程中造成第三人损害的赔偿责任。在《民法典》中,雇主存在单位雇主和个人雇主,单位雇主所形成的雇佣关系则多为劳动关系[②],个人雇主形成的雇佣关系一般为劳务关系,但无论何种雇佣关系,雇主责任均适用无过错责任原则。值得注意的是,雇主责任虽然适用无过错责任,但雇主责任是建立在雇员致人损害构成侵权责任的基础之上。比如,作为雇员的司机致人损害,但损害是受害人碰瓷引发,司机不承担责任,雇主自然也无需承担责任。

第三,工伤事故责任。工伤事故责任,是指雇员在履行用工职责过程中因自身、第三人的原因或意外致使自己遭受损害的赔偿责任。工伤事故责任主要由《工伤保险条例》规定,工伤保险对工伤事故责任无疑会承担无过错责任,在没有工伤

[①] 本书所指的雇佣关系为广义概念,包括劳动关系和劳务关系。

[②] 根据我国法律,单位雇主与雇员也可以成立劳动关系之外的劳务关系。

保险的情况下,用人单位对员工的工伤事故赔偿也实行无过错责任原则,无过错亦应赔偿。但《民法典》特别规定个人劳务关系中的工伤事故责任实行过错责任原则;①提供劳务期间,因第三人的行为造成提供劳务一方损害的,提供劳务一方有权请求第三人承担侵权责任,也有权请求接受劳务一方给予补偿,接受劳务一方补偿后,可以向第三人追偿。

第四,产品责任。所谓产品责任,是指因产品存在缺陷造成他人损害而引发的产品生产者、销售者对受害人承担的侵权责任。"但不包括销售者及产品运输者、仓储者等第三人承担内部责任,即被追偿时的责任,这种情况下实行过错责任原则。"②

第五,环境污染和生态破坏责任。环境污染责任和生态破坏责任统称为环境侵权责任,即环境侵权分为污染环境和破坏生态两种类型。污染环境,是指通过排放有害物质或能量对自然产生有害影响的现象,其核心特征在于"过度排放";破坏生态,是指不合理地开发利用资源损坏了自然生态环境,从而使人类、动物、植物、微生物等的生存条件发生恶化的现象,其核心特征为"过度索取"。据此,环境污染责任和生态破坏责任,可以根据不同标准分别作进一步的区分。

第六,高度危险责任。它是世界上适用无过错责任原则最早的侵权责任。所谓高度危险责任,是指从事高空、高压、易燃、易爆、剧毒、放射性、高速轨道运输工具等对周围环境有高度危险的作业造成他人损害应承担的侵权责任。值得注意的是,机动车致人损害责任早期也为高度危险责任,但随着机动车的普及并成为出行代步工具,原《侵权责任法》就将机动车交通事故责任从高度危险责任中排除,将高速轨道运输工具致人损害责任列为高度危险责任。

第七,饲养动物损害责任。饲养动物损害责任,是指动物饲养人或者管理人对被饲养的动物造成他人损害所承担的侵权责任。该责任原则上实行无过错归责原则,但出于对动物园事业的支持和对他人权益保护的平衡,立法将动物园动物致人损害责任规定为过错推定责任,这是饲养动物损害责任适用无过错归责原则的例外。

3. 无过错责任原则的适用规则

无过错责任原则的适用规则,就是无过错责任认定的规则。它以无过错责任的构成要件为基础,原告如何举证证明损害已经具备责任构成要件、被告如何举证证明或论证无过错责任不成立或具有免责减责事由的过程以及该过程应该遵循的规则。相比过错推定原则的适用规则,本原则的适用规则更为简便,在构成要件上清除了过错要件,在适用程序上排除了责任人无过错的反证环节。

---

① 此系工伤事故责任承担无过错责任的例外情形。
② 最高人民法院民法典贯彻实施工作领导小组.中华人民共和国民法典侵权责任编理解与适用[M].北京:人民法院出版社,2020:36.

第三章　侵权责任认定的要件是什么

前一章"归责原则"主要围绕"可归责事由"来确认、追究责任人侵权责任的原因和理由，属于法理问题，依此尚不足以对具体侵权责任进行分析判断。"责任构成要件"则是我们正确认定包括机动车交通事故责任在内的一切侵权责任认定的标准和工具，是本书的重点和内核内容。本章先就"责任构成要件"的一般问题，如构成要件的概念、分类、具体要件等进行探讨，然后再另章分析机动车交通事故责任构成要件的特殊性。

一、侵权责任构成要件概述

（一）侵权责任构成要件概念

所谓侵权责任构成要件，是指责任人依法承担侵权责任必须具备的不可缺少的条件。它是判断责任人是否承担侵权责任的具体标准，对侵权案中的各方当事人及司法人员有着重要的意义，是民法侵权责任的核心问题。"构成"一般是指多个要素的组合，因此"构成要件"意味其中的"要件"一定不是单个，而是多个，"构成要件"应是多个"要件"的组合，这好比我们不能从单独的损害或侵权行为一个条件来判断责任。另外，具体的侵权责任构成要件只是"不可缺少的条件"，即形式逻辑上的必要条件，缺少了这些条件，侵权责任就不成立，但并非这些条件具备了，责任就成立了。因为必要条件不是充分条件，责任人最终是否要承担责任，还需要考察其他条件，比如，有没有免责事由、在一般侵权责任中责任人是否有责任能力？在损害赔偿责任中侵权人既没有责任能力与财产，也没有其他法律上的赔偿义务人，这种责任即使成立了也没有意义。

侵权责任构成要件与归责原则的关系。两者的区别：首先，两者属于不同的范畴。归责原则是有关侵权责任成立的原因、体现立法者价值追求的范畴，构成要件则是有关侵权责任成立标准的范畴。其次，两者的地位不同。归责原则是立法的依据，《民法典》"侵权责任"编各章节是归责原则体系的展现，同时，归责原则决定了构成要件，归责原则不同构成要件体系必然不同。再次，两者的作用不同。归责原则尽管在实务中有一定的作用,但他的作用主要体现在立法上,而构成要件的作用主要体现在实务中,作为确定和追究侵权责任的标准和尺度,是当事人维护自己权益、司法人员主持正义的工具和标准,是人们论证或排除侵权责任的思维逻辑依据。

两者的联系:首先,归责原则是构成要件的基础和前提,构成要件是归责原则价值的具体体现。其次,归责原则决定了相应责任的构成要件体系和责任的最终条件。比如,过错责任原则就决定了过错责任的构成要件体系为致害事实、损害、因果关系、过错,最终条件还需要另加上"没有免责事由、有责任能力";无过错责任的构成要件体系相比过错责任要件体系则要排除"过错",最终条件另加上"没有免责事由、有承担替代责任的责任人"。再次,归责原则决定了构成要件中某一要件的内涵和特点。比如,过错责任原则下致害事实一定是加害行为且为过错行为,而在无过错责任原则下致害事实可能是人的加害行为,也可能是物的加害。值得注意的是,此处"人的加害行为"通常是过错行为,行为人的过错行为是责任人担责的基础,这里的"无过错"主要是指"责任人"的管控行为不以"有过错"为必要条件。最后,归责原则会影响免责或减责事由的范围和内容。比如,无过错是过错责任的免责事由,却不是无过错责任的免责事由;无过错责任的免责事由必须法定,相反,一切能推断、证明责任人无过错的事由都是过错责任的免责事由。

(二) 侵权责任构成要件分类

基于不同的标准,侵权责任构成要件可以做不同的分类。

1. 一般构成要件和特殊构成要件

依据侵权行为的类型为标准,可以分为一般构成要件和特殊构成要件,即一般侵权责任的构成要件和特殊侵权责任的构成要件。所谓一般构成要件,是关于一般侵权行为责任人承担侵权责任不可缺少的条件。一般侵权行为,即适用于民法侵权责任的一般条款、实行过错责任原则、行为人即责任人的侵权行为。因一般侵权行为而承担的责任被称作一般侵权责任。所谓特殊构成要件,是关于特殊侵权行为责任人承担侵权责任不可缺少的条件。其中,受责任人管控的人或其他对象致他人损害依法要承担侵权责任,责任人这种被认定为未尽管控义务的管控行为,即为特殊侵权行为,因特殊侵权行为而承担的责任被称作特殊侵权责任。特殊侵权责任的法律依据系《民法典》上的特殊侵权责任条款或《民法典》之外民事特别法有关侵权责任的规定,其实质是法律将他人的致害行为以及其他管控对象诸如物件、动物等致害事实"行为化"并归责为责任人。因此,该类责任主要为替代责任,具体是对他人、对物、对人和物混合三种替代责任。此类责任主要实行过错推定和无过错责任原则,但也不排除法律会特别规定某种情形适用过错责任原则,比如教育机构对限制民事行为能力人的损害责任、医疗损害责任等。

一般侵权责任与特殊侵权责任的区别,除适用的归责原则和案件范围不同外,一般构成要件都是统一的,而特殊构成要件,不仅因适用的特别归责原则不同而不同,而且在同一种特别归责原则下,具体的侵权案类型不同也不同。比如,雇主责任和监护人责任都实行无过错责任原则,但它们的构成要件并不相同。雇主责任的构成要件是:存在劳动与报酬交换的雇佣关系;雇员致人损害行为具备相应侵权责任构成要件;雇员致人损害行为属于履行工作职务。监护人责任的构成要件是:损害的加害人与责任人之间存在法律上的监护关系,被监护人对他人的加害行为具备相应形式上的侵权责任构成要件。

2. 共同构成要件和个别构成要件

依据能否成为一切侵权责任的构成要件为标准,可以分为共同构成要件和个别构成要件。所谓共同构成要件,又称核心构成要件,是指所有侵权责任成立都必须具备的必要条件。所谓个别构成要件,则是共同构成要件之外的要件,它只是部分或个别侵权责任成立所必须具备的必要条件,比如,监护人责任,除被监护人侵害他人权益的行为要具备侵权责任形式上的一般构成要件外,还需要具备另外两个要件——实际侵权人不具有责任能力,侵权人有监护人;雇主责任,除雇员侵害他人权益的行为具备责任的一般构成要件外,还需要具备——侵权行为因履行雇佣工作任务而发生,侵权人与责任人之间存在雇佣关系。以下着重讨论共同构成要件。

对于共同构成要件,具体有几项呢?本书认为有三项:损害事实、致害事实及因果关系。这里的损害事实,简称"损害",即损害后果。致害事实,则是造成损害事实的原因,因果关系存在的基础,是不可缺少的共同构成要件。在实务中,致害事实可以是人的行为,也可能是行为之外的事实,比如建筑物上脱落物致人损害、动物失性咬人等,它们可统称为"物的致害",以示与人的"加害行为"相区别。当然,物的致害与加害行为的区别是相对的,比如,机动车碾压人体,避开人的操作因素可以理解为物的致害,如果强调人的因素就是加害行为。因果关系是指致害事实与损害事实之间在法律上的因果关系。损害、因果关系作为共同构成要件在理论界没有争议。

共同构成要件有三项是多数人的主张,但对"致害事实"的形态却有不同看法。有学者认为,这里的"致害事实"就是侵权行为。[①]本书认为,将侵权行为视为共同构成要件,即作为损害发生的原因是不周延的。在一般侵权责任中,损害的原因是加害行为,加害人即责任人,此种情形侵权行为是损害的原因。在特殊侵权责任

---

① 刘士国.现代侵权损害赔偿研究[M].北京:法律出版社,1998:59.

中,损害的原因可能是加害行为,此时称作侵权行为也并无不妥,但损害的原因也可能是动物、物件等物的致害,此时将损害的原因归为侵权行为并不妥当。也正因为如此,有学者就认为共同构成要件只有两项,"以行为作为共同构成要件并不妥当。因为行为在一般侵权行为中作为构成要件,既没有必要,也没有讨论的价值。而且,在物件致人损害的情况下,并无行为问题。因此,共同构成要件包括两项:一是损害……损害是侵权行为法的'核心部分'。二是因果关系……"[①]。本书认为,共同构成要件应该是三项,损害发生的原因是不可缺少的一项,出于概念外延的周全,在共同构成要件视角下,将损害原因命名为"致害事实"最为恰当。

致害事实与侵权行为概念的比较。致害事实与侵权行为均可以做狭义与广义理解,但两者的外延不完全相同。狭义的致害事实,是指与责任人一方有关的引发损害发生的客观事实,它包括人的加害行为和物的致害事实两类,人的加害行为包括自己的加害行为和受自己管控的他人的加害行为。广义的致害事实,是指与损害发生有牵连的一切客观事实,除狭义的致害事实外,还包括责任人失控的管控行为、受害人一方致害事实以及其他致害事实;责任人失控的管控行为,是因为责任人对他人或物负有管理职责,他人或物致他人损害,推定责任人管理行为欠缺或不到位,根据法律规定责任人负有替代赔偿责任;加害人一方致害事实通常表现为自己的过错行为,如果是故意行为将免除责任人的责任,如果是过失行为将实行过失相抵规则;其他致害事实,比如,不可抗力、意外事故、人的特殊体质等事实。另外,致害事实还可以分为直接的致害事实和间接的致害事实,前者,即"与损害后果自然连续,与结果之间没有任何中断因素存在的原因"[②],比如,驾驶人开车将行人撞死,狗将人咬伤等;后者,即与损害后果没有直接接续关系,需要通过其他介入因素对损害结果发挥一定作用的原因,比如,宴请中致人死亡的劝酒,替代责任中责任人失控的管控行为。狭义的侵权行为,即加害行为,是行为人给他人合法权益施加了不利影响造成他人权益受损的行为。动物失性咬人不能称作侵权行为,所谓"动物行为"这是生物学概念、非法学概念。广义"侵权行为",包括狭义上的侵权行为和准侵权行为。准侵权行为是对他人加害行为和物的致害依法应负侵权责任的管控行为。侵权行为的主体又称侵权人、行为人,包括自然人、法人、非法人组织。由于侵权人相对于受害人,故受害人自己的过失行为不能称作侵权行为。致害事实与侵权行为相比较,前者强调事实因果关系,其形态不限于人的行为,后者强调法律因果关系,重在归责,要将"物的致害"行为化。由此可知,狭义的致害事实包含狭义的侵权行为和物的致害,广义的致害事实包括广义的侵权行为、物的致害、受

---

① 王利明,周友军,高圣平.侵权责任法疑难问题研究[M].北京:中国法制出版社,2012:175-176.

② 杨立新,梁清.原因力的因果关系理论基础及其具体应用[J].法学家,2006(6):101-110.

害人自己的过错行为以及其他致害事实。

侵权行为与加害行为概念的比较。加害行为属于学理上的概念,侵权行为是法律上的概念,当然也是学理上的概念。加害行为是行为人所实施的侵害他人民事权益的行为,在一般侵权责任中加害行为人就是侵权行为人、也是责任人;在特别侵权责任中,不一定存在加害行为,如果存在加害行为,加害行为人是实际侵权行为人,但通常不是责任人,如果没有加害行为,损害则是由动物、物件所致,责任人未尽职的管控行为系准侵权行为。比如,在雇主责任中,实际侵权人为雇员,而责任人为雇主,雇员在工作中侵害他人权益的行为就是加害行为、侵权行为,此时即视为责任人的管控行为失职,为准侵权行为。总之,狭义的侵权行为与加害行为所指的是同一个对象,广义的侵权行为另外还包含了必须依法承担责任的其他行为。

致害事实与加害行为概念的比较。狭义的致害事实包括加害行为、物的致害,因此狭义致害事实与加害行为属于包含关系。对于广义上的致害事实,除狭义致害事实外其他部分与加害行为在概念外延上不存在交集,系全异关系。

基于以上分析可以发现,在民事侵权责任领域作为损害发生的原因,存在致害事实、侵权行为、加害行为等多种表达,这也是为了适应具体侵权场景更精准表达。从立法条文来看,也有类似现象,比如,《民法典》及其配套的司法解释有关损害与原因的联结采用了"侵害""造成""致害""引发"等表达;受害人在有的法条中又被称作"被侵权人"或"赔偿权利人";侵权人在某些法条中又被表述为加害人、行为人、责任人、赔偿义务人,他们有可能是指同一对象。作为损害发生的原因——致害事实、侵权行为、加害行为三种表达可能是同一对象,但在特殊场景不能混淆,又因它们的外延大多重叠,故在一般语境下无须特别区分,本书常用的一般表达是致害事实和侵权行为;致害事实偏重于探寻损害发生的原因,而侵权行为偏重归责、明确责任人,即使是物件或动物致害也会拟人化、行为化,借助准侵权行为概念而确定责任人。

相对来说,一般构成要件具有普遍适用性和基础性,且触及了共同构成要件的三项内容,故学理上通常以一般构成要件为主要探讨对象。学界有认为一般构成要件由损害、因果关系、过错三项构成,也有认为由加害行为、损害、因果关系、过错四项组成,并且特别强调加害行为的违法性。本书理念上认同三要件,形式上赞同四要件,但否定行为违法性要件,认为一般构成要件具体包括:加害行为、损害、因果关系和过错四个要件。以下逐一探讨。

二、加害行为

(一) 加害行为的概念

加害行为,是指责任人自己实施的以及依法受责任人管控的其他人实施的损害他人民事权益的行为。它有如下特征:

第一,它是损害事实发生的原因。损害的发生不会无缘无故,总有一定的原因,其中有些是人的行为,有些是行为之外的其他加害事实,能造成损害发生的行为即加害行为。

第二,它侵害了他人的民事权益。行为人的行为侵害了他人的权利和受法律保护的利益,且该权利和法益只是民事法律上的权利和受民法保护的利益。如果行为人没有造成他人民事权益的损害,其行为就不属于加害行为。

第三,加害行为一般是过错行为。首先,在一般侵权责任中加害行为一定是过错行为,行为人没有过错就没有责任。其次,在人的替代责任中,加害行为也多为过错行为,比如,某人是某单位的司机,单位对该司机的机动车交通事故要承担无过错责任,但司机对交通事故多因其过错而引发。

第四,加害行为大部分属于违法行为。这是事后对行为性质的评价,大部分加害行为具有违法性。"加害"具有浓重的价值否定色彩,但作为一个传统概念用在当代的侵权构成要件中,应该偏重的是对事实的描述,强调的是损害事实发生的原因,而非违法性要件。

(二) 加害行为的分类

基于不同的分类标准,我们可以对加害行为进行分类。

以是否为责任人为标准,分为自己的加害行为和他人的加害行为。所谓自己的加害行为,是指责任人自己的行为侵害了他人的民事权益;所谓他人的加害行为,是指依法受责任人管控的人所实施的加害行为,此种情形下责任人之所以要承担侵权责任,是因为责任人的管控义务没有得到有效落实,这种未尽职的管控行为是广义上的侵权行为,理论上又称作准侵权行为。自己的加害行为是加害行为中的常态,他人的加害行为通常有下列情形:雇员的加害行为、被监护人的加害行为和法律规定的其他情形。

以是否直接作用于被侵害的对象为标准,分为直接加害行为和间接加害行为。所谓直接加害行为,是指直接作用于被侵权人的人身或财产并致使其人身权益或财产权益遭受损害的加害行为,比如拳击他人身体、棒打他人车辆等。所谓间接加害行为,是指通过他人或者其他介质作用于被侵权人的人身或财产并致使其人身权益或财产权益遭受损害的加害行为,比如唆使无民事行为能力人对他人人身或财产实施攻击的行为。

以行为的方式为标准,可以分为积极加害行为和消极加害行为。所谓积极加害行为,又称作为的加害行为,即以实施积极的作为方式侵害他人民事权益的加害行为。所谓消极加害行为,又称不作为的加害行为,即因不履行法律上的义务而导致他人民事权益损害的加害行为。此法律上的义务有三种情形[①]:一是法定义务,如监护人对被监护人的监护义务;二是特定职责上的义务,如幼儿教师对幼儿的照管义务;三是先行行为引起的法律义务,如邀请他人出席宴席对醉酒的人有照顾义务。

在前述加害行为三种分类中,自己与他人加害行为的区分最为重要,具有理论和实务意义,而直接与间接、积极与消极加害行为的区分属于次要分类。

(三) 加害行为违法性问题

传统观点认为,在一般侵权责任构成要件中,加害行为的违法性是要件之一。本书认为,加害行为绝大多数属于违法行为,这属于人们对其行为性质的认识,特别是案件处理后法院判决所做的评价,是侵权责任构成要件适用之后的结果,如果构成要件全部具备,且没有免责的抗辩事由,行为违法;如果构成要件不具备,行为就不违反。比如,在交通事故致死案中,司机的行为具备侵权责任的全部条件,其行为违法;如果具备了必要条件,但受害人是碰瓷行为,即存在免责事由,司机致人死亡的行为不承担侵权责任,其行为也不具有违法性。总之,没有必要将行为的违法性作为一般侵权责任构成要件。将行为违法性作为构成要件,会加重被侵权人的举证责任。作为被侵权人只要证明谁是侵权人、侵权人实施了何种致害事实、发生了什么样的损害结果、两者之间是否存在因果关系以及侵权人是否存在过错就完成了举证责任。

三、损害

(一) 损害的概念

1. 损害的定义与特征

对损害的界定,理论上有所谓的广义界定与狭义界定之争。广义界定,即理论

[①] 在刑法学理论中,不作为犯罪的作为义务存在"四来源说",除本书所提及的三种义务外,尚有基于合同等法律行为产生的义务,但此种义务一般情况下不能成为作为加害行为的依据。

界所称的大损害,狭义界定,为小损害概念。其中,权益的减少或灭失,即实质损害,属于小损害。比如,因交通事故导致受害人的残疾或死亡,车辆损坏或报废等。除实质损害外,权益处在危险、威胁之中则为大损害概念。比如,楼上住户外挂空调固定螺丝松动威胁一楼住家安全、邻居在家开作坊偷偷制作烟花爆竹危及左右邻居人身财产安全等等。之所以存在广狭义之争,在于与侵权责任方式的匹配。侵权责任的责任方式,主要为赔偿损失,除此之外尚存在停止侵害、排除妨碍、消除危险、返还财产、恢复原状等。本书认为,考虑到侵权责任的责任方式主要是赔偿损失,权益处在危险、威胁的救济实务相对较少,损害采用小损害、实质损害概念为妥,与赔偿损失的责任方式相匹配,同时,将损害与权益处在危险、威胁的状态相区别,概念更加简单明了。①

因此,所谓损害,是指因他人加害行为或物的致害致使被侵权人的人身权益或财产权益灭失或减少的不利后果。损害有下列特征:

第一,被侵害的权益具有合法性。侵权责任维护的民事权益必须是合法的,只有合法权益遭受侵害才能从侵权责任角度得到相应的救济。当然,侵犯非法利益虽然不能得到民事救济,但也是违法行为,应该受到法律制裁,比如抢劫小偷偷到的钱财,可能要承担刑事责任或行政责任。

第二,发生了权益灭失或减少的不利后果。损害的本质在于权益的不利后果,不利后果有两类形式——权益灭失或权益减少。②侵权责任维护的民事权益包括财产权益和人身权益两类,其中,财产权益灭失或减少的不利后果具体表现为:作为物理意义上的物已灭失、缺损;从价值角度,财产价值已丧失、降低;从支配角度,有形财产被侵占或无法使用,无形财产被他人非法利用;从收益角度,收益丧失或减少;等等。人身权益灭失或减少的不利后果表现为:生命的终止,身体受伤与疼痛、健康受损,精神痛苦及其他人身利益受损等。此处民事权益具体包括哪些,笔者将在下节"损害的客体"中作进一步论述。

第三,损害必须达到一定程度具有可补救性。损害如果明显轻微,比如,被他人打了一拳只有短暂的疼痛,因拥挤脚被踩了、衣服被他人弄脏了等很容易恢复,在与他人争吵过程中受到他人的责骂引起精神不愉快等,在法律上就被视为不具有可补救性。当然,损害的可补救性具有相对性,比如,两人在争吵过程中一人给了另一人一记耳光,在两人场合与公众场合情形是不一样的,前者仅仅涉及物质性

---

① 随着社会的进步,我国法律越来越重视对权益处在危险、威胁或妨碍等非实际损害的防范,比如产品的警示和召回。《民法典》第1167条:侵权行为危及他人人身、财产安全的,被侵权人有权请求侵权人承担停止侵害、排除妨碍、消除危险等侵权责任。

② 如何解读损害的本质,在理论上有所谓的"利益说"和"组织说"。参见:曾世雄.损害赔偿法原理[M].北京:中国政法大学出版社,2001:118-145.

人身损害,后者则涉嫌精神性人身损害即侵犯人格尊严。

第四,损害具有客观真实性和确定性。损害必须客观真实,不能主观推测,想象、臆测的损害不具有真实性。① 另外,损害也是能够加以确定计量的,至少能够通过专业判断加以确定,损害如果不能加以确定也就无法给予法律救济。相对来说,财产权益和物质性人身权益损害的确定性较易判断,非物质性人身权益特别是精神损害的确定性较难判断,正因如此,精神损害必须达到较为严重的程度才可以救济。

2. 损害与损失等概念的比较

"损失仅指财产上或财产性的不利益;损害则既包括财产上的不利益,又包括人身或非财产上的不利益。"② 即损害包括人身损害、精神损害和财产损失。在学理上探讨损害类型时为了与"人身损害"表达一致,人们习惯用"财产损害"代替"财产损失"。

单纯从概念范畴的比较,损害外延较大,损害包括损失。《说文解字》:"损,减也","害,伤也"。另,"在手而逸去为失"。财产损失可以做广义和狭义理解。狭义的财产损失偏重于财产权益价值的减少或灭失,特指财产损害的价值计量,"财产损害"另外还有财产被侵害形态的韵味,比如,有体物被侵占、被妨碍使用、毁灭或破损;无体物被非法使用、财产价值灭失或降低、收益减少,等等。当然,"财产损害"一旦进入民事赔偿领域,损害的形态就没有意义了,此时"财产损害"与"财产损失"为同义词。广义的财产损失即"财产损害"。我国《民法典》通篇采用"财产损失"表述,系广义的财产损失概念。另外,最高人民法院为配套《民法典》的实施,对相关司法解释进行梳理和统一修订并规定自2021年1月1日起施行,其中《人身损害赔偿解释》将原第1条中的"财产损失和精神损害"修改为"物质损害和精神损害",③《最高人民法院关于适用〈中华人民共和国民法典〉婚姻家庭编的解释(一)》第86条特别明确:"民法典第1091条规定的'损害赔偿',包括物质损害赔偿和精神损害赔偿",此处"物质损害"与"财产损害""财产损失"内涵相同。

"经济损失"与"财产损失"属于内涵相近的概念。后者既包括有形标的物自身

---

① 停止侵害、排除妨碍、消除危险等责任方式的承担,也需要以侵害他人权益之虞的侵害、妨碍、危险具有客观性。某种行为或行为状况虽然暂时还没有实际侵害他人权益,但依照一般社会常识该行为或行为状况具有权益侵害之虞的客观性,比如,楼上住户空调晃动,一层住户有权要求消除危险。

② 最高人民法院民法典贯彻实施工作领导小组.中华人民共和国民法典侵权责任编理解与适用[M].北京:人民法院出版社,2020:165.

③ 为消解社会反应强烈的损害赔偿城乡二元标准问题,此司法解释2022年又再次进行了修正。

的损害、损失,又包括无形财产价值的丧失或减少,前者主要是指通过金钱计量体现无形财产价值的丧失或减少。除具有人身属性的有体物本身的损害外,其他财产"损害"都具有替代性,都可以通过财产价值的折算予以金钱补偿。①因此,经济损失与财产损失所指对象基本一致,只是财产损失金钱化、数字化。财产损失或经济损失,"大致可以分为直接损失、间接损失和纯粹经济损失。直接损失是已得利益之丧失,间接损失是虽受害时尚不存在,但受害人在通常情况下如果不受侵害,必然会得到的利益的丧失,是可得利益的减少,即'该得而未得'"。或者说,"间接损失,损失的是一种未来的可得利益,在侵害行为实施时,它只具有一种财产取得的可能性,还不是一种现实的利益。"②

纯粹经济损失。在侵权责任领域,经济损失一般是指某种权利损害的计量形式,便于责任的承担,"而纯粹经济损失非以造成受害人的权利损害为前提,仅为单纯的经济损失",如餐厅、工厂等由于停电、罢工不能营业而受到的损失等。③换句话说,纯粹经济损失就是非权利的合法利益的损失。基于财产损失遵循全面赔偿原则,纯粹经济损失应属于可赔偿损失的范畴,但应有严格的构成要件限制和赔偿范围限制,"对于纯粹经济损失的赔偿,在因果关系和主观过错等方面要采取更高的标准,尤其要遵循日常生活经验法则的判断并受可预见性规则的限制。"④

(二) 损害的客体

损害的客体,是指民事法律所保护的被他人加害行为侵害或物的致害而灭失或减少的人身权益、财产权益。"权益"包括权利和非权利的合法利益两部分⑤,相对而言,"权利"是核心、是主干,有专门探讨的必要;另外,权利又是由"法律上的力"和"特定利益"组成,其中前者是手段,后者是目的,总之"权益"归根结底就是"利益"。权利与利益的关系,其实就是形式与内容的关系,其中"权利"是法律形式,"利益"是现实内容。所以,损害的客体,从法律层面就是权利或权益,从社会生活层面就是利益。考虑到"利益"是损害赔偿的基础,与损害类型密切相关,故"利益"作为损害的客体将在损害类型中进行探讨,以下着重从权利层面探讨损害的客体。

---

① 具有人身属性的物以及人身损害最终也是通过金钱折算的方式承担侵权损害责任。
② 最高人民法院民法典贯彻实施工作领导小组.中华人民共和国民法典侵权责任编理解与适用[M].北京:人民法院出版社,2020:165.
③ 最高人民法院民法典贯彻实施工作领导小组.中华人民共和国民法典侵权责任编理解与适用[M].北京:人民法院出版社,2020:166.
④ 最高人民法院民法典贯彻实施工作领导小组.中华人民共和国民法典侵权责任编理解与适用[M].北京:人民法院出版社,2020:189.
⑤ 参见本书第一章"权益"部分。

1. 人身权

人身权是人格权和身份权的统称,它们是侵权责任中重要的损害客体。人格权是民事主体固有并专属,伴随民事主体出生(成立)而生、死亡(终止)而止并为法律承认保护的绝对权。因该权利是民事主体存在之"品质","品质"即"格",加之自然人是最原始的民事主体,故该权利被命名为"人格权",权利客体被称作"人格利益"。人格权具体包括生命权、身体权、健康权、姓名权、名称权、肖像权、名誉权、荣誉权、隐私权等权利。由于生命权、身体权、健康权必须以有形的人的身体为权利载体,身体具有物质性,故理论上将生命权、身体权、健康权统称为物质性人格权,而其他人格权并非以人的身体为权利载体,故其他人格权统称为精神性人格权。

身份权是关于人的身份地位、以身份利益为客体的权利。身份权有广狭义之分,狭义身份权,即体现人与人之间关系的身份权,现主要体现在特定亲属之间,比如,配偶权、亲权、亲属权;广义身份权,系因智力成果的创造所体现的人特定身份的权利,这主要是知识产权制度推动的结果,比如,著作权、发明权、专利权、商标权等知识产权中的身份权。[①]

人格权与身份权的共性主要表现为两个方面:一是两者均为非财产权,权利本身均不具有财产属性,但某些权利具有财产的潜质,在一定条件下容易转化为财产权,比如,姓名权、名称权、荣誉权等。二是两者都随着社会的发展在不断演变,其中权利的主体由历史上单纯的自然人演变为自然人和法人。

人格权与身份权的个性主要表现在以下方面:第一,权利变动的法律事实有所不同。大部分人格权随自然人的出生或法人的设立而产生,所有的人格权又因自然人的死亡或法人的终止而消灭,但身份权中居于基础地位的配偶权,因结婚而产生又因离婚或一方死亡而消灭。第二,权利历史发展的方向不同。具体表现在两个方面:一是权利的内容和法律保护力度的变化。随着社会的进步发展,人格权内容越来越丰富,呈扩张趋势,各国立法保护的力度增大,我国《民法典》更别具一格,将"人格权"单设一编,与此相反,狭义的身份权则成萎缩趋势,从广泛的人际范围限缩于特定亲属之间,从阶级社会早期强烈的人身支配性发展为现在的平等性,理论研究的热度及相关立法条款的数量远远不及人格权。二是权利的绝对性变化。人格权的绝对性得到强化,身份权的绝对属性趋于弱化,甚至引起了身份权是绝对

[①] 需注意的是,知识产权主体与该知识产权中智力成果的身份权主体并非完全等同,比如,著作创作完成后,作者即对该著作享有著作权,著作权实际上是财产权和作者身份权两者合一的权利,著作权可以转让,但转让的实为著作权中的财产权,作者的身份权永不改变。

权还是相对权的争议,特别是配偶权。[①]

2. 财产权

财产权主要包括物权、知识产权、债权三类,前两类是常见的损害客体,我国《民法典》虽然没有将债权排除在侵权责任保护范围,[②]但在现实中债权一般难以成为损害的客体。[③]以下主要介绍物权和知识产权。

(1) 物权。物权是侵权责任中传统的损害客体,是百姓日常生活中所发生的主要损害客体之一。物权是人们直接支配特定的动产或不动产的权利,它在各项财产权中处于基础性的地位,物权包括所有权、用益物权、担保物权三类。[④]基于物权的客体有体物——动产或不动产具有使用价值和交换价值,其中,既能支配物的使用价值又能支配物的交换价值的物权被称作所有权;因物的使用价值和交换价值能够分离并交由不同的民事主体予以支配,仅能支配物的使用价值的物权系用益物权,仅能支配物的交换价值的物权系担保物权。物利用的方式通常有实际管控、利用物为己服务、交由他人使用获取回报、与他人之物交换或变卖获得对价,故物权主要有占有、使用、收益、处分四种权能,前三种权能主要对应物的使用价值,后一种权能主要对应物的交换价值,所有权因能同时支配物的两种价值,具有完整的四项权能,故所有权在理论上又称作完全的物权,而用益物权仅具有占有、使用、收益权能,担保物权仅具有有限的处分权能(优先受偿),故用益物权和担保物权在理论上又被称作定限物权。用益物权和担保物权又因是所有权人自己设立的但由他人享有的物权,故该两种物权又称作他物权,所有权是自物权。

(2) 知识产权。随着知识经济的发展,知识产权已经成为重要的财产,因而也是侵权责任的损害客体。知识产权是权利主体依法对智力成果支配的权利。知识产权主要有著作权、专利权、商标权、发明权、地理标志权、商业秘密权、植物新品种权等,但常见的是前三种,其中,专利权与商标权又被统称为工业产权。

一般认为知识产权有如下特征:

第一,客体的非物质性。非物质性又称无体性,知识产权的客体作品、发明创

---

① 配偶权是绝对权还是相对权?传统民法上,身份权其实是权利人对他人人身的支配权,是人与人不平等的表现,是赤裸裸的绝对权。在现代民法上它们是否就不是绝对权,而是相对权?或部分转为相对权?比如,配偶权是相对权,婚内强奸就会成立,反之则不构成"婚内强奸"问题。本书赞同配偶权为相对权的学理主张。

②《民法典》第1164条:本编调整因侵害民事权益产生的民事关系。此为《民法典》第七编"侵权责任"第一章"一般规定"的首条,是有关"侵权责任编调整范围"的规定,其中"民事权益"从理论上讲包含了"债权"。

③ 在历史案例中,中国曾经发生著名的"演出债权"被损害的案例。

④ 人们探讨物权时往往会探究"占有",但占有尚不构成权利,属于一种受法律保护的"利益"。

造作为智力成果很好理解,商标及其背后的商誉其实也是人智力累积的成果,地理标志其实也是如此,饱含了一代人甚至几代人的智力因素。这些智力成果本身不具有物质性,是无形的,但它们又需要通过一定的载体才能让人了解,比喻作为作品的"画"与作为作品载体的"画"不是一回事,前者属于著作权的客体,后者是物权的客体,拥有作为载体"画"的所有人并不享有作为作品"画"的著作权。

第二,特定的专有性。智力成果具有无形性,它又依附一定的载体,随着载体的电子化、传播网络化,故智力成果容易被复制、被使用,此意味知识产权相较于物权更加容易被侵权。知识产权本质上就是法律赋予特定之人对智力成果在一定期限内排他的专有支配权。也就是说,专有性或曰排他性是知识产权的本质,它意味非经知识产权人许可或法律特别规定,他人不得实施受知识产权专有权利控制的行为,否则构成侵权。

第三,收益的期限性。从权利的利益要素来看,知识产权包含物质利益和精神利益两部分,比如,著作权一方面体现了权利人对作品的使用及其相应的收益,另一方面体现了作者对作品的署名权,前者是物质利益,后者是精神利益,但前者物质利益的获取存在时间上的限制。总体上看,知识产权主要是以财产权利的形式而存在。人们通常所说的知识产权保护的期限性,实际上就是权利人对智力成果使用和获取利益的时间限制,本质是权利人收益的期限性,一旦超过法律规定的期限,创造的成果将进入公有领域,成为人人都可以利用的公共资源;商标的注册也有法定的时间效力,期限届满权利人不续展的,也进入公有领域。

第四,效力的地域性。一切权利都具有法律属性,但人身权和物权具有相当的自然属性,而知识产权是一国公共政策的产物,只有纯粹的法律属性,是彻底的法定权利,它必须通过法律的强制规定才能存在,其权利的范围和内容也完全取决于本国法律的规定,而各国有关知识产权的获得和保护的规定不完全相同,除非有国际条约、双边或多边协定的特别规定,否则知识产权的效力只限于本国境内。所以,除著作权外,一国的知识产权在他国不能自动获得保护。

(三)损害的类型

1. 损害类型概述

损害的类型,从损害客体角度分为人身权益损害与财产权益损失。人身权益损害,又分为人格权益损害和身份权益损害,相对来说,人格权益损害比身份权益损害在现实生活中更为常见,后文重点介绍的人身损害和精神损害主要就是人格权益损害及损害的延伸。当然,身份权益损害也不时发生,比如,医院将产妇和婴儿抱错十多年甚至几十年后才被揭露出来,此为典型的身份权益(亲权)损害案。财产权益损失,又分为物权权益损失和知识产权权益损失,其中,物权权益损失分为所有权、用益物权、担保物权等权益的损失,知识产权权益的损失分为著作权、专利权、商标权等权益的损失。

物权权益损失和知识产权权益损失有两大差别:第一,对权利人而言损失的不利后果不同。物权权益损失都是围绕有体物的利用或处分所发生的损失,①侵犯了物权的占有、使用、收益、处分权能,最终危害了物权人对有体物享有的使用价值或交换价值的支配。知识产权权益的损失有可能侵犯知识产权中的身份权益,比如,在学术界常发生的剽窃他人学术成果。相对来说,知识产权中身份权益的侵犯更多发生在著作权领域,在专利权或商标权侵权领域,专利发明人和商标设计署名权一般不会受到侵犯,比如,专利侵权者为获得不法利益往往会肯定和宣传真实发明人,否则将不会产生"专利产品"应有的效果。知识产权主要是财产权,从财产权角度,无论是对侵权人还是对权利人,知识产权损失的实质在于智力成果非法利用所引发的收益的归属发生了变化,权利人应得的收益丧失或减少了,侵权人获得了不法收益。第二,损失的形态不同。物权权益损失有两大类形态:一是对标的物本身的侵害,表现为标的物——有体物的灭失或破坏,比如,手机(动产)被烧毁或碎屏,巨型运载化学物质的汽车将房子(不动产)撞倒或污染耕地(不动产),等等;二是并非标的物本身的损失,表现为对标的物不法侵占或妨碍支配,比如,盗窃他人手机,强占他人房屋或土地等。单从财产权益角度,知识产权权益损失只有一种形态②,即智力成果被侵权人非法利用。知识产权的客体为智力成果,智力成果系无体物,包括权利人在内任何人都无法实施物理上的独占,因此,智力成果本身不存在与有体物类似的被人破坏、损坏或侵占情形,比如,"油画"有两层意思:一是智力成果,二是智力成果的载体,现实中一幅油画被烧毁,损失的其实是智力成果的载体,属于所有权权益损失,作为知识产权客体的"油画"并未损失,当然,油画被烧毁将会导致人们无法欣赏这个"智力成果"了。

以下分别探讨人身损害、财产损失、精神损害三种损害类型。

2. 人身损害

人身损害,是指自然人的人体器官功能遭受破坏的不利后果。值得注意的是,人身损害并不等于人身权益损害或人格权益损害,人身损害只是人格权益损害的一部分,从法律层面,其客体仅限于生命权、身体权、健康权三种,准确地说人身损

---

① 在担保物权中权利质权例外,因为权利质权的客体是权利而非物。
② 知识产权权益损害也可能发生身份利益的损害,比如著作的署名权、专利发明人署名权等。

害是物质性人格权损害。①从社会生活层面,人身损害"通常"表现为两种情形,其一,终结他人的生命。比如杀人、交通事故致人死亡等,此损害的客体为他人生命权,人的呼吸器官等系统受到破坏、功能丧失,系最严重的人身损害。其二,侵害他人身体健康。根据损害程度是否达到法定残疾标准,分为残疾性损伤和非残疾性损伤,前者的损害程度达到了国家规定的残疾标准②,后者的损害未达到国家规定的残疾标准;根据身体的完整性是否遭受破坏,可以分为肢体残缺性损伤和非残缺性损伤两类。肢体残缺性损伤破坏了人肢体的完整性,必然导致相关人体器官功能的丧失或部分丧失,非残缺性损伤必定是对人体器官功能的破坏,故残缺性和非残缺性损伤本质上是一致的,归为人体器官功能即人体健康的不利后果,损害的客体为身体权和健康权。

关于侵害他人行动自由是否为人身损害的探讨。《民法典》第1003条:"自然人享有身体权。自然人的身体完整和行动自由受法律保护。任何组织或者个人不得侵害他人的身体权。"此即为身体权的定义,表明身体权包括"身体完整"和"行动自由"两个方面的客体。单纯地侵犯"行动自由",如果没有造成"健康"受损,则不构成人身损害。性骚扰、强奸,是对行动自由侵犯的特殊形式,一般也不构成人身损害,在民法层面构成精神损害。当然,侵犯他人行动自由构成严重后果的,比如"性奴"导致受害人精神异常,构成人身损害,即心理健康损害。将自然人的"行动自由"纳入身体权客体之一,这是原《民法总则》、现行《民法典》的明确规定。当然,在法律明确规定身体权之前,我国法律也是保护"行动自由"(人身自由)的,严重侵害他人行动自由的行为(比如绑架)甚至要承担刑事责任,但法律对行动自由(人身自由)总体上是偏向于对一种非权利的合法利益的保护。侵害他人行动自由(人身自由)的损害,需要具备"非法""达到一定严重程度"等特别要求方可得到法律的救济。

3. 财产损失

财产损失是财产权益遭受的不利后果,财产损失的客体是财产权及非权利的财产利益。在侵权责任领域,财产损失的形态主要包括以下方面:

第一,物权客体有体物灭失或损毁。此为物权客体有形损失之一,物的使用价值不复存在,价值完全丧失或剩余残值。有体物灭失,意味物不复存在,比如货物被烧成灰烬;有体物损毁,意味原物发生质变,物的物理属性发生完全更改,此物变成了另一物,比如房子被撞倒或汽车被压扁,原物仅存残值。

---

① 生命权、身体权、健康权归为人身权中的人格权,但人格权尚有肖像权、姓名权、隐私权等等,并非所有的人格权均为人身损害的客体,人身损害的客体仅限于生命权、身体权、健康权三种。

② 国家规定的残疾标准共分为十级,最重为一级伤残,最轻为十级伤残。

第二，物权客体有体物遭损坏。此为物权客体有形损失之二，物的使用价值与价值双双降低，是现实生活较为常见的财产损失。比如，笔记本显示屏被摔裂，汽车轮胎被刺破等。

第三，物权客体有体物被侵占或使用受到妨碍。此种情形物的使用价值和价值自身未遭受影响，但权利人无法或有效支配标的物，无法享有或有效享有物的使用价值和价值。比如手机被偷、被抢，商店被人封门无法正常经营等等。

侵犯物权的赔偿数额遵循填平原则，"按照损失发生时的市场价格或者其他合理方式计算"[1]。

第四，知识产权被侵害。前述三种损失形态系物权损失，知识产权的客体为无体物，知识产权作为一种财产权，其遭受侵害主要表现为：作为无体物的智力成果被他人擅自法外使用，侵权人获得不法利益或权利人应得利益遭受损失。另外，知识产权特别是著作权，是具有一定人身权属性的财产权，但在侵害知识产权的过程中，智力成果创造者的身份权等反而不会成为损害的客体，侵犯知识产权主要目的在于谋取不法经济利益。[2] 我国专门的知识产权法一般都会对侵犯知识产权的赔偿数额计算方法做出较为明确的规定，比如我国《专利法》第71条。[3] 另外，我国《民法典》第1185条："故意侵害他人知识产权，情节严重的，被侵权人有权请求相应的惩罚性赔偿。"

第五，人身权益等损害引发的财产损失。人身权益损害与财产权益损害属于不同范畴，但两者密切相关，人身权益损害一般会引发财产损失，此财产损失属于人身权益损害的赔偿范围[4]，与人身权益损害具有不同性质，是人身权益损害引发的财产权益损害。在人身权益损害中，人身损害一定会引发财产损失，其他人身权益损害一般引发精神损害，实务中多引发精神损害赔偿诉讼，但其他人身权益损

---

[1]《民法典》第1184条：侵害他人财产的，财产损失按照损失发生时的市场价格或者其他合理方式计算。

[2] 著作权有例外，与专利权、商标权等相比它有自身的特殊性，著作权中的人身权有可能成为著作权损害的主要客体。

[3]《专利法》第71条：(1) 侵犯专利权的赔偿数额按照权利人因被侵权所受到的实际损失或者侵权人因侵权所获得的利益确定；权利人的损失或者侵权人获得的利益难以确定的，参照该专利许可使用费的倍数合理确定。对故意侵犯专利权，情节严重的，可以在按照上述方法确定数额的一倍以上五倍以下确定赔偿数额。(2) 权利人的损失、侵权人获得的利益和专利许可使用费均难以确定的，人民法院可以根据专利权的类型、侵权行为的性质和情节等因素，确定给予3万元以上5百万元以下的赔偿。(3) 赔偿数额还应当包括权利人为制止侵权行为所支付的合理开支。(4) 人民法院为确定赔偿数额，在权利人已经尽力举证，而与侵权行为相关的账簿、资料主要由侵权人掌握的情况下，可以责令侵权人提供与侵权行为相关的账簿、资料；侵权人不提供或者提供虚假的账簿、资料的，人民法院可以参考权利人的主张和提供的证据判定赔偿数额。

[4] 具体内容请见第五章"机动车交通事故损害的赔偿范围"。

害,特别是侵犯知名演员的肖像权、姓名权、隐私权等会引发财产损失。实务中,对人身损害之外的其他人身权益的损害,精神损害和财产损失只能择一主张赔偿。当然,人身损害可以并行要求财产损失和精神损害赔偿。侵犯人身权益造成财产损失的赔偿数额,遵循下列原则:按照实际损失赔偿;按照所获利益赔偿;既没有损失,又不获利,自行协商,协商不了诉讼至法院解决。

4. 精神损害

精神损害是人身权益损害以及具有人身意义特定物损害所引发的自然人心理、感情创伤与痛苦的法定损害事实。具体表现形式为恐惧、绝望、悲痛、深深而长久自责、丧失生活乐趣等。它有如下特征:

第一,精神损害是自然人的主观感受、感觉。首先,精神损害的主体只能是自然人,法人等社会组织不能成为精神损害的主体。《精神损害赔偿解释》第4条规定:"法人或者非法人组织以名誉权、荣誉权、名称权遭受侵害为由,向人民法院起诉请求精神损害赔偿的,人民法院不予支持。"其次,自然人的主观感受、感觉是精神损害的本质特征,当然,精神损害是自然人对某种事实或现象不好的、痛苦的主观感受、感觉。正因如此,同一致害事实对不同的人所引发的精神损害结果是不同的,比如,人在浴室被人偷拍裸体照并被发到网络,由此引发的精神损害程度会因人而异,有的可能产生严重后果,甚至要跳楼自杀,有的会引发一般的或轻微的精神损害,当然也会有人不会产生精神损害。精神损害是与物质损害相对应的范畴,物质损害本身与人的主观感受感觉无关,物质损害程度、数量的判断不依赖受害人的主观认识,而在于物质损害相关的客观证据。

第二,精神损害只是一种非财产损害。在学理上,对精神损害外延的认识有三种观点:一是将精神损害与非财产损害视为同义语,包括肉体疼痛、精神痛苦、生活乐趣丧失、肢体伤残等损害;二是作为生理上、心理上痛苦的代名词,主要是指肉体疼痛和精神痛苦;三是指单纯精神上的痛苦,不包括肉体疼痛在内。大致说来,德国、法国的学术界往往在上述第一种含义下使用"精神损害"一语;俄罗斯、日本和我国台湾地区主要是在上述第二种含义下使用"精神损害"一语;而英美世界精神损害的含义最为狭窄,仅指特定的精神痛苦。[①]本书赞成第三种观点。首先,肢体伤残是人身损害,属于非财产损害,但不是精神损害。其次,肉体疼痛是人身损害的一种表现,属于人身损害范畴,也不是精神损害,比如,在家人共同做家务的过程中一人不小心将另一人手指砍断,但在另一场景一人故意将另一人手指砍断,前后两例均造成人身损害,也都引发肉体疼痛,但前例不会导致人身损害赔偿,一般也不会引发精神损害,后例不仅存在人身损害赔偿,也会发生精神损害及其赔偿。最

---

① 张新宝.精神损害赔偿制度研究[M].北京:法律出版社,2012:14-15.

后,精神损害特指精神痛苦,生活乐趣丧失是精神痛苦的一种表现形式,最严重的精神痛苦不仅丧失生活乐趣,甚至可能自寻短见。

第三,精神损害是特定损害引发的损害。特定损害是原因,精神损害是结果。这里的"特定损害",一是人身权益损害,二是有人身意义的特定物损害,它们的致害原因是他人的加害行为和物的加害,或者说是他人的侵权行为和准侵权行为。"特定损害"是这些致害原因的损害后果,但却又是精神损害的直接致害原因,我们不能将精神损害等同这里的"特定损害",继续以"砍断手指"为例,砍断手指是人身损害不是精神损害,可能引发精神损害也可能不产生精神损害。另外,此项特征在因侵害有人身意义的特定物所导致的精神损害更加明显,因为侵害有人身意义的特定物本身属于财产损失而非精神损害,比如,撕毁他人过世亲人唯一留存的照片属于有体物灭失,但对照片遗像的近亲而言不仅是物的损害,也是精神损害,对间隔若干代的后人而言仅仅是物的损害,顶多是古物的灭失。因精神损害是"特定损害"引发的损害后果,故"特定损害"的责任人自然也是精神损害的责任人。

第四,精神损害赔偿的基础在于应然精神利益的损失。从损害客体一节内容介绍可知,从法律层面损害客体是某种权利或权益,从现实生活层面损害客体是某种利益。财产损失的客体,从法律层面是财产权益,社会生活层面是财产利益,它才是财产损失赔偿的基础;同理,人身损害的客体可以分别理解为身体健康及生命权益,或者健康及生命利益,健康及生命利益的丧失是人身损害赔偿的基础;人身损害之外的其他人身权益损害的客体,分别是身体权、健康权、生命权之外的其他人格权、身份权等人身权益,比如姓名、肖像、隐私等权益,或者其他人身利益,其他人身利益的丧失是其他人身权益损害的赔偿基础。值得讨论的是,作为与财产损失、人身损害并列的精神损害的客体、赔偿基础是什么呢?作为人身损害的客体及赔偿基础的健康及生命利益,主要具有物质属性但兼有精神属性,而作为其他人身权益损害的客体和赔偿基础——"其他人身利益"本身只具有精神属性,属于精神人身利益。有学者认为,"精神损害的最终表现形式,就是精神痛苦和精神利益的丧失或减损","精神利益丧失或减损,是指公民、法人维护其人格利益、身份利益的活动受到破坏,因而导致其人格利益、身份利益造成损害"[①],依此表述,这里的"精神利益"似乎就是人身利益,也就是说,包括人身损害在内的人身权益损害的客体、赔偿基础与精神损害的客体、赔偿基础是同一对象。对此有进一步探讨的必要。

本书认为精神损害的客体是人应然的正常精神状态,赔偿基础是人的应然的正常精神状态受到破坏,由应然的正常精神变为精神异常,即精神痛苦,它与人格权、身份权及其利益本身是有区别的,属于不同层面的问题。仍以前述裸照被上传网络为例,裸照被上传网络侵犯隐私权,即侵犯了受害人的隐私利益,但该隐私权

---

① 杨立新.侵权责任法[M].北京:法律出版社,2010:147.

益被损害是否必然引发受害人精神损害以及损害程度,则会因人而异,严重、一般或轻微损害均有可能,严重精神损害者甚至要自杀,此时精神损害的客体不是隐私利益而是应然的正常精神状态,精神损害就是该应然的正常精神状态受到破坏,精神损害轻微者表明其应然的正常精神状态被破坏的程度轻微,但严重的和轻微的精神损害的致害原因——隐私权损害所侵犯的隐私利益及其损害程度都是相同的。另外,具有人身意义的特定物损害所引发的精神损害,其赔偿的基础仍然是对受害人正常精神状态的破坏。总之,精神损害赔偿的基础,就是人们未受到侵害之前的正常精神状态受到破坏,或者说应然的正常精神状态利益丧失了。① 精神损害与人身权益损害的关系,类似于人身损害引发的财产损失与人身损害的关系。

第五,精神损害是一种法定的损害事实。此处"法定"有三层含义:其一,精神损害的致害原因需要有法律依据。狭义上"法律"一般不会对精神损害的致害原因作出明确规定,这里所谓的"法律依据"特指最高人民法院相关司法解释。《精神损害赔偿解释》特别规定了三条:"因人身权益或者具有人身意义的特定物受到侵害"的,"非法使被监护人脱离监护,导致亲子关系或者近亲属间的亲属关系遭受严重损害"的,"死者的姓名、肖像、名誉、荣誉、隐私、遗体、遗骨等受到侵害,其近亲属向人民法院提起诉讼请求精神损害赔偿的","人民法院应当依法予以支持"。几年前,一个名叫徐玉玉的准大学生,因将近万元的学费被网络诈骗,最后因气身亡。② 这说明一般性的财产损失也会引发精神损害,特别是家庭困难或生活特别节俭的人,对财产损失更加敏感,更易引发较为严重的精神损害,假如徐玉玉没有因气身亡,她是不能主张精神损害赔偿。总之,只有法定致害原因引发的精神损害才是法律救济的对象。其二,精神损害必须达到严重的程度。精神损害客观而普遍,损害程度可能严重,也可能一般或轻微,但唯有达到严重程度的精神损害方为法律救济的对象。其三,有人身意义特定物的损害所引发的精神损害,还须以侵权人主观故意或重大过失为必要条件,此种情形下一般过失引发的精神损害不能成为法律救济的对象,对此《民法典》第1183条有特别规定。③

第六,精神损害赔偿数额受到一定的限制。发达地区原则上不超过10万元,不发达地区一般不超过5万元。在安徽省,因身体权、健康权遭受伤害已经构成伤残等级的,精神抚慰金的数额一般不低于5000元,但不能高于80000元。更详细的

---

① 考虑到精神损害与人格、身份等人身权益损害特别紧密,将人格、身份等人身权益视为精神损害的客体也无不妥,此时,人身权益为法律形式,应然精神利益为实际内容,两者是形式与内容的关系。

② 闫继勇,邵泽毅."徐玉玉被电信诈骗案"开庭审理[N].人民法院报,2017-6-28(3).

③《民法典》第1183条:侵害自然人人身权益造成严重精神损害的,被侵权人有权请求精神损害赔偿。因故意或者重大过失侵害自然人具有人身意义的特定物造成严重精神损害的,被侵权人有权请求精神损害赔偿。

内容请见第五章"机动车交通事故损害的赔偿范围"。

四、因果关系

（一）因果关系的概念

客观世界到处都存在着引起与被引起的普遍联系，这种引起与被引起的关系，即因果关系。其中，引起某现象的现象，叫原因；而被某现象所引起的现象，叫结果。作为侵权责任构成要件的因果关系，特指法律所认可的致害事实与损害事实之间的引起与被引起的关系，即后文所介绍的"法律上的因果关系"。因果关系基于不同的标准，可以做不同的区分。

根据因与果之间是否有中间环节，因果关系可以分为直接因果关系与间接因果关系。没有中间环节的介入，结果由原因直接引发，为直接因果关系，比如，侵权人用刀子将被侵权人刺伤，刀刺与受伤为直接因果关系。如果原因需借助某个环节因素才能导致结果的发生，则为间接因果关系，比如，在冬季醉酒之人在回家路途睡着并冻死，饮酒或劝酒行为与冻死之间系间接因果关系。

根据原因能否被法律认可并担责，因果关系分为事实上的因果关系与法律上的因果关系。事实上的因果关系，是指纯粹的事物之间引起与被引起的联系，强调的是客观世界的普遍联系；法律上的因果关系，则强调原因要对后果的发生承担相应责任。法律上的因果关系必然是事实上的因果关系，但事实上的因果关系并非全部为法律上的因果关系；也正因如此，实务中对因果关系的分析、确认一定是从事实因果关系着手，然后回归到法律上的因果关系。具体请见后文"英美侵权法因果关系理论"的进一步分析。

另外，基于因果关系中因与果的数量，因果关系还可以分为：一因一果、一因多果、多因一果、多因多果四种形态，因果关系的复杂程度逐步提升。一因一果，是最简单的因果关系，比如，两人发生冲突一人刺伤了另一人；一因多果、多因一果，是较为复杂的因果关系，前者如醉酒驾车连撞多人导致他人或伤或亡，后者如交通事故中前车将人撞倒、后车再碾压人身；多因多果，是最为复杂的因果关系，如高速公路上因人违章而导致追尾事故，紧接着造成几十辆机动车连环车祸，且多人或伤或亡。

（二）因果关系的认定

在侵权责任的归责过程中，因果关系的认定至关重要，且起到承上启下的作用。在实务中，损害事实和致害行为的证明只要有相应的证据就能确定，但两者如果不能建立因果联系,它们就不具有法律意义,而一旦确立两者的因果联系,责任就能认定,责任人的归属基本上就确定了。在理论上,因果关系的认定有如下观点。

第一,条件说。凡是对损害后果的发生起作用的行为或其他事实,都是该损害后果的原因[①],此"起作用的行为或其他事实"即损害发生的条件。比如,两人发生争执,一人被另一人刺伤,在去医院的途中又发生了车祸,加重了伤者的病情且不能行走,在住院过程中某日夜晚医院失火,伤者因行走不便在逃离火场过程中被人撞倒、踩踏,最后因浓烟窒息死亡。在此系列事件中,刺人行为、交通事故、住院、医院失火、踩踏、浓烟窒息等都是伤者死亡的原因。基于原因事实的作用,条件说又分必要条件说与充分条件说,必要条件说强调原因事实是损害发生不可缺少的因素,充分条件说认为原因事实的出现必将导致损害后果的发生。无论是必要条件说还是充分条件说,假如损害发生环节多、过程长,致害原因就会过多,因果链条将会过长,归责将会困难,故条件说已被人们所放弃。

第二,相当因果关系说。在一般情形下,依事理社会大众多认为某事实会造成损害后果,即两者存在因果关系。此定义中的"会",潜藏有必然的含义,"某事实"出现必然导致该"损害后果"发生,即"某事实"是该"损害后果"的充分条件,故相当因果关系所以又称充分原因说,此学说现为法学通说。

第三,盖然因果关系说[②]。民事诉讼与刑事诉讼一个重要的区别,在于裁判的证据所证明的结论是否具有唯一性。在刑事诉讼中人民法院只有在证据确凿充分的基础上才能判决被告人有罪,绝不存在可能无罪的证据,严格实行疑罪从无的原则,但在民事诉讼中因人民法院必须对原告的诉求作出裁判:或支持,或部分支持,或驳回,裁判支撑的证据所证明的结论无需达到唯一性程度,裁判支撑的证据及其结论的可能性只要超过相反结论的证据及其可能性,人民法院就可以做出裁判。正因如此,原告证明侵权行为与损害之间存在相当程度的因果关系的可能性,即达到了其证明责任的要求,然后由被告反证,如果被告不能证明因果关系不存在,则因果关系成立,即因果关系存在的盖然性大于不存在的盖然性,这就是所谓的盖然因果关系说,又称推定因果关系说。盖然因果关系说,实为因果关系的一种证明方式,多适用于环境污染、医疗损害等,有利弱者权益维护。

第四,英美侵权法因果关系理论。此理论有两个要点,一是区分"事实上的因果关系"与"法律上的因果关系"。事实上的因果关系,类似前述条件说,凡对损害

---

① 其中,对损害后果发挥重要作用的行为或其他事实,才被认为损害后果发生法律上的原因。

② 从理论渊源上看,盖然因果关系说是相当因果关系的理论基础。参见:孙晓东,曾勉.法律因果关系研究[M].北京:知识产权出版社,2010:60.

结果发生有影响、关联的事实都是损害的原因,其强调的是客观世界之间的联系。法律上的因果关系,是指在事实上的因果关系链条中,凡能被法律承认的原因事实与损害之间才具有因果关系,其他原因与损害之间不具有因果联系。二是强调"近因"为法律上的原因。此要点在于如何确认法律上的原因。在事实上因果关系链条中,与损害结果关联性紧密的、又为致害人或责任人可预见的原因事实才是法律上的原因,即"近因"。值得注意的是,近因并非与损害发生时间或空间上的最近,应为因果关系上的最近。

本书特别推崇"事实上因果关系"与"法律上因果关系"二元区分的理论主张。因果关系像损害事实、致害事实一样,本属于事实范畴,我们有必要从事实层面查清损害发生的原因,但又必须跳出事实范畴的束缚,从政策法律等规范层面对其进行分析,确认哪些致害事实才是法律上的原因即"近因"。[①]最终唯有法律上的因果关系才是民法侵权责任要件中的"因果关系"。前述"相当因果关系学说"与英美侵权法因果关系理论中"法律上的因果关系"主张类似,前者所强调的"原因"与后者的"近因"类似。在实务中,对"原因""近因"的分析、判断、确认过程就是对因果关系的认定过程,故"原因""近因"的确认非常重要。

因果关系认定的方法通常有以下几种:

一是时间顺序性认定法。原因现象必然先于结果现象出现,凡后于结果出现的现象,均不可能为结果发生的原因。比如,在夜晚道路交通事故中,前车将人撞倒在地,一个小时后又被另一辆机动车碾压,凌晨事故被发现且受害人早已死亡,初步判断两车的碰撞或碾压均为事故损害后果的原因,但是否就是受害人死亡的原因呢?这就需要鉴定受害人死亡较为确定的时间,如果死亡发生在后车碾压之前,后车碾压就不是死亡的原因,如果死亡发生在后车碾压之后,前车的碰撞和后车的碾压均为死亡的原因。

二是原因现象客观性认定法。损害绝不会无缘无故发生,导致损害的原因是客观的不以人的意志为转移,案情简单或损害发生过程被记录的损害案,原因往往十分清晰,相反,原因需要探寻、确认。侵权人的内在心理状态或被侵权人的主观猜测、估计等均不属于损害的原因。基于人的同情心以及被侵权人愤怒心情,人们极易将侵权人的心理状态或被主观猜测、估计的"事实"当作原因对待。

三是原因事实必要条件认定法。无论是基于相当因果关系理论还是法律上因果关系的理论主张,致害事实作为损害事实发生的原因,前者一定是后者的必要条件,就个案而言,作为必要条件的前者未发生后者必然不会出现。比如,在前述案例"刺人行为—交通事故—住院—医院失火—踩踏—浓烟窒息"因果链条中,"刺

[①] "可预见性是英美法系判断法律上因果关系的主要标准",无不体现了法律规范价值。参见:孙晓东,曾勉.法律因果关系研究[M].北京:知识产权出版社,2010:210.

人行为""交通事故""医院失火"是受害人死亡的必要条件,其他条件系非必要条件,故"刺人行为""交通事故""医院失火"是受害人窒息死亡的原因。原因事实必要条件认定法,在具体操作中可以采取:反证检验法、剔除法、代替法等。

四是大众一般观念认定法。通过前述三种认定法,特别是依据必要条件认定法,所确认的必要条件的原因也并非一定是损害后果法律上的原因,需要从大众的角度进行价值判断,因为法律是科学和民主的产物,法律要遵从民意。在前例中,"交通事故"导致受害人不能行走,是受害人不能逃脱窒息死亡的重要原因,但大众一般观念里很难将"交通事故"作为受害人死亡法律上的原因。"刺人行为"与受害人死亡是否构成法律上的因果关系,要对案情做具体分析,诸如,"刺人行为"为什么会发生、被刺之人是否存在过错、被刺伤害程度如何等需要综合判断。相对来说,从社会大众角度"刺人行为"构成法律上的原因的可能性远比"交通事故"要大。

(三)因果关系原因力

在因果关系的四种形态中,多因一果与多因多果还需要进一步分析、确认每种原因对某一损害发挥作用的程度,此作用程度即原因力。值得注意的是,多因多果状态下原因力的分析必须将多因多果区分为若干个多因一果方有实际意义。故所谓的原因力,特指多因一果下各个原因对损害结果的发生或扩大所发挥的作用力。这一概念有两个特征:其一,致害原因必须为复数。在多因一果中,"多因"应该做广义理解,可以是数个侵权人的数个致害事实,也可能是侵权人一方与受害人一方的混合致害事实,甚至还有第三方的致害事实(或第三因素)。①对于第一种情形,数个侵权人内部将根据各自致害事实原因力的大小分担责任,对外承担按份责任或连带责任;对于第二种情形,将根据各方致害原因的原因力大小依照过失相抵规则判定侵权一方的责任。②另外,多因的性质可以是数个致害行为,也可能是致害行为与非行为的致害事实的混合。其二,多因所影响的损害必须特指同一损害。比如,甲违章驾驶将乙的车辆撞翻,致使两车损坏较为严重,同时乙因为没有系安全带导致头部受伤。本例因果关系属于多因多果,其中,两车损害的致害原因只有一个——甲的违章行为(一因多果),故赔偿责任由甲全部承担;但乙头部受伤的致害原因有两个——甲的违章行为与乙未系安全带(多因一果),欲确定甲的人身损害责任有必要确定该两个致害行为的原因力。

在实务中,对原因力一般要从以下方面综合分析:

第一,原因的分类与性质。根据原因与损害之间是否存在中间环节因素,原因

---

① 第三方如果也要承担责任可以归为责任人。
② 过失相抵规则,又称"与有过失规则",是指受害人对损失的发生或扩大也有过失时,法院得减轻甚至免除侵权方赔偿责任的规则。

可以分为直接原因和间接原因。直接原因无需中间环节因素即导致损害发生,间接原因必须中间环节因素的介入方能导致损害发生,直接原因的原因力大于间接原因。直接原因又可进一步分为主要原因和次要原因,不言而喻,主要原因的原因力大于次要原因的原因力。

根据原因对损害所发挥的作用,原因还可分为内因和外因,内因是损害发生的根本原因、决定因素,外因是损害发生的条件、起辅助作用。因此,内因的原因力大于外因的原因力。

第二,原因与损害的距离。根据原因与损害之间的关联度,有所谓距离近的原因和距离远的原因,前者的原因力大于后者的原因力。当然这里的"距离"并非时间或空间上的距离,强调的是原因对损害后果施加的影响力更近更直接,体现了因果关系的关联程度。

第三,原因致害的强度。所谓原因致害的强度,是指原因与损害之间的紧密程度,紧密程度越大,原因致害的强度越大,反之则小。强度大的致害原因的原因力大于强度小的致害原因的原因力。

例如,某市一老太哮喘发作,家人紧急联系医院抢救,救护车及时到达。去医院途中,救护车与出租车相撞,致使老太从座椅上摔倒、氧气瓶脱落。老太送到医院急救,14小时后去世。交警认定出租车一方对车祸负全责,出租车投保保险公司认为老太死亡与车祸无关。此例中,老太死亡的致害原因有三个方面:哮喘病发作、交通事故、医院救护车未加固座椅。就病人与医院、出租车公司比较而言,哮喘病发作、病人呼吸困难是死亡的直接原因,是内因,医院救护车未加固座椅及交通事故属于间接原因,是死亡的外因,从这个角度看病人一方承担的责任要大于医院或出租车公司,甚至后两者担责之和。就医院与出租车公司比较而言,尽管双方致害原因的性质相同,交通事故致害的距离也远于医院的过失行为,但交通事故致害的强度大于医院救护车未加固座椅致害的强度,故出租车一方承担的责任要大于医院的责任。就出租车公司与病人一方比较而言,病人哮喘病发作对其死亡的作用强度会影响双方责任的分担,如果病人的病情十分严重,即使没有交通事故病人死亡的可能性仍然较大,病人发病致害的强度和原因力就大于交通事故致害的强度和原因力,如果病人的病情并不严重,经过正常抢救过程一般不会出现死亡后果,则交通事故致害的强度和原因力大于病人发病的强度和原因力。本例中,法院一审判决出租车公司承担60%的责任[1],医院和病人各承担20%的责任。

---

[1] 判决出租车公司承担60%责任,不排除将责任转嫁给保险公司的考量,随着司法活动的规范化和各方权益意识的高涨,法院的判决越来越公平合理。

五、过错

(一) 过错的概念

过错,是指行为人对自己的行为及其损害后果所具有的过失或故意的心理状态。过错概念包括以下要点:

第一,过错是主观概念。在法律上,行为是人在一定意识控制下的外部表现,是人有意识的活动,在人们日常的言语中过错与行为往往混用、相互替代。但作为概念的严格认知,过错与行为属于不同的范畴,过错是人的心理状态,外人无法直接感知,属于主观概念,相反,行为属于客观概念。过错虽然属于主观概念,但必须以客观的行为表现来判断认定。

第二,过错具有可归责性。这是因为过错本质上的不正当性或不良性。首先,与正常人正常情况下的正常心理反应相比较,过错是不正当或不良的心理反应过程。其次,与普通的心理状态的内容相比较,过错包含了不良或不正当的动机或目的,或包含了引起他人损害的心理驱动力。

(二) 过错的形态

过错包括故意和过失两种形态。

故意,是指行为人预见了损害后果会发生,但仍然希望或放任该损害后果发生的心理状态,其中,希望损害后果发生的心理状态为直接故意,放任损害后果发生的心理状态为间接故意。故意的可归责性,表现为行为人具有直接追求或间接放任他人合法权益受到损害的恶劣心态,故在纯粹的民事侵权案中,故意不多见。如果侵权人主观心理状态确实为故意,一旦损害后果达到一定程度就会产生侵权责任与刑事责任的聚合[①],有关侵权责任的诉讼反而成为刑事诉讼的附带程序。

过失,是指行为人因疏忽或懈怠而未达到应有的注意程度的一种不正常或不良的心理状态。它有两种表现形式:一是疏忽,即行为人对自己行为的结果应当预见或能够预见却没有预见的心理状态,此种过失形式在实务中多表现为当事人做事不认真、马虎,或缺乏责任心,故该过失又称疏忽大意的过失;二是懈怠,即行为人对自己行为的结果虽然预见了却轻信可以避免的心理状态,此过失又称过于自信的过失。过失的可归责性,表现为损害结果可因行为人的适当注意而避免,遗憾的是行为人未尽适当注意义务以致损害结果发生了。在现实侵权案例中,侵权人

[①] 责任聚合,亦称请求权聚合,是指同一法律事实基于法律的规定以及损害后果的多重性,而应当使责任人向权利人承担多种内容不同的法律责任的形态。从权利人的角度来看,责任聚合表现为请求权的聚合,即当事人对数种以不同的给付为内容的请求权,可以同时主张。

的主观心理状态大多表现为过失。

过失与故意相比较,虽然不正当性或不良性是两者的共同点,但两者的区别也是明显的:一是两者的不正当性或不良性的程度不同,故意强于过失。对故意而言,损害结果的发生是行为人的追求或默认,对过失而言,损害结果的发生不符合行为人的意愿,故意属于恶劣的心理状态。二是两者违反的规则内容不同。故意违反了做人的底线,过失违反了人际交往的注意义务。三是法律责任后果不同,故意给他人造成损害不仅要赔偿而且一般还要受到刑事或行政制裁,过失如果给他人造成损害一般只承担民事赔偿责任,除非法律有另外的规定。

(三)过错的判断标准

因侵权人的过错多表现为过失,且故意是有意为之的心理因而较易判断,故过错的判断标准主要是关于过失的判断标准。过错判断的具体对象是人际交往中对他人权益予以尊重的注意义务,或者说避免损害他人权益的注意义务。该注意义务的内容及要求来源于三个方面:第一,法律法规的义务规定。法律法规的构成要素,一是权利,二是义务,义务表明行为人在具体场景必须怎样做、应该怎样做、不得做什么、禁止做什么,违反该义务即未尽到注意义务构成过错。比如《民法典》第1198条有关特定场所或群众活动安全保障义务人责任的规定。①第二,专业领域的专业行为规范要求。尽管该专业领域的法律法规有基本规定,但除此之外,任何一个专业领域还有大量的、细致的、具有操作性的、相应的专业行为规范,该规范的基础在于该专业领域的科学性,比如,加油站工作人员在工作场合不得有产生火花的任何行为。违反此类规范要求即未尽到专业人员的注意义务而构成过错。第三,日常生活领域正常人合理的行为要求。这里的行为要求体现了正常人在非专业活动中在正常情况下的合理行为表现,是正常人在接受一般程度的教育下与法律法规、专业行为规范是否存在无关的、理应拥有的行为尺度,该行为尺度既具有社会性也具有自然属性,比如,父母对子女的关爱、人在突发危险场景本能紧急避险所体现的通常行为表现,超过该通常行为表现的行为被视为是过错行为。

前述三方面即为过错的三项判断标准。其中,法律法规是适用范围最广、最基础的判断标准;专业领域的专业行为规范要求和日常生活领域正常人合理的行为要求,是法律法规在不同群体范围内适用的具体化、拓展或补充。另外,以行为人

---

①《民法典》第1198条:(1)宾馆、商场、银行、车站、机场、体育馆、娱乐场所等经营场所、公共场所的经营者、管理(人)者或者群众性活动的组织者,未尽到安全保障义务,造成他人损害的,应当承担侵权责任。(2)因第三人的行为造成他人损害的,由第三人承担侵权责任;经营者、管理者或者组织者未尽到安全保障义务的,承担相应的补充责任。经营者、管理者或者组织者承担补充责任后,可以向第三人追偿。

为标准,过错的判断又分为一般人注意义务和专业人员特别注意义务的判断。

一般人的注意义务。一般人是相对专业人员的称谓,专业人员在非专业场景下属于一般人。一般人的注意义务,又称"理性人"的注意义务,它代表了行为人所处社会的一般道德水平、一般教育程度等"一般性"的特征,以司机看到车前老人晕倒时的心理状态为例,有三种情形:一是停车实施抢救措施,二是停车趁机偷窃老人财物,三是绕道前行。前两种是特别的心理状态,"停车实施抢救措施",是社会大力提倡的但又不能苛求人人做到,法律应对的措施只能是奖励,当然特殊职业人群例外;相反,"停车趁机偷窃老人财物"是社会禁止的,法律应对的措施是惩罚与赔偿。第三种"绕道前行"属于当今一般人的心理状态,目前的社会发展水平尚无法将此类现象纳入法律法规惩治对象。此时司机如果未注意到而碾压老人即违反了一般人的注意义务而构成过失。法律法规是一般人注意义务的主要判断标准,日常生活领域正常人的合理行为要求是补充标准。

专业人员的特别注意义务。专业人员一般是指具备专业技能,并依赖此类技能为生的职业人士,他们通常需经过长时间的学习及训练,通过国家或社会特定组织的考试或考核并获得相应资格"证书"的人士,如医生护士、工程师、会计师等。值得注意的是,人只有在专业场景下才属于专业人员。专业人员的特别注意义务一般由专业行为规范及该专业领域的法律法规予以明确。与一般人注意义务的判断标准不同,专业行为规范是衡量专业人员是否违反特别注意义务的主要判断标准,该专业领域的法律法规一般多为原则性规定,专业行为规范以前者为指导,是前者的具体化。比如,青霉素注射前做过敏皮试是该专业领域的具体行为规范要求,在这一过程中病人声称自己无青霉素过敏史并要求不做皮试,护士遵照病人要求直接注射青霉素,病人后因青霉素过敏死亡。显然,护士违反了其专业的特别注意义务,对病人的死亡可能要承担刑事责任,其所在医疗机构要承担民事侵权赔偿责任。由于专业人员特别注意义务的基础在于其科学性,故其判断边际具有刚性,这不同于一般人注意义务判断边际的弹性。专业人员因违反特别注意义务而承担的侵权责任被称作专家责任。

第二篇 认定篇

第四章　机动车交通事故责任归责原则有何特点

机动车交通事故责任作为《民法典》"侵权责任"编中的重要一章,其归责原则既要遵循侵权责任归责原则的一般规定,又有自己的特色。以下主要探讨我国机动车交通事故责任归责原则立法演变过程及目前的规定。

一、我国机动车交通事故责任归责原则立法历史

自1978年改革开放以来,我国机动车交通事故责任的归责原则历经了五个发展时期:

第一个时期,1978年至1987年1月1日前,即从改革开放至《民法通则》实施前,人民法院通常是按照过错责任原则处理机动车交通事故损害赔偿问题。适用过错原则是各国早期处理机动车交通事故责任较为普遍的做法。

第二个时期,1987年1月1日《民法通则》开始实施至1992年1月1日《道路交通事故处理办法》实施前,根据原《民法通则》第123条无过错责任原则确定机动车交通事故损害赔偿责任的归属。[①]

第三个时期,1992年1月1日《道路交通事故处理办法》开始实施至2004年5月1日《道路交通安全法》实施前,机动车交通事故责任依照《道路交通事故处理办法》适用过错推定原则。[②]

第四个时期,《道路交通安全法》取代《道路交通事故处理办法》并于2004年5月1日开始实施至该法2008年5月1日第一次修订实施前,按该法修订前的第76条适用无过错责任原则为主、过错责任原则为辅二元归责原则体系确定机动车交

---

① 原《民法通则》第123条:从事高空、高压、易燃、易爆、剧毒、放射性、高速运输工具等对周围环境有高度危险的作业造成他人损害的,应当承担民事责任;如果能够证明损害是由受害人故意造成的,不承担民事责任。

② 原《道路交通事故处理办法》第3章"责任认定"第17条:"(1)公安机关在查明交通事故原因后,应当根据当事人的违章行为与交通事故之间的因果关系,以及违章行为在交通事故中的作用,认定当事人的交通事故责任。(2)当事人有违章行为,其违章行为与交通事故有因果关系的,应当负交通事故责任。当事人没有违章行为或者虽有违章行为,但违章行为与交通事故无因果关系的,不负交通事故责任。"学者解释此条采过错推定归责原则。

通事故责任。

该法原第76条规定:"机动车发生交通事故造成人身伤亡、财产损失的,由保险公司在机动车第三者责任强制保险责任限额范围内予以赔偿。超过责任限额的部分,按照下列方式承担赔偿责任:(1) 机动车之间发生交通事故的,由有过错的一方承担责任;双方都有过错的,按照各自过错的比例分担责任。(2) 机动车与非机动车驾驶人、行人之间发生交通事故的,由机动车一方承担责任;但是,有证据证明非机动车驾驶人、行人违反道路交通安全法律、法规,机动车驾驶人已经采取必要处置措施的,减轻机动车一方的责任。交通事故的损失是由非机动车驾驶人、行人故意造成的,机动车一方不承担责任。"此条表明:(1) 交强险赔付责任实行绝对性的无过错归责原则;(2) 机动车之间交通事故责任实行过错归责原则;(3) 机动车与非机动车驾驶人、行人之间交通事故责任实行无过错归责原则。[①]减轻责任抗辩事由:非机动车驾驶人、行人有过错,且机动车一方采取了必要处置措施;免除责任抗辩事由:交通事故损失由受害人故意造成,即受害人过错为故意。

第五个时期,《道路交通安全法》第76条第1次修订并于2008年5月1日开始实施至今[②],有学者认为,它构成了机动车交通事故责任以过错推定原则为主、过错责任和无过错责任为辅的三元归责原则体系。

该法现行第76条规定:"机动车发生交通事故造成人身伤亡、财产损失的,由保险公司在机动车第三者责任强制保险责任限额范围内予以赔偿;不足的部分,按照下列规定承担赔偿责任:(1) 机动车之间发生交通事故的,由有过错的一方承担赔偿责任;双方都有过错的,按照各自过错的比例分担责任。(2) 机动车与非机动车驾驶人、行人之间发生交通事故,非机动车驾驶人、行人没有过错的,由机动车一方承担赔偿责任;有证据证明非机动车驾驶人、行人有过错的,根据过错程度适当减轻机动车一方的赔偿责任;机动车一方没有过错的,承担不超过百分之十的赔偿责任。交通事故的损失是由非机动车驾驶人、行人故意碰撞机动车造成的,机动车一方不承担赔偿责任。"

该法现行第76条与修订前相比,公认未发生改变的:一是交强险仍然适用绝对性的无过错归责原则,二是机动车之间交通事故责任仍然实行过错归责原则。但机动车与非机动车驾驶人、行人之间机动车交通事故责任的归责原则,是否由无过错归责原则修改为过错推定归责原则存在争论。

我国机动车交通事故责任归责原则立法历史,经历了从过错责任到无过错责

[①] 严格地讲,适用无过错归责原则的应该仅限于机动车致非机动车、行人一方损害赔偿责任,而非机动车、行人致机动车损害赔偿责任应该实行过错责任原则。

[②]《道路交通安全法》于2011年、2021年又进行了第二次、第三次修订,但均不涉及第76条的内容。

任、过错推定责任,以及从单一归责原则到以某一归责原则为主其他归责原则为辅的多元归责原则体系,显示了我国对机动车交通事故责任的理解逐步深入,也为百姓权益保护、机动车行业发展、交通顺畅、社会经济发展水平、人民群众道德和法治素养水准等方面找到较好的平衡点。

随着自动驾驶技术的不断进步,特别是重庆、武汉自动驾驶全无人商业运营牌照的发放,中国会快速进入机动车无人驾驶时代,机动车交通事故责任的归责原则自然也会有相应的变化。

二、现行《道路交通安全法》第76条归责原则的争议

目前人们对该法第76条有关机动车致非机动车驾驶人、行人一方损害责任[①],是实行无过错责任原则还是过错推定原则,大体有三种见解:一是实行无过错责任原则。认为机动车是高速运输工具,在道路运行易产生事故危险,实行无过错责任原则完全符合危险担责原理,此种观点目前仍有相当影响。二是实行过错推定原则。三是实行过错推定和10%部分无过错混合责任原则。即机动车致非机动车、行人一方损害责任原则上实行过错推定责任,但"机动车一方没有过错的,承担不超过10%的赔偿责任"系无过错责任。

在上述观点争议中,杨立新教授认为该条"将机动车交通事故责任的主要归责原则规定为过错推定原则,同时在其他方面实行过错责任原则……构成了以过错推定原则为主、过错责任原则为辅的二元归责原则体系"。[②]王利明教授认为,"从该条的规定来看,无论机动车一方是否有过错,其都要承担责任,这就属于危险责任。虽然该条规定,在非机动车和行人一方有过错且机动车一方没有过错的情况下,机动车一方仅承担不超过10%的责任,这只是过失相抵规则的特别规定,并不会影响其危险责任的性质"。[③]张新宝教授也有类似的看法,认为"机动车在道路上

[①] "一方损害"包括人身损害和财产损失。"机动车致非机动车驾驶人、行人一方损害责任",不能简化表达为"机动车致非机动车驾驶人、行人损害责任"。前者与"机动车致非机动车驾驶人、行人人身损害和财产损失责任""机动车与非机动车驾驶人、行人之间的机动车交通事故责任"内涵一致,它不包括"非机动车驾驶人、行人致机动车一方损害责任";后者仅强调在交通事故中机动车致非机动车驾驶人、行人人身损害责任,不能涵盖机动车致非机动车、行人一方的财产损失责任。另外,"机动车致非机动车驾驶人、行人一方损害责任"与"机动车与非机动车驾驶人、行人之间的事故责任"内涵也不同。《道路交通安全法》第76条虽然提及"机动车与非机动车驾驶人、行人之间发生交通事故",但根据前后文判断,该条款并未提及"非机动车驾驶人、行人致机动车一方损害责任"的归责原则。

[②] 杨立新.侵权责任法[M].北京:法律出版社,2010:363-364.

[③] 王利明,周友军,高圣平.侵权责任法疑难问题研究[M].北京:中国法制出版社,2012:418.

运行是一种高度危险作业,应该适用《民法通则》所规定的无过错责任"。①

国家立法机关主导侵权责任法立法专家认为,"主要适用过错推定原则,同时,机动车一方还要承担一部分无过错责任"。②

最高人民法院的观点,"但总的来看,由于《道路交通安全法》将机动车行驶视为危险活动,而机动车一方无过错并不能免责、只能减轻责任,因此机动车与非机动车、行人之间发生交通事故的归责原则更符合无过错责任原则的特点。"③

尽管人们对机动车致非机动车驾驶人、行人一方损害责任是实行无过错责任原则还是过错推定原则存在争议,但也应该看到"采无过错责任或过错推定责任的不同理论路径,对于案件审理的证明责任和实体结果也无大的影响"④。

本书认为,修改后的该法条表明我国机动车交通事故责任,实行的是以过错推定责任为主,无过错责任、过错责任为辅的三元归责原则体系:即交强险第三者赔偿责任实行的是无过错归责原则,机动车之间实行的是过错归责原则,机动车致非机动车、行人一方损害责任实行的是过错推定归责原则。⑤

首先,法条表述"非机动车驾驶人、行人没有过错的,由机动车一方承担赔偿责任",其中"非机动车驾驶人、行人没有过错"暗含"推定机动车一方有过错"。在现实机动车道路事故中,机动车一方和受害人均无过错,机动车交通事故无缘无故发生是不多见的⑥,既然"非机动车驾驶人、行人没有过错",那就意味机动车一方有过错。退一步说,如果认为是无过错责任原则,法条该部分根本没有修改的必要,因为原来的表述"机动车与非机动车驾驶人、行人之间发生交通事故的,由机动车一方承担责任;但是,有证据证明非机动车驾驶人、行人违反道路交通安全法律、法规,机动车驾驶人已经采取必要处置措施的,减轻机动车一方的责任",作为无过错责任原则规定没有瑕疵,后半句是减责的抗辩事由。如果一定要修改且坚持无过错责任原则,前半句最完美的修改应该是"机动车致非机动车驾驶人、行人一方事

---

① 张新宝.侵权责任法[M].北京:中国人民大学出版社,2013:227.

② 王胜明.中华人民共和国侵权责任法释义[M].北京:法律出版社,2010:252.

③ 最高人民法院民法典贯彻实施工作领导小组.中华人民共和国民法典侵权责任编理解与适用[M].北京:人民法院出版社,2020:360-361.

④ 杜万华,贺小荣,李明义,等.《关于审理道路交通事故损害赔偿案件适用法律若干问题的解释》的理解与适用[J].法律适用,2013(3):32-37.

⑤ 非机动车驾驶人或行人与机动车之间发生交通事故造成机动车一方(人身和财产)损害的,以及非机动车驾驶人或行人相互之间造成损害的,均适用过错责任原则。该两种情形都属于交通事故责任,但均不是机动车交通事故责任。参见:杨立新.侵权责任法[M].北京:法律出版社,2020:220.

⑥《道路交通安全法》第119条第5项:"'交通事故',是指车辆在道路上因过错或者意外造成的人身伤亡或者财产损失的事件。"此条虽然将交通事故界定为"过错"和"意外"所致,但实际上"意外"所致非常罕见。

故损害的,无论机动车一方是否有过错,均由机动车一方承担责任"。

其次,《道路交通安全法》第76条规定"机动车一方没有过错的,承担不超过10%的赔偿责任",不是对过错推定原则的否定,而是一种不拘泥理论限制的立法实务操作,目的在于强化机动车一方道路交通安全意识,维护社会弱者,增进社会和谐。这种立法实务操作越来越多,值得赞赏。① 比如,在理论上有所谓的法律部门划分,每一具体的立法都可以归为某一部门法,但法律的具体规范又不能完全遵循法律部门理论,需要兼顾实际考虑立法目的,一切法律法规出台的直接目的在于方便遵守和适用执行,即法律法规主要用于引导、规范群众的行为,便于群众自觉遵守,同时有利于国家机关等社会组织适用、执行,正确、公平处理纠纷,《道路交通安全法》本属于行政法,但第76条是标准的民事法律规范。另外,相当多的省、市、自治区采用地方立法或政府规章形式,规定机动车一方在交通事故中负"同等"责任的,要承担60%或以上的赔偿责任,其中,上海、天津、黑龙江、安徽、河南、湖南、广东、四川、贵州、陕西明确承担60%责任,重庆、江苏、宁夏规定承担60%－70%,河北规定承担70%－80%,海南规定"不低于70%"。② "机动车一方在交通事故中负'同等'责任的,要承担60%或以上的赔偿责任",明显是对弱者权益保护的政策倾斜。其背后的原因是因为机动车驾驶是一种高度危险的行为,驾驶人也便于控制这种风险的发生,法律要强加驾驶人比非机动车驾驶人、行人更重的风险防范注意义务,事故发生了就要承担不利后果。总之,《道路交通安全法》第76条"机动车一方没有过错的,承担不超过百分之十的赔偿责任",与前述对弱者权益保护的政策倾斜具有立法上的异曲同工之作用,而不是归责原则的变化。

再次,《道路交通安全法》第76条规定"机动车一方没有过错的,承担不超过10%的赔偿责任",其性质是"公平责任"的进一步延伸。公平责任要求富裕一方的致害人给受害人一定的补偿,使不幸之人的不幸遭遇得到经济上一定的填补,法律之所以规定公平责任,根源在于社会对公平正义的价值追求。公平责任适用的条件之一是双方都没有过错,而"机动车一方没有过错的,承担不超过10%的赔偿责任"适用的条件更为宽松,即"机动车一方没有过错",至于受害人是无过错还是有除故意外的过错均不考虑,这种责任相对"公平责任"而言更加体现了对社会公平正义价值的追求。

最后,"机动车致非机动车、行人一方损害责任,实行过错推定和10%部分无

---

① 《民法典》第1188条有关监护责任较为细致规定也是一个很好例证:"无民事行为能力人、限制民事行为能力人造成他人损害的,由监护人承担侵权责任。监护人尽到监护职责的,可以减轻其侵权责任。有财产的无民事行为能力人、限制民事行为能力人造成他人损害的,从本人财产中支付赔偿费用;不足部分,由监护人赔偿。"

② 全国人大常委会法制工作委员会民法室.侵权责任法立法背景与观点全集[M].北京:法律出版社,2010:722.

过错混合责任原则"的理论主张也是不正确的。这是基于机动车一方是否有过错来决定归责原则,机动车一方无过错就实行无过错归责原则,存在过错可能的就实行过错推定原则,以此类推,机动车一方有过错的就实行过错原则。归责原则的历史演变过程,表明归责原则的确立历来是针对当时所处时代特殊群体利益的救济。"机动车致非机动车、行人一方损害责任",要么实行过错推定责任原则,要么实行无过错责任原则,所谓"实行过错推定和10%部分无过错混合责任原则"不符合归责原则确立的历史规律。

三、其他国家或地区机动车交通事故归责原则立法原则

最初,几乎所有国家和地区,机动车交通事故责任都采用过错责任原则。后来发生了变化:一部分国家仍然采用过错责任原则,比如,英国、美国、南非等;还有一些国家或地区,出于适当强化对受害人的保护,采用过错推定责任原则,比如,我国台湾地区;另外,也有部分国家采用无过错责任原则,比如,德国、法国、奥地利、比利时、希腊、西班牙、瑞士等。[①]

世界上第一辆机动车是1886年卡尔·奔驰制造的,机动车交通事故责任制度相应诞生、发展、完善,它大体经历了三个阶段[②]:

第一阶段,按照过错责任原则处理机动车交通事故损害赔偿责任。从19世纪80年代至20世纪30年代,将机动车交通事故致人损害作为一般侵权责任处理。可以说,汽车进入某个国家或某个地区的早期,机动车交通事故责任都采用过错责任原则。

第二阶段,按照无过错责任原则或过错推定责任原则处理机动车交通事故责任。1925年,法国一个叫珍德的女孩横穿马路被卡车撞死,一审、二审法院按照过错责任原则判定女孩的母亲败诉,女孩母亲上诉到法国最高法院。1930年,法国最高法院作出终审判决,判定机动车一方败诉。法国最高法院认为,道路交通事故的赔偿问题,仅以机动车一方没有过错就不承担责任是不够的,只有在不可抗力等情况下才能免除机动车一方的责任。这个判例不仅确立了法国在交通事故上的无过错责任原则,还对其他国家产生了相应的积极影响。德国、意大利、奥地利、葡萄牙、荷兰、俄罗斯、比利时、瑞士、韩国、越南、蒙古等多数国家在交通事故上都实行

---

① 王利明,周友军,高圣平.侵权责任法疑难问题研究[M].北京:中国法制出版社,2012:416-417.

② 全国人大常委会法制工作委员会民法室.侵权责任法立法背景与观点全集[M].北京:法律出版社,2010:716-718.

无过错责任原则或过错推定原则。1955年,日本借鉴欧洲一些国家的经验,制定了《机动车损害赔偿保障法》,法律规定的是过错推定原则,但在该法的说明中明确指出在交通事故上实行"近于无过错责任"。

机动车交通事故责任从过错责任原则发展到无过错责任原则或过错推定原则,主要理由如下:一是导致交通事故发生的原因相当多。除驾驶人过错外,驾驶人的驾驶技术、身体状况,车辆安全性能,交通设施状况,天气状况,等等,都会影响交通事故的发生。二是机动车具有极大的危险性。机动车是用钢铁制作的,在高速行驶时对行人、非机动车一方极易产生损害危险。在实际的交通事故中,受伤害的绝大多数是行人或非机动车一方。三是机动车一方是交通便捷、舒适安全的享有方。在道路交通中,机动车一方比行人、非机动车一方享有更优的交通安全、舒适、便捷利益,作为利益享有者就要承担相应的风险责任。四是在交通事故中绝大多数是车撞人而不是人撞车。无论是在交通场景还是在经济层面,行人和非机动车一方多为社会弱者,加重机动车一方的责任,有利于强化机动车一方的安全意识,减少交通事故的发生。

第三阶段,主要通过交强险制度解决道路交通事故赔偿问题。无过错责任原则或者过错推定责任原则虽然加重了机动车一方的赔偿责任,有利于保护受害人的权益,但是,繁杂而漫长的诉讼程序使得受害人从机动车一方获得切实赔偿,往往旷日持久,而且,受害越严重越难以得到赔偿。为解决这一难题,早一些的国家从20世纪30年代,晚一些的国家从20世纪六七十年代,主要通过交强险制度解决道路交通事故赔偿责任。事故发生后,绝大部分事故受害人通过较为简单的程序就能在交强险责任限额范围内从保险公司直接获得赔偿。目前,中国实际上已经采用了交强险优先赔付、商业保险补充、机动车一方兜底为赔偿顺序的联合制度处理事故赔偿问题。

关于机动车交通事故归责原则,除前述列举的国家或地区采用无过错或过错推定责任原则外,目前仍采用过错归责原则的主要是英国、美国、南非等国家。[①]另外,美国立法有特殊,侵权法在美国属于州法,对机动车交通事故责任,有30多个州采用过错原则,10多个州采用无过错责任原则。在西方世界,无论是欧洲大陆国家采用无过错归责原则,还是英美国家采用过错原则,它们都比较好地落实了第三者强制保险制度,并规定第三者强制保险实行无过错责任,这对行人、非机动车一方权益的维护有特别积极作用。

---

① 王利明,周友军,高圣平.侵权责任法疑难问题研究[M].北京:中国法制出版社,2012:416-417.

第五章　机动车交通事故责任构成要件有何特殊

虽然机动车之间的交通事故责任实行过错责任原则，机动车致非机动车、行人一方损害赔偿责任实行过错推定责任原则，但由于过错推定责任本质上属于过错责任，两者的区别主要在于过错举证责任的分配上，因此机动车交通事故责任的构成要件包括致害事实、损害后果、因果关系及过错。

一、机动车交通事故的致害事实

机动车交通事故致害事实，主要是指机动车的致害事实，是机动车及其车上物品在道路运行过程中与其他人人身、车辆等有体物财产之间的碰撞、摩擦、碾压等物理上的接触冲击，或其他非接触但同样导致他人人身损害或财产损失的机动车装置被违规使用的事实。它是机动车交通事故导致他人人身损害和财产损失的原因，是机动车交通事故责任成立的第一项要件，即原因要件。[①]

对于此要件的掌握要注意以下几点：

第一，导致人身损害或财产损失的作用力来源于机动车。也就是说机动车是否客观存在、车辆是否被认定为机动车是责任成立的前提。

第二，机动车致害事实发生在道路上。《道路交通安全法》第119条第1项："道路"，是指公路、城市道路和虽在单位管辖范围但允许社会机动车通行的地方，包括广场、公共停车场等用于公众通行的场所。由此可知，道路由以下四个部分组成：

一是公路。即连接各城镇、乡村和工矿基地，主要供汽车行驶的道路。中国根据其使用功能、性质和交通量情况分五个等级：高速公路和一级至四级公路。二是城市道路。即通达城市的各地区，供城市内交通运输及行人使用，便于居民生活、工作及文化娱乐活动，并与市外道路连接负担着对外交通的道路。根据道路在城市道路系统中的地位和交通功能，它分为：快速路、主干路、次干路和支路。三是单位管辖范围内准许社会机动车通行的地方。对此项规定的理解争议较大。最高人民法院法官认为，"判断这些地方是否属于道路，关键在于其是否符合道路的公共

[①] 对于此原因要件，有人概括为"道路交通事故的违法行为"，请见：杨立新.侵权责任法[M]. 北京：法律出版社，2010:366.；还有人概括为"机动车的运行"。

性特征。无论管理方式是收费还是免费、机动车进出是否需要登记,只要允许不特定的社会机动车自由通行,就属于道路;如果仅允许与管辖单位及其人员有业务往来、亲友关系等特定事由的来访者的机动车通行的,则不属于允许社会机动车通行的地方,不能认定为道路。"①学者认为,这"实际上是指机关、企事业单位以及林区、农村范围内的道路等场所",如果这些场所不准许社会机动车通行,发生的事故原则上就不属于道路交通事故。当然,对这类事故,交警部门接到报案的,也会参照道路交通事故有关规定办理。②四是广场、公共停车场等公众通行的场所。

第三,机动车处在运行状态。所谓机动车的运行,是指按照该机动车设计的装置和使用方法使用该机动车的情况。它主要表现为机动车在道路上行驶,除此以外,还包括机动车在道路上被踩刹车、上下人、装卸货物等事实。因此,非机动车与暂时停在道路上的机动车发生碰撞也产生机动车交通事故责任,即使机动车的暂停行为被认定合法也是如此,但一辆非机动车因驾驶人的过失撞到了在路边合法停车位正常停车的轿车上,导致该非机动车损坏和驾驶人受伤,此种损害不发生机动车交通事故责任,因为机动车并未处在运行状态,这种情形与非机动车撞上了路边的电线杆无差别。

第四,一般情况下,机动车与受害人的人身或车辆等有体物之间发生了碰撞、摩擦、碾压等物理上的接触。这是机动车交通事故致害事实的主要表现形式,因此而导致的事故被称作"接触性交通事故",是现实交通事故的常态。除此以外,还有一种非接触性的致害事实,具体内容请见第七章中的"非接触性交通事故责任"。

第五,机动车交通事故致害事实需要区分人为因素和非人为因素。以上讨论的致害事实是比较纯粹地从事故发生的直接事实原因角度进行的探讨,但需要明白的是,这些致害事实相当部分是机动车驾驶人违规驾驶以及其他人员不当行为所造成的。换句话说,我们有必要、尽可能将机动车交通事故所表现的直接致害事实行为化,探究致害事实背后的人为因素,致害事实是否是人的行为特别是过错行为所导致的,这是归责的基础。直接的致害事实行为化之后,致害事实分为人为因素和非人为因素两类。人为因素表现为作为和不作为两种,非人为因素既表现为不可抗力、意外事件等自然原因,又包括受害人的特殊体质等原因。

第六,无须考察致害事实的违法性问题。当机动车的致害事实表现为机动车驾驶人的违规驾驶,此时机动车驾驶行为具有违法性。但也存在交通事故的发生完全因受害人、第三人的行为或其他非人为的事件导致,此时机动车驾驶行为不具

---

① 高贵君,马岩,方文军,曾琳.关于办理醉酒驾驶机动车刑事案件适用法律若干问题的意见的理解与适用[J].人民司法,2014(3):19-24.

②《道路交通安全法》第77条:车辆在道路以外通行时发生的事故,公安机关交通管理部门接到报案的,参照本法有关规定办理。

有违法性,此种情形有些学者从受害人合法权益遭受侵害的结果来认定机动车致害事实的违法性,即所谓的"结果不法性"。本书主张机动车的致害事实即使行为化也应该回避法律属性,强调它是一个有关损害发生原因的事实判断问题,致害事实的违法性交由过错要件评价更为妥当。

二、机动车交通事故的损害事实

它与一般意义上侵权责任的损害既有共同点又有区别。两者的损害类型虽然都有财产损失、人身损害和精神损害,但机动车交通事故的财产损失、精神损害有自己的特点。

(一)机动车交通事故损害事实的类型

机动车交通事故的损害事实,是指道路上运行的机动车导致他人人身权益和财产权益处于不利后果与状态。它可以分为人身伤亡、财产损失和精神损害三类[1],但在司法实务中通常发生的是人身伤亡和财产损失的赔偿,只有人身伤亡达到严重程度才会导致精神损害的赔偿。

人身伤亡。这里的人身伤亡是指机动车交通事故导致了自然人健康受损和生命的丧失。此为机动车交通事故损害事实的主要表现形式。人身伤亡属于人格权益的有形损害,只存在两种类型:生命的终结与身体健康受损。人的身体健康受损,又分为两种情形:一是因肢体改变而导致人体器官功能的丧失或不完整,俗称外伤。比如,手臂、手指或腿部的截断、面部产生永不消失的瘢痕等。人肢体的改变必然引发人体器官功能受损,腿部截肢会导致行走功能完全丧失,手指截断导致手的功能不完善,面部永久瘢痕使人际交往面部美化功能受损。二是非因肢体改变的人体器官功能的丧失或不完善,俗称内伤。比如,交通事故导致人体内脏器官破裂,此种情形必将导致人体器官功能的丧失或不完善,极端情形还可能出现既无外伤也无内伤但因惊吓导致精神异常的现象。在机动车交通事故责任司法实务中,除死亡外一般只有人体器官功能受到损害即健康受损才会被认定为人身损害。[2]

---

[1]《道路交通安全法》将人身损害、财产损失分别命名为人身伤亡、财产损失。在《民法典》中,"机动车交通事故责任"一章使用"人身伤亡",其他篇章条款使用"人身损害"表达。

[2]《交通事故损害赔偿解释》第11条第1款:"道路交通安全法第76条规定的'人身伤亡',是指机动车发生交通事故侵害被侵权人的生命权、身体权、健康权等人身权益所造成的损害,包括民法典第1179条和第1183条规定的各项损害。"其中,"包括民法典第1179条和第1183条规定的各项损害"不能理解为对"人身伤亡"概念内涵的解释,实际上是因"人身伤亡"而导致的"经济损失"的赔偿范围。

财产损失。作为与"人身伤亡"相对的概念,特指交通事故导致的财产权益的损失,表现两个方面:一是交通事故导致车辆等有体物财产的灭失或损坏所引发的经济损失。有体物财产作为机动车交通事故财产损失的重要客体,虽然有诸如道路旁边的房屋、交通设施等,但最常见的有体物财产还是受害人一方的车辆及车上物品;有体物财产损失的形式有两种:有体物的灭失和有体物的损坏。比如,受害人一方机动车、非机动车被碾压成一堆废铁,或被撞变形、部件需要修理或更换,前者是车辆的灭失,不可恢复,后者则是车辆的损坏,经过维修还可使用。在司法实务中,有体物的灭失或损坏要通过计价即经济损失表现出来,这属于财产损失中的直接损失。二是有体物的灭失或损坏而引发的间接经济损失。比如,受害人一方的机动车系出租车,出租车维修期间的营运损失就是间接经济损失。

另外,财产损失还可以做广义理解,即因人身伤亡所导致的经济损失。它又分为直接经济损失和间接经济损失,前者,比如伤者的紧急抢救与治疗费、护理费,死者的丧葬费等;后者,比如伤者的误工费等。

精神损害。精神损害的表现:是因交通事故导致相关受害人精神痛苦。它可能因自然人健康受伤或生命的丧失而导致伤者或死者亲人在精神上的痛苦;还可能因交通事故导致受害人在心理上出现恐惧等形态的心理损害。精神损害赔偿的基础或实质:在于因交通事故导致相关受害人精神利益的丧失或减损。[①]比如,事故中直接受害人死亡,不仅导致亲人精神痛苦,而且会导致亲人对死者身份利益的丧失。[②]机动车交通事故中的精神损害属于无形损害,且只因身体权健康权和生命权受到侵害才会引发,不会因名誉权等其他人格权受侵害而发生。值得注意的是,只要发生了机动车交通事故,肯定会引发受害人的精神损害,但只有精神损害达到一定程度才会产生精神损害赔偿问题,在司法实务中它往往又以人身损害达到一定的严重程度作为是否赔偿以及赔偿多少的标准,人身损害没有达到残疾的程度,精神损害赔偿的请求一般不会得到司法机关的支持。当然,随着社会的不断进步,精神损害得到赔偿的司法标准会逐步降低。

(二)机动车交通事故损害的赔偿范围

损害的赔偿范围与损害密切相关,但又属于不同范畴。赔偿范围实际上是将具体的损害进一步细化、分项,然后财产化、金钱化。

---

① 杨立新.侵权责任法[M].北京:法律出版社,2010:370.
② 在极端特殊的交通事故案例中,受害人有可能未出现外伤或内伤,但因事故的刺激导致精神异常,此种情形本身不属于精神损害,应为人身损害,这种人身损害也是精神损害赔偿的基础原因。

1. 人身伤亡的赔偿范围

《民法典》第1179条规定:"侵害他人造成人身损害的,应当赔偿医疗费、护理费、交通费、营养费、住院伙食补助费等为治疗和康复支出的合理费用,以及因误工减少的收入。造成残疾的,还应当赔偿辅助器具费和残疾赔偿金;造成死亡的,还应当赔偿丧葬费和死亡赔偿金。"此条尽管是一切侵权责任人身损害赔偿范围的规定,但同样适用于机动车交通事故人身伤亡的赔偿范围。由此可知,人身伤亡赔偿范围包括如下几个方面:

(1) 非残疾受伤的赔偿范围。非残疾性受伤是指尚未达到法定残疾等级的一般性人身损害。此种人身损害的赔偿范围一般涉及医疗费、护理费、交通费、营养费、住院伙食补助费等费用,其中,医疗费是必不可少的赔偿项目。

医疗费。医疗费是受害人接受抢救、治疗、康复而必须支出的费用。关于医疗费要注意两点:第一,医疗费的确认问题。医疗费要根据医疗机构出具的医药费、住院费等收款凭证,结合病历和诊断证明等相关证据确定。赔偿义务人对治疗的必要性和合理性有异议的,应当承担相应的举证责任。具体赔偿数额,按照一审法庭辩论终结前实际发生的数额确定。第二,后续医疗费主张问题。器官功能恢复训练所必要的康复费、适当的整容费以及其他后续治疗费,赔偿权利人可以待实际发生后另行起诉。但根据医疗证明或者鉴定结论确定必然发生的费用,可以与已经发生的医疗费一并予以赔偿。

护理费。护理费是受伤者在医疗、康复过程中需要他人帮助而付出的费用。[①]护理费需要注意以下四个问题:第一,护理人数问题。护理人员原则上为一人,但医疗机构或者鉴定机构有明确意见的,可以参照确定护理人员人数。第二,护理期限问题。护理期限应计算至受伤者恢复生活自理能力时止。[②]第三,护理人员问题。护理人员可以是聘请专门从事护理工作的人员,也可以是伤者的亲属或配偶,或被雇佣的其他人员。第四,护理费的数额问题。护理费要根据护理人员的收入状况和护理人数、护理期限确定。护理人员有收入的,参照误工费的规定计算;护理人员没有收入或者雇佣护工的,参照当地护工从事同等级别护理的劳务报酬标准计算。[③]

交通费。交通费是指受伤者及其必要的陪护人员因就医或者转院治疗所实际发生的用于交通的费用。交通费要根据就医或转院治疗实际发生的费用计算,应

[①] 在残疾性受伤的护理费中,有可能存在因残疾而永久性丧失生活自理能力,需要他人的长期持续帮助而支出的护理费。

[②] 伤者因残疾不能恢复生活自理能力的,可以根据其年龄、健康状况等因素确定合理的护理期限,但最长不超过20年。

[③] 伤者定残后的护理,应当根据其护理依赖程度并结合配置残疾辅助器具的情况确定护理级别。

当以正式票据为凭;有关凭据应当与就医地点、时间、人数、次数相符合。

营养费。营养费是受伤者通过平常饮食的摄入尚不能满足受损害身体的需求,而需要以平常饮食以外的营养品作为对身体补充而支出的费用。营养费数额要根据受害人伤残情况参照医疗机构的意见确定。

住院伙食补助费。住院伙食补助费是指受害人在医院接受诊疗期间需要进行伙食消费,而由相关责任人参照当地国家机关一般工作人员的出差伙食补助标准予以确定并赔偿。住院伙食补助费原则上只有受害人享有,陪护人员不享有,但根据《人身损害赔偿解释》第10条第2款"受害人确有必要到外地治疗,因客观原因不能住院,受害人本人及其陪护人员实际发生的住宿费和伙食费,其合理部分应予赔偿"的规定精神,在受害人确有必要到外地治疗的情况下,陪护人员也应享有住院伙食补助费。①

误工费。误工费是受害人从遭受伤害到完全治愈这一期间内因无法从事正常工作而实际减少的收入。误工费的确定要考虑两个因素:第一,受害人的误工时间。误工时间根据受害人接受治疗的医疗机构出具的证明确定。②第二,受害人的收入状况。受害人有固定收入的,误工费按照实际减少的收入计算。受害人无固定收入的,按照其最近三年的平均收入计算;受害人不能举证证明其最近三年的平均收入状况的,可以参照受诉法院所在地相同或者相近行业上一年度职工的平均工资计算。

(2)残疾性受伤的赔偿范围。非残疾受伤的赔偿范围当然是残疾性受伤的赔偿范围,其中某项费用还有自己的特殊性,比如,医疗费中的康复费用、定残后的护理费、出院后定残日前的误工费等。除此之外,还包括:残疾辅助器具费、残疾赔偿金,其中残疾赔偿金是必不可少的赔偿项目。

残疾辅助器具费。残疾辅助器具费是致残的受害人因日常生活或者就业需要而安装假肢、矫形器、假眼、假牙和配置轮椅等辅助器具所支出的费用。该费用涉及两种因素:第一,残疾辅助器具的等级。因残疾辅助器具有高、低、普通若干等级,此处残疾辅助器具费应按照普通适用器具的合理费用标准计算。伤情有特殊需要的,可以参照辅助器具配置机构的意见确定相应的合理费用标准。第二,辅助器具更换期限。辅助器具的更换周期和赔偿期限参照配置机构的意见确定。

残疾赔偿金。残疾赔偿金是指受害人因人身遭受损害致残而丧失全部或者部分劳动能力而应该获得的财产赔偿。其数额取决于"受诉法院上一年度城镇居民

---

① 有人认为此种情况下,陪护人员享有住院伙食补助费还需要加上另一条件——"且因客观原因不能住院的",本书认为这种主张不符合该司法解释的精神,因为该条件主要是针对"住宿费"而言的。

② 受害人因伤致残持续误工的,误工时间可以计算至定残日前一天。

人均可支配收入、伤残等级、年龄"三个因素:

第一,受诉法院上一年度城镇居民人均可支配收入。《人身损害赔偿解释》第12条:"残疾赔偿金根据受害人丧失劳动能力程度或者伤残等级,按照受诉法院所在地上一年度城镇居民人均可支配收入标准,自定残之日起按二十年计算。"此司法解释自2022年5月1日起施行,意味着在中国人身损害结束城乡二元赔偿标准,开始城乡统一赔偿标准。

第二,伤残等级。2017年之前我国的伤残鉴定并无统一的鉴定标准,不同的对象不同事由导致的伤残适用不同的伤残鉴定标准。比如,工伤职业病劳动能力鉴定采用《劳动能力鉴定职工工伤与职业病致残等级》(GB/T 16180—2014),道路交通事故受伤人员伤残评定适用《道路交通事故受伤人员伤残评定》(GB 18667—2002),但自2017年1月1日起,除职工工伤以外的所有人身损害致残程度等级鉴定,包括道路交通事故受伤人员伤残鉴定、刑事案件的伤残鉴定、非因职工工伤的伤残鉴定、普通伤害案件的伤残鉴定、其他意外伤害的伤残鉴定等,将适用《人体损伤致残程度分级》[①]。

《人体损伤致残程度分级》将人体损伤致残程度划分为10个等级,从一级(人体致残率100%)到十级(人体致残率10%),每级致残率相差10%。相应地,残疾赔偿金一级通常按受诉法院上一年度城镇居民人均可支配收入标准的100%计算,十级按10%计算。

第三,受害人年龄。《人身损害赔偿解释》第12条:"……自定残之日起按20年计算。但60周岁以上的,年龄每增加1岁减少1年;75周岁以上的,按5年计算。"值得注意的是,这里的"60周岁"以"定残之日"为判断标准,以此计算的残疾赔偿金与事故发生日至定残之日期间的误工费不冲突,避免了定残之日距离交通事故发生日对受害人权益的影响。

另外,该司法解释第12条第2款同时规定:"受害人因伤致残但实际收入没有减少,或者伤残等级较轻但造成职业妨害严重影响其劳动就业的,可以对残疾赔偿金作相应调整。"此款表明我国对"残疾赔偿金"的性质采取了"相对劳动能力丧失说",即以"劳动能力丧失说"为原则,同时也综合考虑收入丧失与否的实际情况,以平衡当事人双方的利益。[②]

(3)造成死亡的赔偿范围。机动车交通事故造成死亡的,有可能会产生前述非残疾受伤赔偿范围内的各项费用,但丧葬费、死亡赔偿金是死亡赔偿不可缺少的

---

① 《人体损伤致残程度分级》,是最高人民法院、最高人民检察院、公安部、国家安全部、司法部于2016年4月18日联合发布的自2017年1月1日起施行的人体损伤程度鉴定标准。

② 最高人民法院民法典贯彻实施工作领导小组.中华人民共和国民法典侵权责任编理解与适用[M].北京:人民法院出版社,2020:149.

项目。

  丧葬费。丧葬费是指因机动车交通事故致受害人死亡时办理丧葬事宜的一次性费用。《人身损害赔偿解释》第14条规定:"丧葬费按照受诉法院所在地上一年度职工月平均工资标准,以六个月总额计算。"

  死亡赔偿金。死亡赔偿金以前是一项颇有争议的赔偿项目,但目前就其本质基本形成共识,死亡赔偿金并非对生命权本身的救济,或对生命价值的赔偿,死亡赔偿金不是用来与人的生命进行交换或者对生命权的丧失进行填补的,而是对因侵害生命权所引起的近亲属的各种现实利益损失的赔偿。[①]"是对近亲属因亲人离世导致扶养费的丧失或物质生活水平降低这一损害(逸失利益)的赔偿。"[②]《人身损害赔偿解释》第15条规定:"死亡赔偿金按照受诉法院所在地上一年度城镇居民人均可支配收入标准,按20年计算。但60周岁以上的,年龄每增加1岁减少1年;75周岁以上的,按5年计算。"

  另外,《民法典》第1180条规定:"因同一侵权行为造成多人死亡的,可以以相同数额确定死亡赔偿金"。此条是对原《侵权责任法》第17条规定的承继,它的立法与适用既体现了同命同价的价值追求,又因同一事故采用一揽子赔偿标准的做法简化了程序、当事人满意。比如,2011年的"7·23"甬温线特别重大铁路交通事故,一揽子就死亡赔偿金、精神抚慰金、丧葬费,加上一次性救助金(含被扶养人生活费),最后采用最高整数91.5万元的标准进行赔偿。当然,此条的适用有以下几点值得注意:一是适用的对象限于同一侵权行为造成多人死亡的案件,二是不考虑受害人的年龄、收入等因素,以其中最高的同一数额确定死亡赔偿金,三是本条的适用只是可以而非应该或必须,赔偿义务人往往有较强的赔偿能力。

  (4)"被扶养人生活费"问题。"被扶养人生活费"是一个颇有争议又具有中国特色的问题。原《民法通则》第119条明确规定,侵权造成死亡的,要支付"死者生前扶养的人必要的生活费",当然该法没有死亡赔偿金和残疾赔偿金概念,之后的《侵权责任法》《民法典》相继明确了死亡赔偿金和残疾赔偿金,但该两部法律都未明确将"被扶养人生活费"纳入人身损害侵权责任的赔偿范围,似乎残疾补偿金和死亡赔偿金本身已经包含了被扶养人生活费,但无论是2004年5月1日起施行的《人身损害赔偿解释》,还是《民法典》出台后两次修正的《人身损害赔偿解释》,均明确了死亡赔偿金和残疾赔偿金具体的计算方法,同时又规定了"被扶养人生活费"及其计算规则,且明确"被扶养人生活费计入残疾赔偿金或者死亡赔偿金"。也就是说,残疾赔偿金或者死亡赔偿金除按照前述专门规则计算外,受害人如果尚有被

[①] 最高人民法院民法典贯彻实施工作领导小组.中华人民共和国民法典侵权责任编理解与适用[M].北京:人民法院出版社,2020:146.

[②] 张新宝.侵权责任法死亡赔偿制度解读[J].中国法学,2010(3):22-36.

扶养人,被扶养人生活费将独立计算并与残疾赔偿金或者死亡赔偿金合并构成新的残疾赔偿金或者死亡赔偿金。换句话说,《民法典》中的"死亡赔偿金或残疾赔偿金"由《人身损害赔偿解释》中的"死亡赔偿金或残疾赔偿金"和"被扶养人生活费"组成。

被扶养人生活费的计算规则。被扶养人是指受害人依法应当承担扶养义务的未成年人或者丧失劳动能力又无其他生活来源的成年近亲属。《人身损害赔偿解释》第17条规定:"被扶养人生活费根据扶养人丧失劳动能力程度,按照受诉法院所在地上一年度城镇居民人均消费支出标准计算。被扶养人为未成年人的,计算至18周岁;被扶养人无劳动能力又无其他生活来源的,计算20年。但60周岁以上的,年龄每增加1岁减少1年;75周岁以上的,按5年计算。"另外,"被扶养人还有其他扶养人的,赔偿义务人只赔偿受害人依法应当负担的部分。被扶养人有数人的,年赔偿总额累计不超过上一年度城镇居民人均消费支出额。"此条司法解释表明,被扶养人生活费的计算要考虑:受害人的残疾等级、被扶养人的年龄、受诉法院所在地城镇居民生活水平、被扶养人是否还有其他扶养人等因素。此外,被扶养人是否有退休工资也有影响,一般认为退休工资高于按照以上规则计算的"被扶养人生活费","被扶养人生活费"不予支持,不足的部分应予支持。

2. 财产损失的赔偿范围

无论是《民法典》还是《道路交通安全法》,都没有明确因机动车发生交通事故所导致的财产损失的赔偿范围,《民法典》第1184条规定了"财产损失计算方式":"侵害他人财产的,财产损失按照损失发生时的市场价格或者其他合理方式计算。"

因机动车发生交通事故所导致的财产损失的赔偿范围,《交通事故损害赔偿解释》做了列举。该解释第12条规定:"因道路交通事故造成下列财产损失,当事人请求侵权人赔偿的,人民法院应予支持"。第一,维修被损坏车辆所支出的费用、车辆所载物品的损失、车辆施救费用;第二,因车辆灭失或者无法修复,为购买交通事故发生时与被损坏车辆价值相当的车辆重置费用;第三,依法从事货物运输、旅客运输等经营性活动的车辆,因无法从事相应经营活动所产生的合理停运损失;第四,非经营性车辆因无法继续使用,所产生的通常替代性交通工具的合理费用。前述第一、第二项为直接财产损失,第三、第四项为间接财产损失。

另外,最高人民法院有法官认为,被撞机动车贬值损失属于直接财产损失,应该纳入赔偿范围。[①]

[①] 王林清,杨心忠.交通事故责任纠纷裁判精要与规则适用[M].北京:北京大学出版社,2016:108-113.

3. 精神损害的赔偿范围

由于精神损害本质上属于人的主观感受、感觉,因此,精神损害的认定十分困难,尤其是精神性的人身权益损害引发的精神损害。机动车交通事故责任中的精神损害,是由人身损害引发的,出于便捷迅速处理此类精神损害赔偿,我国实行了较为统一的规则:各省(市、自治区)制定人身损害引发的精神损害最高赔偿额,原则上以达到致残等级的人身伤害视为有严重精神损害,以致残等级为标准赔偿精神损害。

2006年安徽省高级人民法院发布《关于印发〈安徽省高级人民法院审理人身损害赔偿案件若干问题的指导意见〉的通知》[皖高法〔2006〕56号],该"指导意见"第25条第1款规定:"(1)公民身体权、健康权遭受轻微伤害,不支持赔偿权利人的精神抚慰金请求;(2)公民身体权、健康权遭受一般伤害没有构成伤残等级的,精神抚慰金的数额一般为1000元至5000元;(3)公民身体权、健康权遭受的伤害已经构成伤残等级,精神抚慰金的数额可以结合受害人的伤残等级确定,一般不低于5000元,但不能高于80000元。(4)造成公民死亡的,精神抚慰金的数额一般不低于50000元,但不得高于80000元。"该条第2款同时规定:案件有其他特殊侵权情节的,精神抚慰金的数额可以不按上述标准确定。另外,第26条规定:"按前条的规定确定精神抚慰金的数额后,根据《关于确定民事侵权精神损害赔偿责任若干问题的解释》第11条的规定[①],受害人自身有过错的,应按其过错程度减少精神抚慰金数额。"

4. 不能获得赔偿的损害

除上述非严重的精神损害不能获得司法救济外,机动车交通事故所导致的下列损害也不能获得司法救济:

第一,微额损害。轻微的、很快恢复的人身损害,比如轻微的身体疼痛,以及可以忽略不计的财产损失都属于微额损害。它应该属于道路交通参与人必须容忍的范围。

第二,反射损害。所谓反射损害是指机动车道路交通事故直接受害人之外的其他人因事故间接牵连所遭受的损害。比如,交通事故导致道路堵塞数小时,致使事故当事人之外其他人因道路堵塞不能及时到达目的地所造成的损害,这种反射损害可能有人身损害,也可能是财产损失,前者如不能及时到医院就医导致病情加重,后者如没有到达车站致使车票作废。反射损害不能得到法律的救济,主要原因在于因果关系的疏远,以及社会关系简明化,如果法律支持反射损害将会导致社会关系复杂化,人们完全可以采取预防措施或补救措施避免或降低反射损害。

---

① 此第11条已被新修正的《精神损害赔偿解释》所删除,但其精神已被该司法解释其他条款所吸收。

三、机动车交通事故的因果关系

机动车交通事故的因果关系,是指机动车的致害事实与受害人遭受的人身伤亡和财产损失之间的因果关系。它一般具有如下特色:

第一,多因一果是常态。机动车交通事故因果关系的形式可能是一因一果或一因多果,也可能是多因一果或多因多果。作为责任人的机动车一方或者受害人一方单方的过错行为致使受害人人身伤亡或财产损失,即为一因一果,如果造成多人人身伤亡或多人财产损失或致使人身和财产权益同步损害,则为一因多果。相对来说,一因一果或一因多果并非交通事故普遍现实。交通事故的因果关系比较复杂,根源在于导致受害人损害的原因是多方面的,即多因一果或多因多果较为常见,而多因多果又必须区分为数个多因一果方能归责,这就涉及有哪些原因会被法律认定为致害原因,在确定的归责原因中它们的作用力如何?

第二,致害原因及其作用力通常需要借助科学手段认定。交通事故发生后,双方当事人对事故发生的原因及其责任极易产生争执,对此需要交警及时到案发现场做专业判断,必要时还要聘请具有专门知识的人参加现场勘验、检查,有的还要对损害后果做进一步的科学检验、鉴定,甚至要做科学模拟试验方可查清损害发生的致害原因及其作用力。

第三,机动车驾驶人违反安全注意义务的行为是机动车交通事故发生最主要的原因。随着机动车制造水平的不断提升,纯粹意外发生的机动车交通事故极其罕见,在现实中,尽管行人、非机动车驾驶人的过错行为也是交通事故发生的重要原因,但非因驾驶人的过失行为所发生的事故仍然是少见的,机动车驾驶人如果严格遵守安全注意义务、谨慎驾驶,绝大多数交通事故是能够避免的。因此,机动车驾驶人唯有加强道德修养,宽厚待人、礼让他人,保持良好的心态,时刻遵守安全义务、谨慎驾驶方能避免或大幅减少机动车交通事故。

第四,非接触性致害事实是损害发生的特殊原因。对此种非接触性致害事实,学者认为:"从因果关系的角度来看,应考虑受害人的反应是否是合理的反应,如果是合理的反应就认定因果关系存在。例如,因机动车喇叭发出的温和的声音而过分紧张,慌张躲避而摔伤,则不应认定因果关系"[1]对非接触性致害事实能否成为损害发生法律上的原因,要以一般人的观念判断,同时还要考虑非接触性致害事实的制造者当时的行为是否违反交通规则,如果不违反,即使发生非接触性损害,两者之间也不构成法律上的因果关系。总之,机动车交通事故的因果关系的认定,一般采用相当因果说,兼采用法规目的说。

---

[1] 王利明,周友军,高圣平.侵权责任法疑难问题研究[M].北京:中国法制出版社,2012:426.

四、机动车交通事故的主观过错

机动车交通事故的主观过错,是指交通事故致害原因相关制造者的过失或故意的心理状态,其中过失是主要表现。机动车交通事故的主观过错属于主观概念,但其判断标准应该采用客观标准,以客观事实推断致害原因制造者的主观心理状态。

机动车交通事故中的过错,狭义上特指机动车一方的过错,广义上分为机动车一方的过错和受害人一方的过错。受害人一方,可能是对方机动车方,也可能是非机动车方或行人等。过错其实就是当事人对道路安全注意义务违反时的心理状态,对当事人是否遵守道路安全注意义务的分析,既是对当事人是否制造了致害事实的认定,又是对当事人主观是否有过错的判断,内在心理状态与外在行为表现合为一体。但法律法规对机动车一方的注意义务和对非机动车驾驶人、行人一方的注意义务的要求有所不同,"机动车一方负担的注意义务,应该是善良管理人的注意;而非机动车驾驶人或者行人负担的注意义务,应当是与处理自己的事务为同一的注意"[1]。在理论上,"善良管理人的注意"要高于"处理自己事务的注意",换句话说,机动车一方的注意义务远高于非机动车、行人的注意义务。

无论是机动车一方还是非机动车驾驶人、行人一方,过错的衡量标准都是《道路交通安全法》等法律法规所规定的道路参与人在道路通行过程中的注意义务,违反了这些道路安全注意义务就说明相关行为人有过失。法律上的道路安全注意义务,即道路参与人的法定义务,主要与他人道路优先通行权及其他合法权益关联。以下主要探讨机动车一方的过错。

(一)违反尊重他人优先通行权的注意义务的过错

优先通行权,是指法律授予某些道路使用人以优先通行的权利,而限制他方同时使用道路或者要求他方承担避让的义务。道路参与人在一定的情况下都有各自的优先通行权,除交通警察现场特别指挥和交通信号指引优先通行权(如绿灯行红灯停)外,既有特种机动车的优先通行权,又有普通机动车的优先通行权,还有非机动车和行人的优先通行权。值得注意的是,无优先通行权的一方因抢行而发生交通事故原则上应认定该方有过失,但不必然,或曰必然承担事故责任。"优先通行权只是赋予优先权人具有优先于他人通行的权利,而不是在通行方法上免除其应当承担的义务,如果忽视了自己应尽的注意义务,仍然要承担责任。"[2]比如,非机动

---

[1] 杨立新.侵权责任法[M].北京:法律出版社,2010:374.
[2] 张济兴.关于机动车道路优先通行权的规定[J].安全与健康,2009(6):50-51.

车驶入机动车道、普通机动车驶入公交专用车道并在路口停车等红灯,后面车辆因未及时刹车而追尾,交通事故责任应由后车承担全部责任,这是因为违反优先通行权车辆一方的过错不是追尾事故的过错,该过错行为与追尾缺乏法律上的因果关系。

1. 特种机动车对普通机动车的优先通行权

普通机动车是一般性载人载物机动车,特种机动车是指执行特种任务的机动车,主要指警车、消防车、救护车、工程救险车、道路养护车辆、工程作业车、洒水车、清扫车等。另外,包括武装警察部队在内的军队车辆、公交车等在特殊情况下也属于特种机动车。

《道路交通安全法》第53条规定:"警车、消防车、救护车、工程救险车执行紧急任务时,可以使用警报器、标志灯具;在确保安全的前提下,不受行驶路线、行驶方向、行驶速度和信号灯的限制,其他车辆和行人应当让行。"警车、消防车、救护车、工程救险车是典型的特种车,其道路优先通行权有如下特点:第一,路权主体必须为法律明文规定的上述四种,绝不能扩大。第二,只能在执行紧急任务时享有优先通行权,其他车辆和行人必须履行让行的法律义务,非执行紧急任务时,法律明文规定不得使用警报器、标志灯具,不享有前款规定的道路优先通行权。第三,它们配置的是"四不限"的最高绝对优先通行权,即"不受行驶路线、方向、速度和信号灯的限制"。第四,必须在确保安全的前提下行使最高的绝对优先通行权,即其他车辆和行人有可能让行的必须让行,但是根本没有预见性和回避能力的,不得行使绝对优先通行权,否则如造成其他车辆和行人受损的应当承担相应的责任。第五,必须宣示,即使用警报器、标志灯具,告知其他道路交通参与者避让。①

《道路交通安全法》第54条规定了道路养护车辆、工程作业车进行作业时,在不影响过往车辆通行的前提下,享有"二不限",即行驶路线和方向不受交通标志、标线限制的优先通行权;以及洒水车、清扫车在不影响其他车辆通行的情况下,享有"一不限",即不受车辆分道行驶的限制,但不能逆向行驶的优先通行权。第55条是有关"拖拉机禁止通行"的特别限制规定。②另外,该法第37条规定:"道路划设专用车道的,在专用车道内,只准许规定的车辆通行,其他车辆不得进入专用车

---

① 张济兴.关于机动车道路优先通行权的规定[J].安全与健康,2009(6):50-51.
②《道路交通安全法》第54条:(1) 道路养护车辆、工程作业车进行作业时,在不影响过往车辆通行的前提下,其行驶路线和方向不受交通标志、标线限制,过往车辆和人员应当注意避让。(2) 洒水车、清扫车等机动车应当按照安全作业标准作业;在不影响其他车辆通行的情况下,可以不受车辆分道行驶的限制,但是不得逆向行驶。第55条:高速公路、大中城市中心城区内的道路,禁止拖拉机通行。其他禁止拖拉机通行的道路,由省、自治区、直辖市人民政府根据当地实际情况规定。

道内行驶。"根据此条在专用车道内行驶的机动车享有排他通行权,它属于一种绝对的优先通行权,[①]在中国主要表现为公交车辆在公交专用车道中的优先通行权。

军队车辆承担着保障军事交通维护国家安全的重要责任,它们在执行紧急任务时,也享有"四不限"的绝对优先通行权,但在日常通行中不具备特权。解放军四总部联合下发《军车运行管理规定》(自2007年11月19日起在全军施行)明确强调:军车、武装警察部队的车辆驾驶员应当遵守国家和地方道路交通管理法律法规,执行军队条令条例和军车管理有关规定,自觉做到不准闯红灯、走禁行路、超速行驶、强行超车、酒后驾车、疲劳驾驶等"十个不准"。军车驾驶员交通违法被抄告的,将视其情节严肃处理。

2. 普通机动车之间的优先通行权

(1) 通过路口的优先通行权。此主要源于《道路交通安全法实施条例》第52条的规定:

第一,有交通标志、标线控制的,让优先通行的一方先行。"停车让行线"表示车辆在此路口必须停车让干道车辆先行,设有"停车让行"标志的路口,应设停车让行标线。"停车让行线"为两条平行白色实线和一个白色"停"字。"减速让行线"表示车辆在此路口必须减速让干道车辆先行。设有"减速让行"标志的路口,应设减速让行标线。"减速让行线"为两条平行的虚线和一个倒三角形,颜色为白色。

第二,没有交通标志、标线控制的,在进入路口前停车瞭望,让右方道路的来车先行。右方道路来车先行,主要是因为中国实行右侧通行规则,驾驶车位在车辆左侧,左右两车交会时右侧驾驶员易受伤,同时右侧驾驶员视野更为开阔易于及时通行,有利于交通畅通。另外,根据《安徽省道路交通安全办法》第35条的规定,机动车通过没有交通信号的交叉路口时,货运机动车让客车先行;同类车辆,大型车让小型车先行;低速汽车、三轮汽车、摩托车、拖拉机、轮式自行机械车让其他机动车先行。

第三,转弯的机动车让直行的车辆先行。直行车辆享有优先通行权更有利于交通畅通。需要注意的,一是这里"直行车辆"包括机动车和非机动车,二是直行的车辆没有通行的其他限制或转弯机动车没有其他优先通行权。比如,信号灯切换时,后被放行的车辆(直行)与信号切换前先行放行的车辆(转弯)发生事故,后被放行的车辆(直行)要承担全部责任,因为"'直行车先行'并非无条件的不变规则,那就是当路口已经有优先权通行的车辆在通行时,直行车应该减速慢行,礼让优先车

[①] 按照优先的程度,可以分为绝对优先权和相对优先权,前者是以绝对制止他方的通行而主张自己的优先通行为内容,后者是通过制止他方对自己的通行有妨碍的行为来主张自己的优先通行为内容。

第四,相对方向行驶的右转弯的机动车让左转弯的车辆先行。左转弯车辆因为横跨多个车道,不及时通过极易引起交通堵塞,右转弯车辆通行较为方便,故左转弯车辆较右转弯车辆享有优先通行权。

第五,已在路口内环行的或者出环形路口的机动车有优先通行权。机动车通过环形路口,应当按照指示标志、标线所示方向行驶;进入环形路口的机动车让已在路口内环行的或者出环形路口的机动车先行。

(2) 通过狭窄路段交会时的优先通行权。具体规定如下:一是在有障碍的路段,无障碍的一方先行;但有障碍的一方已驶入障碍路段而无障碍的一方未驶入时,有障碍的一方先行。此项规定意在交通通畅。二是在狭窄的坡路,上坡的一方先行;但下坡的一方已行至中途而上坡的一方未上坡时,下坡的一方先行。此项规定意在交通安全与通畅的结合。三是在狭窄的山路,不靠山体的一方先行。此项规定意在突出交通安全。

(3) 其他场景下优先通行权问题。一是本车道内行驶机动车较变道机动车有优先通行权。此优先通行权主要基于《道路交通安全法实施条例》第52条第3项(直行车较转弯车的通行优先权)、《安徽省道路交通安全办法》第34条第3款(借道通行车辆的注意义务)等规定的精神得出的结论。二是在车道减少的路段、路口,机动车应当依次交替通行。②这主要是两车道突然变成一车道的情形,此规定是对直行车优先通行权的修正,不遵守此项注意义务是道口发生交通事故的重要原因。三是机动车通过铁道口没有优先通行权。《道路交通安全法》第46条规定:"机动车通过铁路道口时,应当按照交通信号或者管理人员的指挥通行;没有交通信号或者管理人员的,应当减速或者停车,在确认安全后通过。"此规定表明轨道车辆有绝对的优先通行权。

3. 机动车与非机动车、行人之间的优先通行权

有关机动车与非机动车、行人交际场合,除特殊情形外,法律法规一般不规定哪一方有优先通行权,尤其不强调非机动车的优先通行权,更多的是强调、突出各自的注意义务。最主要表现如下:

第一,机动车通过交叉路口的注意义务。机动车通过交叉路口,应当按照交通信号灯、交通标志、交通标线或交通警察的指挥通过;通过没有交通信号灯、交通标

---

① 王文娟,锁进宏.图解交通事故责任认定[M].芜湖:安徽师范大学出版社,2013:61.
② 《道路交通安全法》第45条规定:机动车遇有前方车辆停车排队等候或者缓慢行驶时,不得借道超车或者占用对面车道,不得穿插等候的车辆。在车道减少的路段、路口,或者在没有交通信号灯、交通标志、交通标线或者交通警察指挥的交叉路口遇到停车排队等候或者缓慢行驶时,机动车应当依次交替通行。

志、交通标线或者交通警察指挥的交叉路口时,应当减速慢行,并让行人和优先通行的车辆先行。此为《道路交通安全法》第44条的规定。另外,《安徽省道路交通安全办法》第35条规定,机动车通过没有交通信号的交叉路口时,强调机动车要让已经进入路口的非机动车、行人先行。

第二,机动车行经人行横道时的注意义务。《道路交通安全法》第47条规定:机动车行经人行横道时,应当减速行驶;遇行人正在通过人行横道,应当停车让行。机动车行经没有交通信号的道路时,遇行人横过道路,应当避让。需要特别提醒的是,机动车有关"减速行驶""停车让行""避让"要求,不以行人是否遵守交规为前提,即使在行人违规通过人行横道的情况下,机动车如果未尽到该注意义务,一旦发生交通事故,机动车一方即构成过错或双方共同过错。

第三,机动车借非机动车道、人行道时的注意义务。《安徽省道路交通安全办法》第34条第3款规定:借道通行的车辆,应当让在其本道内行驶的车辆或者行人优先通行。借道前,须停车或者减速观望,确认安全后,方可通行。通行时应当迅速通过,不得滞留。

第四,非机动车借用机动车道时的注意义务。《道路交通安全法实施条例》第70条第1款规定:驾驶自行车、电动自行车、三轮车在路段上横过机动车道,应当下车推行,有人行横道或者行人过街设施的,应当从人行横道或者行人过街设施通过;没有人行横道、没有行人过街设施或者不便使用行人过街设施的,在确认安全后直行通过。第2款规定:因非机动车道被占用无法在本车道内行驶的非机动车,可以在受阻的路段借用相邻的机动车道行驶,并在驶过被占用路段后迅速驶回非机动车道。机动车遇此情况应当减速让行。

(二) 其他违反尊重他人合法权益注意义务的过错

优先通行权是道路参与人重要的合法权益之一,相对人都负有尊重的注意义务,除此以外其他合法权益每一位道路参与人同样都负有尊重的注意义务。这类注意义务比较复杂,涉及的内容范围相当广泛,以下列举主要的注意义务:

第一,有关机动车适驾状态的注意义务。《道路交通安全法》第14条第3款规定:达到报废标准的机动车不得上道路行驶。报废的大型客、货车及其他营运车辆应当在交警部门的监督下解体。第21条规定:驾驶人驾驶机动车上道路行驶前,应当对机动车的安全技术性能进行认真检查;不得驾驶安全设施不全或者机件不符合技术标准等具有安全隐患的机动车。

第二,有关机动车驾驶人的规定。《道路交通安全法》第19条规定:驾驶机动车,应当依法取得机动车驾驶证。第22条规定:机动车驾驶人应当遵守道路交通安全法律、法规的规定,按照操作规范安全驾驶、文明驾驶。饮酒、服用国家管制的精神药品或者麻醉药品,或者患有妨碍安全驾驶机动车的疾病,或者过度疲劳影响安全驾驶的,不得驾驶机动车。

第三,有关机动车通行规则的规定。前文有关机动车优先通行权的规定就属于机动车通行规则的范畴,除此以外还有大量规定,比如,《道路交通安全法》第43条规定:同车道行驶的机动车,后车应当与前车保持足以采取紧急制动措施的安全距离。有下列情形之一的,不得超车:(1)前车正在左转弯、掉头、超车的;(2)与对面来车有会车可能的;(3)前车为执行紧急任务的警车、消防车、救护车、工程救险车的;(4)行经铁路道口、交叉路口、窄桥、弯道、陡坡、隧道、人行横道、市区交通流量大的路段等没有超车条件的。

第四,有关机动车装载限制的规定。《道路交通安全法》第48条规定:机动车载物应当符合核定的载质量,严禁超载;载物的长、宽、高不得违反装载要求,不得遗洒、飘散载运物。机动车运载超限的不可解体的物品,影响交通安全的,应当按照交警部门指定的时间、路线、速度行驶,悬挂明显标志。在公路上运载超限的不可解体的物品,并应当依照公路法的规定执行。机动车载运爆炸物品、易燃易爆化学物品以及剧毒、放射性等危险物品,应当经公安机关批准后,按指定的时间、路线、速度行驶,悬挂警示标志并采取必要的安全措施。第49条规定:机动车载人不得超过核定的人数,客运机动车不得违反规定载货。第50条规定:禁止货运机动车载客。货运机动车需要附载作业人员的,应当设置保护作业人员的安全措施。

综上所述,以上各类各种法定注意义务的目的在于保护他人人身权益和财产权益免遭机动车交通事故的侵害,如果违反即认为违反者有过错。相对来说,机动车道路优先通行权尤为突出,现总结如下:

第一,交通信号灯、标线、标志确定优先通行权。这是道口优先通行权最基本的确定原则。

第二,交警指挥优先确定优先通行权。此为道路优先通行权最高的确定原则,交警指挥可以更改交通信号灯、标志、标线所指引的道路参与人通行顺序。

第三,直行有优先通行权,但有多种例外。直行有优先通行权,这是指在没有交警指挥、交通设施明确某一方机动车有优先通行权的道口以及变道等场合,原则上直行车辆比转弯或变道机动车有优先通行权。直行优先通行权行使的前提,是除本优先通行权外,双方均没有其他通行限制,如有其他特别规定应优先适用特别规定,比如道路交替通行、无交通指示路口左方道路来车让右方道路来车等规则,其实就是对直行优先通行权的一种限制。

第四,右方道路来车有优先通行权。这是指在没有交警指挥、交通设施明确某一方机动车有优先通行权的道口,原则上左方道路车辆应该让右方道路来车先行。

第五，相向左转弯优先右转弯。此仍然属于道口通行规则，它与右方道路车辆优先通行权、直行车辆优先通行权相互配合，基本解决了没有交警指挥、交通设施明确某一方车辆有优先通行权或通行权冲突时道口交通秩序。

第六，危险、不便一方有优先通行权，即在有障碍、狭窄坡道、狭窄山路等交会机动车某一方优先通行规则。此项优先通行权确立的基础，一是确保安全，二是有利于交通顺畅。

第七，机动车一方尊重他人权益的注意义务不以受害人守法为前提。

第六章　实务中机动车交通事故责任该如何确定

机动车交通事故责任的确定,涉及两个重要问题,一是机动车交通事故涉及哪些当事人,责任人如何认定;二是对机动车交通事故责任的构成要件要怎样分析、综合判断,最终如何归责。

一、机动车交通事故案件的责任人

机动车交通事故责任的归责最终要责任人承担,因此责任人的认定非常重要,原则上机动车的使用人就是责任人,但并非绝对。本节将在分析机动车交通事故当事人的基础上,介绍责任人认定的理论以及责任人的确定等问题。

(一) 机动车交通事故可能涉及的当事人

机动车交通事故可能涉及的当事人,从现实生活角度看,包括:机动车所有人、机动车管理人、机动车使用人(驾驶人)、非机动车驾驶人、行人、乘车人、其他人。从法律角度看,分为交通事故责任人和受害人两类。

1. 机动车所有人、管理人

机动车所有人,俗称车主,是对机动车享有所有权的人。机动车所有人可能是自然人,也可能是法人或非法人组织。

自然人。自然人是指拥有血肉之躯和生命、享有民事权利能力的民事主体。民事权利能力既是客观世界对象能否成为民事主体的法律资格,又是客观世界对象享有民事权利承担民事义务的法律资格,自然人的民事权利能力从出生开始到死亡时为止。值得注意的是,民事权利能力仅仅是民事主体享有权利承担义务的一种法律资格,民事主体在现实中能否独立地以自己的行为去享受民事权利承担民事义务,还需要拥有民事行为能力。民事行为能力特指民事主体是否具有独立实施民事法律行为参加民事活动,以及是否可以通过自己的行为而不是借助他人行为享有民事权利承担民事义务的法律资格。根据人是否有完整的行为能力[①],自然人分为完全民事行为能力人、无民事行为能力人、限制民事行为能力人。完全民事行为能力人是指拥有意思能力,具有独立实施民事法律行为参加民事活动以及可以凭借自己的行为承担民事义务享受民事权利资格的自然人;年满18周岁精神健康的人为完全民事行为能力人,年满16周岁以上并且以自己的劳动收入为主要生活来源的未成年人,视为完全民事行为能力人。无民事行为能力人是指无意思能力,不具有独立实施民事法律行为参加民事活动的资格,需要通过他人享受民事权利承担民事义务的自然人;不满8周岁的未成年人,以及不能辨认自己行为的成年人,为无民事行为能力人,由其法定代理人代理实施民事法律行为。限制民事行为能力人是指意思能力不完善,仅对部分民事法律行为及其相应的民事活动具有独立实施并参加的资格,其他民事法律行为及其民事活动仍然需要其法定代理人代理或者经其法定代理人同意、追认;8周岁以上的未成年人,以及不能完全辨认自己行为的成年人,为限制民事行为能力人。由于机动车是一种有体物,是一种财产的形式,故作为机动车的所有权人在法律上没有任何限制,无论是否具有民事行为能力,任何自然人都可以成为机动车的所有权人。

  法人。法人是指依法成立的能够以自己的名义参加民事活动并独立承担民事责任的社会组织,或者说"具有民事权利能力和民事行为能力,依法独立享有民事权利和承担民事义务的组织"。根据我国《民法典》,我国法人分为营利法人、非营利法人、特别法人三类。所谓营利法人,是指以取得利润并分配给股东等出资人为目的而成立的法人;营利法人包括有限责任公司、股份有限公司和其他企业法人等。所谓非营利法人,是指为公益目的或者其他非营利目的成立,不向出资人、设立人或者会员分配所取得利润的法人;非营利法人包括事业单位、社会团体、基金会、社会服务机构等。《民法典》第96条规定"本节规定的机关法人、农村集体经济组织法人、城镇农村的合作经济组织法人、基层群众性自治组织法人,为特别法人。"

  非法人组织。非法人组织,顾名思义,它是一种不具有法人资格的社会组织,但它也是依法成立的也能以自己的名义参加民事活动却不能独立承担民事责任的社会组织。其与法人的共同点,在于两者都是依法成立的社会组织,都能以自己的名义参加民事活动并享受民事权利承担民事义务,但两者的根本区别,则表现为能否以自己的名义独立承担民事责任,法人"能独立"承担民事责任,非法人组织"不

[①] 自然人的行为能力其实是以意思能力为基础。意思能力是指自然人认识问题和判断问题的能力。如果一个人能够认识和判断自己民事行为的后果,则其有意思能力。但意思能力又具有主观色彩,无法科学准确测定,故世界各国均采用年龄和精神健康相结合的方法推定人的意思能力。

能独立"承担民事责任。与自然人类似,法人和非法人组织都可以成为机动车的所有权人。

机动车所有人的判断。一般情况下,机动车行驶证上登记的权利人即为机动车所有人,但在现实中也存在分离情况,机动车转让合同生效且已移交占有,即使没有在交管部门进行机动车行驶证变更登记,受让人实际上已经成为机动车的所有人。①

机动车管理人。②所谓机动车管理人,是指基于机动车所有人的意思或合意或法律规定,在一定时间内对机动车享有支配权的社会组织或自然人。管理人可以做广义和狭义理解,狭义的管理人,是准所有人,支配权的效力接近所有权,比如,机动车所有人将机动车交于客运、货运、出租等经营公司统一经营,该经营公司即为机动车管理人;作为机动车所有人的自然人去世了,在机动车未办理所有权变更之前,依据继承法对机动车享有支配权的人也为机动车管理人;买卖出让方已交付但未办理产权过户的受让人是管理人;等等。广义的管理人是指一切能在法律上或事实上对机动车施加支配的人,除狭义管理人外还包括暂时实际支配、操控机动车的人。本书认为,在我国法律同时规定了管理人、使用人的情形下,管理人应该狭义理解。

2. 机动车使用人、驾驶人

机动车使用人和驾驶人所指对象基本上具有同一性,"使用人"是民法概念,是物权占有权能的派生概念,驾驶人是行政法概念,是交通行政管理部门对道路通行机动车操控者的称谓。③使用人(驾驶人)与管理人的关系表现为,两者都是机动车的支配人,但区别在于前者的支配强调事实、正在操控机动车,后者的支配可以是事实操控,也可以是法律上许可他人支配机动车,故前者必定是自然人,后者可以

---

① 动产和不动产所有权变动的公示方法分别为交付和登记,机动车系动产。机动车涉及公共安全,有必要进行管理登记,此登记属性为行政管理,登记虽然不是机动车所有权变动的公示方式,但具有一定的公示效果,机动车原所有人出让后,为避免给自己添加法律上的麻烦,应该及时办理行驶证的变更登记手续。

② 在外国法律中有"机动车保有人"概念,它涵盖了中国法律中的所有人和管理人。所谓机动车保有人,是指保有机动车并且对机动车享有支配权和利益归属的法人、其他组织或自然人。此概念主要是基于事实上以及经济上的关系进行判断,因此,机动车保有人不一定就是机动车所有权人。

③ 《民法典》第七编第五章"机动车交通事故责任"除第1216条使用了一次"机动车驾驶人"表述外,其他条款都是"机动车使用人"表达,而整部《道路交通安全法》完全使用"驾驶人"称谓,无一处"使用人"表述。也正如此,机动车使用人和驾驶人所指对象的同一性不具有绝对性,存在分离情形,比如,甲借朋友乙的机动车长途办事,甲接受车辆后又交给乙不认识的丙驾驶,此例中甲应为使用人,丙为驾驶人,如果发生交通事故致他人损害甲和丙应为共同的赔偿义务人。

是自然人,也可以是法人或非法人组织。

合格的机动车驾驶人,是指符合国务院公安部门规定的驾驶许可条件,依法取得机动车驾驶证,在道路上正在驾驶机动车的自然人。值得注意的是,机动车驾驶人与取得机动车驾驶证的人不属于同一个概念,已经取得机动车驾驶证但之后又不具备驾驶许可的身体条件或具有禁止条件的人就不属于合格的机动车驾驶人。合格的机动车驾驶人的判断标准如下:

第一,一定是自然人。法人和非法人组织不能成为机动车驾驶人,另外,能够成为驾驶人的必须是符合法定年龄条件、身体条件,且不具有禁止条件的自然人。

第二,符合公安部门规定的驾驶许可条件。《驾驶证申领和使用规定》规定了机动车驾驶证的申请条件和禁止条件,这些条件也是驾驶许可条件。此条件因机动车的具体车型不同而有所差别[①],其中,申请条件包括年龄条件和身体条件。年龄条件,比如,申请小型汽车、小型自动挡汽车、残疾人专用小型自动挡载客汽车、轻便摩托车准驾车型的,在18周岁以上;身体条件,一般涉及:身高,视力辨色力、听力、上肢、下肢、躯干、颈部的要求。

禁止条件是:(1) 有器质性心脏病、癫痫病、美尼尔氏症、眩晕症、癔病、震颤麻痹、精神病、痴呆以及影响肢体活动的神经系统疾病等妨碍安全驾驶疾病的;(2) 三年内有吸食、注射毒品行为或者解除强制隔离戒毒措施未满三年,或者长期服用依赖性精神药品成瘾尚未戒除的;(3) 造成交通事故后逃逸构成犯罪的;(4) 饮酒后或者醉酒驾驶机动车发生重大交通事故构成犯罪的;(5) 醉酒驾驶机动车或者饮酒后驾驶营运机动车依法被吊销机动车驾驶证未满五年的;(6) 醉酒驾驶营运机动车依法被吊销机动车驾驶证未满十年的;(7) 驾驶机动车追逐竞驶、超员、超速、违反危险化学品安全管理规定运输危险化学品构成犯罪依法被吊销机动车驾驶证未满五年的;(8) 因本款第(4)项以外的其他违反交通管理法律法规的行为发生重大交通事故构成犯罪依法被吊销机动车驾驶证未满十年的;(9) 因其他情形依法被吊销机动车驾驶证未满二年的;(10) 驾驶许可依法被撤销未满三年的;(11) 未取得机动车驾驶证驾驶机动车,发生负同等以上责任交通事故造成人员重伤或者死亡未满十年的;(12) 三年内有代替他人参加机动车驾驶人考试行为的;(13) 法律、行政法规规定的其他情形。

第三,通过考试取得相应车型驾驶证。初次申领驾驶证需要通过相应考试,持

---

① 机动车分为:大型客车、牵引车、城市公交车、中型客车、大型货车、小型汽车、小型自动挡汽车、低速载货汽车、三轮汽车、残疾人专用小型自动挡载客汽车、普通三轮摩托车、普通二轮摩托车、轻便摩托车、轮式自行机械车、无轨电车和有轨电车。其中,大型客车、牵引车、中型客车属于不可初次申领驾驶证的车型。出于不同车型驾驶技术要求不同以及公共利益考虑,初次取得某种车型驾驶证,在符合一定条件后再申请增加准驾车型。

军队、武装警察部队或境外机动车驾驶证转换申请驾驶证或升级增加准驾车型驾驶者,除有特别规定外一般也要参加考试。考试内容和合格标准全国统一,根据不同准驾车型规定相应的考试项目。机动车驾驶人初次申领驾驶证的考试共有三个科目。"科目一"系道路交通安全法律、法规和相关知识考试科目,考试内容包括:道路通行、交通信号、交通安全违法行为和交通事故处理、驾驶证申领和使用、机动车登记等规定以及其他道路交通安全法律、法规和规章。"科目二"为场地驾驶技能考试科目,不同车型考试内容不同,比如,小型自动挡汽车必考项目是倒车入库、侧方停车、曲线行驶、直角转弯。①"科目三"是道路驾驶技能和安全文明驾驶常识考试科目,其中,道路驾驶技能,不同车型考试内容有所不同,小型汽车、小型自动挡汽车的考试内容系所有车型必考内容,具体包括:上车准备、起步、直线行驶、加减挡位操作、变更车道、靠边停车、直行通过路口、路口左转弯、路口右转弯、通过人行横道线、通过学校区域、通过公共汽车站、会车、超车、掉头、夜间行驶;其他准驾车型的考试内容,由省级交警部门确定。安全文明驾驶常识考试的统一内容包括:安全文明驾驶操作要求、恶劣气象和复杂道路条件下的安全驾驶知识、爆胎等紧急情况下的临危处置方法、防范次生事故处置知识、伤员急救知识等。

第四,在道路上正在驾驶机动车并随身携带了相应类别的机动车驾驶证与行驶证。

3. 非机动车驾驶人与行人

非机动车驾驶人,即驾驶非机动车的自然人,在现实中有以下几种情形:一是在道路上驾驶自行车、三轮车且年满12周岁的人;二是在道路上驾驶电动自行车、残疾人机动轮椅车且年满16周岁的人;三是在道路上驾驭畜力车且年满16周岁的人。②

行人,就是在道路上行走的自然人,主要有三种情形:一是在道路的专门人行道上行走之人;二是在没有专门人行道的道路上靠边行走之人;三是横穿道路之人。这里的行人不区分是否违章,只要在道路上行走即为行人。

4. 乘车人、其他人

乘车人有广义和狭义之分。广义乘车人是指除车辆驾驶人之外的车上人员,包括机动车乘车人和非机动车乘车人。狭义乘车人即机动车乘车人,此为一般意

---

① 对小型汽车、小型自动挡汽车的考试,省级公安机关交通管理部门可以根据实际增加考试内容。

② 拖拉机,是指手扶拖拉机等最高设计行驶速度不超过每小时20公里的轮式拖拉机和最高设计行驶速度不超过每小时40公里、牵引挂车方可从事道路运输的轮式拖拉机。拖拉机是机动车,有关拖拉机登记、安全技术检验以及拖拉机驾驶证的发放由农业(农业机械)主管部门负责管理。

义上的乘车人概念。基于乘车人是否支付了对价,乘车人又区分为有偿乘车人和无偿乘车人,此种分类对机动车交通事故责任的承担有一定的影响。

好意同乘是指非营运机动车驾驶人基于善意互助或友情帮助而允许他人无偿搭乘的行为。比如顺路捎带朋友、同事,应陌生人请求搭载陌生人等。无偿性、利他性、非拘束性是好意同乘的重要特征。[①]

其他人,是指上述各类人员之外其他与道路交通有关系的人。比如,道路旁物件或建筑物、构筑物的所有权人,他们可能是机动车交通事故中的受害人,如电信设施被机动车撞坏,电信公司即为受害人,也可能是交通事故的责任人之一,如道路设施是引发交通事故的原因之一,此时道路维护部门是事故的责任人,要分摊事故责任。另外,如果机动车的缺陷是机动车交通事故损害发生的原因或原因之一,有缺陷的机动车的生产者或销售者也是这里的"其他人",此时"其他人"的责任要适用产品责任规则。

(二) 机动车交通事故责任人认定的理论

机动车交通事故责任人,有多种理解。一是交通事故发生事实层面上的理解,即交警部门认定与机动车交通事故有因果关系之人[②];二是交通事故损害赔偿层面上的理解,此为本章节所指的概念,它又有广义和狭义理解。广义上是指所有要承担或分担事故损害责任的人,此时责任人与受害人是相对的,损害责任如何在双方分配,故上述全部当事人都有可能成为责任人;狭义上特指机动车一方的当事人[③],包括机动车所有人、管理人、驾驶人(使用人),他们可能是同一人,也可能为不同之人。在分离情况下,如何判断机动车一方具体责任人有不同理论主张。比如,日本和韩国的危险责任和报偿理论,我国的运行支配与运行利益结合的"二元"道路交通事故赔偿理论。[④]

所谓运行支配,即对机动车运行的支配和控制的权利;所谓运行利益,即机动车运行所产生的利益。依此理论,谁能掌控机动车的运行支配并获得机动车的运行利益,谁就应该承担机动车交通事故的责任。但如何理解运行支配和运行利益,

---

① 有关"好意同乘"的特点及其事故责任请参见第七章"好意同乘的机动车事故责任"。

② 事实层面责任人和损害赔偿责任人认定的理论不同。事实层面责任人认定的理论有:因果关系理论、路权理论、险情避让理论、平衡理论、责任推定理论,参见:杜心全.道路交通事故责任认定指南[M].北京:中国人民公安大学出版社,2016:55-86.

③ 此时,非机动车驾驶人、行人和相对机动车方是受害人,他们因过错要承担相应损失,即减轻甚至免除责任人的责任。

④ 因交通事故的致害原因可能包含有受害人的过错行为,此时存在机动车一方责任减轻问题,换言之,存在责任人与受害人责任分配的情形,这时要采用优者危险负担理论,具体介绍请见本章"是否有抗辩事由"一节中的讨论。

又存在广义和狭义理解之分。

所谓广义理解,运行支配既包括具体的、实际的支配,如机动车车主本人驾驶、借用人驾驶、擅自驾驶的情形,又包括潜在的、抽象的支配,如机动车车主将机动车借给他人、租给他人、承包给他人驾驶以及机动车的挂靠经营等情形。运行利益的归属,既包括因机动车运行而取得的直接利益,又包括间接利益以及基于心理情感的因素而发生的利益,比如精神上的满足、快乐、人际关系的和谐。所谓狭义理解,运行支配和运行利益的归属仅指在发生道路交通事故这一具体的、实际的运行过程中对机动车的实际支配和运行利益的具体归属,不包括潜在、抽象的支配和间接的利益归属。[①]

在现实中,运行支配与运行利益的归属可能为同一人,但也可能存在分离情形。由于运行支配决定了运行利益的归属,因此,有必要以运行支配作为责任归属的主要判断标准,在特殊情况下以运行利益归属理论作为补充标准。

(三) 机动车交通事故应被认定的责任人

凡是能被法律确定为引发机动车交通事故损害之人都应被认定为责任人,如前述"其他人"中道路维护部门、机动车生产者或销售者等都有可能是责任人。但本节有关责任人的认定主要限于机动车驾驶人与所有人分离时责任人确认的讨论。

机动车驾驶人与所有人、管理人是同一人,责任人当然是机动车的所有人、管理人,但现实中机动车驾驶人与所有人、管理人非同一人也较为普遍,责任人的认定很有必要。

驾驶人与所有人、管理人分离而发生交通事故的情形有三种:一是基于所有人、管理人的意思而分离所发生的交通事故,比如,友情出借、出租、挂靠或家人、雇员司机使用等情形;二是违背了所有人、管理人的意思而分离所发生的交通事故,比如,盗窃驾驶、抢夺驾驶、抢劫驾驶或擅自驾驶等情形;三是因其他交易原因而分离,比如,机动车交易中已经交付但未办理过户、交予修理厂维修等保管机动车、所有权保留等情形下发生的交通事故。

第一,机动车驾驶人为责任人属于原则性规定。前述后两种情形下,机动车所有人、管理人肯定不是责任人。因为方向盘掌握在驾驶人手中,一般就意味着机动车的运行支配掌握在驾驶人手中,同时大多数的运行利益也归属为驾驶人。这是驾驶人为责任人的主要原因。现实中,比如,友情出借、出租等情形发生的交通事故的责任人就是机动车的借用人、承租人。

第二,机动车所有人、管理人替驾驶人担责是特殊情形。一是两者之间因存在

---

① 杨立新.侵权责任法[M].北京:法律出版社,2010:391.

法定特殊身份性关系,法律规定机动车所有人、管理人替驾驶人造成的交通事故责任承担无过错责任。比如,驾驶人为机动车所有人、管理人雇用的司机。驾驶机动车是驾驶人的职业、职务行为,如发生事故,损害赔偿责任为机动车所有人、管理人,此种情形是基于雇主责任的性质。二是机动车所有人、管理人因对驾驶人造成交通事故有过错而依法承担与其过错相应的责任。《交通事故损害赔偿解释》第1条明确了机动车所有人或者管理人对驾驶人引发的交通事故责任承担相应责任的过错情形:(1)知道或者应当知道机动车存在缺陷,且该缺陷是交通事故发生原因之一的;(2)知道或者应当知道驾驶人无驾驶资格或者未取得相应驾驶资格的;(3)知道或者应当知道驾驶人因饮酒、服用国家管制的精神药品或者麻醉药品,或者患有妨碍安全驾驶机动车的疾病等依法不能驾驶机动车的;(4)其他应当认定机动车所有人或者管理人有过错的。以上所列过错情形实际涉及车主对机动车的车况如何、驾驶人是否具备驾驶的权利能力、实际驾驶的行为能力等方面的注意义务有过错。三是机动车的所有人、管理人系交强险投保义务人,负有投保交强险的法定义务,因其未依法投保交强险的机动车发生交通事故造成损害,要在交强险责任限额范围内承担赔偿责任。此为《交通事故损害赔偿解释》第16条的规定。

另外,机动车所有人、管理人替驾驶人担责还要注意以下三点:

一是所有人、管理人承担的责任与过错程度相当,所有人、管理人的过错越大承担的责任越重。所有人、管理人承担的责任大小应考虑所有人、管理人的过错以及原因力与损害后果的关系。有些情形下,所有人、管理人可能承担全部责任,比如,所有人、管理人未成年子女驾驶机动车造成交通事故,所有人、管理人要承担全部责任,又如所有人、管理人为了加害使用人,故意将制动装置失灵的机动车出借给使用人。

二是所有人、管理人承担的责任原则上是按份责任而非连带责任。[①]一般情形下,所有人承担的是与其过错程度相适应的责任,而非连带责任,即使由于所有人的过错和使用人的驾驶行为结合造成第三人损害,所有人也承担按份责任而非连带责任。[②]但以下情形,机动车所有人承担连带责任[③]:(1)套牌机动车发生交通事故造成损害,属于该机动车一方责任,由套牌机动车的所有人或者管理人承担赔偿责任;被套牌机动车所有人或者管理人同意套牌的,应当与套牌机动车的所有人或者管理人承担连带责任。(2)拼装车、已达到报废标准的机动车或者依法禁止行

---

① 有人主张为连带责任。参见:周天宝.浅谈交通事故责任纠纷中车主的过错责任[J].现代交际,2015(11):32.

② 卞忠桂.车辆所有人与使用人非同一人时赔偿责任如何划分[N].江苏经济报:2014-8-6(B03).

③《交通事故损害赔偿解释》第3—5条。

驶的其他机动车被多次转让,并发生交通事故造成损害,由所有的转让人和受让人承担连带责任的。(3)接受机动车驾驶培训的人员,在培训活动中驾驶机动车发生交通事故造成损害,属于该机动车一方责任,由驾驶培训单位承担赔偿责任。(4)对因未购买交强险而在交强险限额范围内所承担的责任与实际侵权人承担连带责任。

三是所有人的过错标准在租赁和一般借用情形下不同。所有人的注意义务在出租场合要高于借用场合,因为租赁一般为有偿,出租人往往可以通过定价机制等转移风险,很多出租人是专业的经营者,其专业知识、危险防范能力也往往高于出借人。更深入分析请见第七章专题讨论。

二、机动车交通事故责任确认过程

侵权责任的构成要件是学者们对侵权责任是否成立必要条件的理论归纳,在现实中责任最终是否成立、由谁承担,需要对这些要件以及是否存在免责减责抗辩事由进行综合分析,要件是分立的,但归责分析是统一的,处于一个完整的思维过程。所谓机动车交通事故责任确认过程,实际上是对责任构成要件及抗辩事由综合分析的思维过程。它涉及:损害结果的确认、致害原因的确认、是否有抗辩理由、损害责任的分配四个方面,构成要件中的过错及因果关系的认定实际上被致害原因的确认所包含。

(一) 损害事实的确认

损害事实的发生是机动车交通事故责任不可或缺的要件,也是事故报警,交通警察出警、勘查,保险公司接受理赔,人民法院受理民事起诉的基础。

第一,损害的类型是什么?是人身伤亡或财产损失,还是人身伤亡兼有财产损失?这里无需花过多精力分析判断精神损害。在机动车交通事故责任中原则上不存在因人格物损害而导致精神损害[①],一般是因人身损害达到伤残等级才引发精神损害赔偿,有关它的赔偿较其他人格身份权益损害引发的精神损害赔偿简单。

第二,如果是人身伤亡,受害人是谁?是相对方机动车驾驶人还是乘车人?是非机动车驾驶人还是行人或其他人?有没有非机动车乘车人?有没有冒名顶替者?不同类型的受害人,法律对他们在参与交通过程中的注意义务不同,关系到责任的分配。另外,人身伤害是否达到残疾程度也是一个重要问题。

第三,如果是财产损失,是事故直接造成有体物的损害,还是人身伤亡引发的经济损失?机动车交通事故所造成的直接财产损失一般都是有体物的有形损害,

---

① 携带亲人骨灰乘坐机动车,交通事故导致骨灰飘洒遗失为特例。

比如,相对方的机动车、非机动车、车载货物、道路交通设施等损毁损坏。对此需要明确:有体物的有形损害是事故直接造成的,还是以后其他原因造成的? 损害可否有事故发生时存留的证据。如果是人身伤亡引发的经济损失,哪些是直接损失、哪些是间接损失? 被统计的损失是否合理,比如,是否将受害人其他疾病医疗费计入其中,是否是过度治疗? 被统计的损失具体的证据是什么? 等等。

(二) 致害原因的确认

这里所谓致害原因的确认,并非狭义上致害事实的确认,实为积极的归责过程,如果没有抗辩理由,责任的归属就确定了,它是思维和司法实务过程的表现。

1. 从整体角度分析致害原因

从整体角度分析致害原因有两层意思:一是损害发生后,需要将各个要件结合起来作为一个整体进行分析。致害原因的确认,实际上是对致害事实、因果关系、多因一果的原因力、过错、责任人等综合分析判断的思维和归责过程,在这一过程中这些要件、因素实际上是相互交织在一起的,考虑某一要件、因素的同时要分析其他要件、因素。当然,各种要件或因素所谓先后考察顺序都是相对的。比如,在致害事实本身认定的同时,就要考虑该致害事实与损害之间是否有因果关系,不具有因果关系就要从"致害事实"序列中予以排除,紧接着就要进一步分析该致害事实制造者是谁或与谁有关联、关联的性质是什么,制造者或关联者主观上是否有过错等等,过错的分析反过来又有助于致害事实的确认。同样,在因果关系或过错的认定过程中,也要结合分析其他要件、因素。二是要将机动车一方的行为和相对方的行为作为一个完整的致害事实考察。理论上所探讨的构成要件都是从责任人的角度进行分析,无论是加害行为或侵权行为,还是本书强调的致害事实,无不所指的主体是责任人一方,"过失相抵虽然以侵权行为发生为前提,但不是责任成立的要件,而只涉及损害赔偿范畴"[①]。也就是说,受害人一方的过错行为仅仅作为责任减轻或免除事由对待。但本书认为,在判断侵权责任成立与否的实务中,有必要将双方当事人的行为作为一个整体看待,受害人一方的行为是否也是其损害发生的致害原因。

2. 从因果关系确定致害事实

从因果关系概念角度,似乎要先明确致害事实,后明确损害事实,然后再进一步分析两者是否存在因果关系。其实在人的思维和案件实际分析中,思维和案件分析的顺序,首先无疑要明确是否存在损害,损害是什么? 其次就是着眼探究因果

---

① 郑雅方,周国均,张永坡.论因果关系理论在交通事故责任认定中的应用:兼论交通事故责任划分标准的瑕疵及矫正[J].中国人民公安大学学报(社会科学版),2007(6):85-93.

关系。因果关系的分析要早于致害事实,致害事实的确认必须在遵循因果关系原则下正确辨别,不要将损害发生的任何条件因素或无因果关系的事实都确认为致害事实。当然,因果关系的分析早于致害事实是相对的,对两者的分析要循环反复。比如,某人将私家车开入公交专用道甚至酒驾等,是否一定是交通事故责任的致害原因呢?要具体分析。私家车违章进入公交专用道、饮酒驾驶均违反了道路交通规则,属于行政违法行为,应该受到交通行政管理部门的处罚,当车辆行驶至某十字路口等红灯时,被后面车辆追尾了,该两种行政违法行为就不属于追尾事故的致害事实,因为该两种行政违法行为与追尾事故损害之间不存在因果关系。[①]私家车借公交专用道超车而发生事故是事故损害的致害事实,酒驾撞人了酒驾就是致害事实。

在多因一果事故中,致害事实的分析还涉及各致害事实原因力的判断。既涉及责任人与受害人各自致害事实原因力的判断,又涉及责任人一方为数人时各自致害事实原因力的判断。在双方当事人都有过错行为,且责任人一方又存在数人的情况下,交通事故责任诸多致害事实原因力分析的先后顺序,一般先是分析责任人和受害人各方原因力大小及其比例,在确定好责任人一方的原因力大小和所占比例后,再来分析责任人数人内部原因力的大小及其比例。

3. 从因果关系推断主观过错

"从因果关系推断主观过错"有三层意思:其一,因果关系的成立是主观过错认定的前提。没有因果关系就不可能有过错,或者说过错与事故责任无关。其二,致害事实需要行为化,过错是针对人的行为而言的,非人为因素的致害事实不存在过错问题。其三,过错判断的依据也要兼顾损害后果。过错是关于行为人对自己的行为及其损害后果所具有的过失或故意的心理状态,从理论上讲没有损害后果也不妨碍行为人的主观过错的存在,但没有损害后果的过错对侵权责任的判断没有实务意义。总之,过错的推断离不开因果关系。

比如,无证驾驶的过错,可能是交通事故发生的过错也可能不是,当无证驾驶的车辆在十字路口等红灯时被后面车辆追尾了,此时无证驾驶的过错就不是追尾交通事故发生的过错,不是事故发生的过错自然也不是交通事故损害赔偿责任的过错,损害赔偿应由后车负全责。"在机动车驾驶人无证驾驶的案件中,驾驶人明知'无证'而上路是存在主观过错的,但'无证'被作为侵权构成要件内的过错考虑,还需要就'无证'与事故的发生成立因果关系提供证明。假使法院审理认为,不论机动车驾驶人在事故时持有驾驶证与否,都无法避免该事故的发生,那么'无证'这一客观事实则不足以证明该驾驶人存在过错。"[②]也就是说,过错要以因果关系的成立

---

① 更准确地说不存在法律上的因果关系。
② 欧元捷.道路交通事故侵权诉讼中的证明责任分配[J].山东社会科学,2017(10):113-119.

为前提。

从因果关系推断主观过错需要注意以下几点：首先，行为人的行为表现是否违反交通法律法规，违反交通参与人各种角色所应负的注意义务，违反了即有过错。在机动车交通事故责任领域，过错判断的主要依据是《道路交通安全法》等相关法律法规。其次，在没有交通法律法规作为依据的情况下，判断行为人的行为是否属于一般人的正常表现，如果属于异常表现则有过错，如果该行为是专业行为则判断它是否符合专业规范，违反就认为有过错。在过错和过错推定责任中，行为人的过错判断具有重要意义，如果没有过错则是行为人的免责事由。

值得注意的是，虽然责任构成要件区分了致害事实和过错，但作为致害事实的加害行为或侵权行为，它实际上是行为人主观过错与行为具体表现的综合体，这也是理论上责任构成要件出现"四要件说"与"三要件说"纷争的根源所在，但无论如何最终在责任确定、分担上又必须将该两个要件结合起来综合考虑。

（三）是否有抗辩事由

1. 责任抗辩事由概述

侵权责任的成立与承担既要考虑责任构成要件是否具备，又要考虑免责或减责事由是否存在或有效，前者是从正面或积极面论证侵权人要承担责任，后者则是从反面或消极面论证侵权人不承担责任或承担较轻责任，唯有两方面考察才能做到公平正义。有关责任的免除或减轻事由，即为责任抗辩事由[①]，具体言之，它是侵权人一方针对受害人一方的侵权指控和请求，所提出的能证明其不应承担责任或应该减轻其责任的客观事实。[②]有效的责任抗辩事由具有如下特征：

第一，抗辩事由具有对抗性。对抗性体现在目的和论证过程两方面。目的对抗性，是指侵权人一方提出抗辩理由的目的就是为了驳斥、消解受害人一方的侵权责任指控，以确保自己不承担责任或承担较轻责任。论证过程对抗性，是指责任人一方通过抗辩理由的提出，反论证受害人有关责任成立论证过程存在错误，最终证明责任不成立。受害人一方要求责任人一方承担侵权责任，主要是围绕侵权责任的构成要件进行分析，论证责任构成要件全部具备、指控的责任成立，而抗辩事由则是责任人一方用于论证受害人所提出的构成要件不完全具备或存在瑕疵，或者形式上已具备但法律特别规定不应承担责任，被指控的责任不成立。所谓构成要件不完全具备，是指责任成立应该具备的要件欠缺了一个或几个的情形，比如，机

[①] 抗辩事由，在学理上又称免责事由，它包含减轻责任的事由和免除责任的事由，考虑到"免责事由"易与"免除责任的事由"混淆，本书采用"抗辩事由"表述。

[②] 这里的抗辩事由属于狭义概念，它主要是关于责任成立和分担问题。广义上的抗辩事由还包括其他事由，比如，诉讼时效。

动车在道口停车排队等红灯,第三辆车刹车不及时追尾第二辆车,致使第二辆车又撞上第一辆车,第一辆车的损害虽然是第二辆车撞击所致,即致害事实、损害、因果关系要件具备,但第二辆车驾驶人无过错。所谓构成要件存在瑕疵,是指责任构成要件虽然形式上具备了但存在不周全的情形,比如,机动车因车速过快撞上了突然违规横穿道路的行人,该案的致害事实是机动车车速过快和行人违章共同所致,并非机动车单方原因所致,从过错要件看双方都有过错。所谓构成要件形式上已具备但法律特别规定不应承担责任的情形,比如,在机动车交通事故致人损害案中,驾驶人致人损害具备了责任成立的四要件,也就是说驾驶人主观上也有一定过错,但损害是受害人精心设计的即俗称"碰瓷"而引发的后果,依照《民法典》第1174条"损害是因受害人故意造成的,行为人不承担责任"。

第二,抗辩事由具有客观性。因责任构成要件所指的都是已经发生的客观事实,故具有对抗性的抗辩事由也应该是已经发生的客观事实。一方面,主观的、猜测的、不能确定的所谓事由不能成为抗辩事由,另一方面,该事由应是已经发生的事实而非未来的事实。在侵权责任领域,抗辩事由包括:正当防卫、紧急避险、受害人同意、自甘风险、自助、执行职务、合理使用①、其他依法行使权利行为、见义勇为、紧急救治②、不可抗力、意外事故、第三人原因、受害人过错等。其中,前十种属于正当理由,不可抗力、意外事故、第三人原因、受害人过错四种属于外来原因。所谓正当理由,是指受害人的损害虽然是由侵权人的行为所致,但该行为具有合理性、合法性,也不具有社会可责性③;此类抗辩事由将会证明责任构成要件存在瑕疵,或因法律特别规定,而导致责任不成立或应该减轻。所谓外来原因,是指侵权人的行为虽然具有导致受害人权益损害的外部特征,但损害实质上是由被指控的侵权行为之外的原因所造成的或共同造成的④;此类抗辩事由将会证明责任构成要件不完全具备或存在瑕疵,最终责任不成立或应该减轻。

第三,抗辩事由具有法定性。抗辩事由具有法定性,是指抗辩事由的种类、适用的责任类型均须有法律的明确规定。首先,这里的"法律"应作狭义理解,特指全国人民代表大会及其常委会通过的"法律",不包括行政法规及其他规范性文件,因

---

① 合理使用主要适用于新闻报道、教学等公益行为对他人某些人格权益客体比如肖像、姓名、信息以及知识产权的利用,《民法典》第999条、第1020条及相关知识产权法有相应规定。

② 见义勇为、紧急救治,不属于依法行使权利,具有无因管理性质,符合弘扬社会主义核心价值观的立法目的,是当前社会需要大力提倡的行为,将其作为责任的抗辩事由非常恰当。

③ 有观点认为,有正当理由就是阻却违法行为,这有一定道理。主张阻却违法行为,这是强调行为违法性是责任构成要件所派生的学术观点,本书因不赞成违法性是责任构成要件,主张致害原因客观化事实化,故不采用阻却违法行为的学术主张。

④ 这是外来原因的广义解释,它以被指控的侵权行为作为判断标准,狭义的外来原因是指与双方当事人均无关的原因,比如,不可抗力、意外事故、第三人原因,将受害人过错排除在外。

为民事责任只能由"法律"规定,相应地"抗辩事由"也只能由"法律"规制。其次,抗辩事由的种类只能由法律规定。①法律是社会生活的晴雨表,会充分考虑社会生活和人们观念的变化,辨别和安排哪些事由可以作为责任抗辩的事由并及时调整。近些年来,"老人倒地不敢扶"成为一个不良现象,《民法典》第1条特地将"弘扬社会主义核心价值观"引入并作为立法目的,第184条明确将"紧急救治"规定为免责事由②,可以将第183条规定的"见义勇为"解释为免责事由。③再次,适用抗辩理由的责任种类及其与抗辩事由的匹配需要法律规定。一是哪些责任能适用抗辩事由,有没有不能适用抗辩事由的责任? 无论是过错或过错推定责任,还是无过错责任,法律一般都规定有适用的抗辩事由,特殊例外是《民法典》第1247条④有关禁止饲养的烈性犬等危险动物造成他人损害的,动物饲养人或者管理人所承担的侵权责任无抗辩事由,甚至受害人故意所致也不能减轻或免除责任人的侵权责任。二是某类或某种责任匹配哪种抗辩事由需要法律予以规定。比如,《民法典》第180条不可抗力、第1173和1174条受害人过错、第1175条第三人原因等外来原因是较为普遍的抗辩事由,第1165、1166条有关归责原则的规定可以解释为:侵权人无过错是过错和过错推定责任的抗辩事由,但不是无过错责任的抗辩事由,等等。

2. 机动车交通事故责任抗辩事由

前述责任抗辩事由,比如,紧急避险、受害人同意、自甘风险、自助、执行职务、其他依法行使权利、不可抗力、第三人原因、受害人过错等,从理论上讲都有可能成为机动车交通事故责任的抗辩事由,但在实务中与机动车交通事故本身匹配的最常见的抗辩事由应该是受害人过错。另外,好意同乘也可以视为减轻机动车驾驶人责任的一种抗辩理由,具体请见第七章相关内容;第三人原因也是众多机动车交通事故的致害事实,但其一般不能成为责任人责任的直接抗辩理由。以下着重谈受害人过错抗辩事由。

---

① 意外事故,作为侵权责任的抗辩事由存在争议,《民法典》并未将其作为法定的责任抗辩事由,"但是实践中,意外事件作为违法阻却事由,其既可以阻却因果关系的成立,也可以否定行为人的过错,其实已经构成了客观存在的一个免责或者减责事由。"参见: 最高人民法院民法典贯彻实施工作领导小组.中华人民共和国民法典侵权责任编理解与适用[M].北京:人民法院出版社,2020:137.

②《民法典》第184条:"因自愿实施紧急救助行为造成受助人损害的,救助人不承担民事责任。"

③《民法典》第183条:"因保护他人民事权益使自己受到损害的,由侵权人承担民事责任,受益人可以给予适当补偿。没有侵权人、侵权人逃逸或者无力承担民事责任,受害人请求补偿的,受益人应当给予适当补偿。"

④《民法典》第1247条:"禁止饲养的烈性犬等危险动物造成他人损害的,动物饲养人或者管理人应当承担侵权责任。"

第一，《民法典》第1173条是受害人过错作为"减责"抗辩事由的一般条款。该条规定："被侵权人对同一损害的发生或者扩大有过错的，可以减轻侵权人的责任。"此条中"被侵权人对同一损害的发生或扩大有过错"，理论上称作"与有过失"，其后果"减轻侵权人的责任"，即"过失相抵"规则。

此条及其适用有如下特点：(1) 除"被侵权人""有过错"外，它还有"同一""发生或扩大""减轻"等关键词。本条源自原《侵权责任法》第26条："被侵权人对损害的发生也有过错的，可以减轻侵权人的责任"，但增加了"同一""扩大"两词，删除了"也"字，适用案件范围扩大了。(2) 适用案件范围，一是损害是双方的行为共同造成的，侵权人可能存在过错也可能无过错①，但受害人一定有过错；二是损害是侵权人单方行为造成的，但受害人的过错导致了该损害扩大了②。(3) 侵权人无论是否有过错都要承担责任，受害人过错只是减责的抗辩事由③。(4) 此条"受害人过错"原则上应该解释为过失，因为故意是免责的抗辩事由，但也不排除"故意"的可能。

第二，《民法典》第1174条是受害人故意作为"免责"抗辩事由的一般条款。该条规定："损害是因受害人故意造成的，行为人不承担责任。"此条有如下特点：(1) 受害人的过错形式是故意而非过失，抗辩的主张是免责而非减责。(2) 受害人的过错行为是损害发生的唯一原因，如果被指控的侵权行为也是损害发生的原因之一，受害人即使为故意，也不能成为侵权人"免责"的抗辩事由，这正是第1173条中"过错"不能改为"过失"，可能存在"故意"的缘故。

第三，《道路交通安全法》第76条相关规定是受害人过错成为机动车交通事故责任抗辩事由的特别规定。有两种情形：第一，"减责"抗辩事由。该条第1款第2项："机动车与非机动车驾驶人、行人之间发生交通事故……有证据证明非机动车驾驶人、行人有过错的，根据过错程度适当减轻机动车一方的赔偿责任"，此处"非机动车驾驶人、行人有过错"即"受害人过错"，系机动车一方"减责"的抗辩事由。第二，"免责"抗辩事由。该条第2款："交通事故的损失是由非机动车驾驶人、行人故意碰撞机动车造成的，机动车一方不承担赔偿责任"，"受害人故意"则为机动车一方"免责"抗辩事由。有观点认为，"行为人有重大过失以上情形的不能免责"④，即"受害人故意"作为机动车一方"免责"抗辩事由并非绝对。根据法条文义解释，

---

① 在无过错原则下行为人也要承担责任，这是此种场景下侵权人主观上可能有过错也可能无过错的原因，是原《侵权责任法》第26条中"也"字被删除的原因。
② 如果侵权人的行为不是损害发生的原因，此条就无适用的前提，因为因果关系要件的不具备，被指控的"侵权人"就不是真正的侵权人。
③ 此点内容是针对无过错责任抗辩事由的一般讨论所言，它不适合机动车之间交通事故责任减责的抗辩事由。
④ 王林清，杨心忠．交通事故责任纠纷裁判精要与规则适用[M]．北京：北京大学出版社，2016:20．

此条适用的前提应系"故意碰撞是损害发生的唯一原因",考虑到"故意碰撞"具有严重社会危害性,机动车一方如果是一般过失在实务中也不追责。

值得特别注意的是,"受害人过错"作为责任抗辩事由,从因果关系要件角度看,损害发生或扩大的原因是受害人的过错行为而非过错本身,过错本身不会导致损害发生或扩大,过错与行为表现是客观事物的两面,行为是"过错"的载体,没有行为就无所谓"过错"。《民法典》第1174条"损害是因受害人故意造成的",《道路交通安全法》第119条第5项:"'交通事故',是指车辆在道路上因过错或者意外造成的人身伤亡或者财产损失的事件。"如果咬文嚼字,这里的"故意""过错"应该为"故意行为""过错行为",法条中的用词已经约定俗成了。

(四)损害责任的分配

损害责任的分配,可以是指多个责任主体之间或机动车一方多个当事人之间的责任分配,也可以是指包括机动车一方在内的责任人与受害人之间的责任分配。

1. 责任分配的理论

责任分配的理论,有一般理论和特殊理论。所谓一般理论是有关一般侵权责任分配的基本依据是什么的理论主张。常见的有单纯的过错比较说、原因力比较说和原因力、过错综合比较说三种。过错比较说强调责任分配的依据是过错程度,原因力比较说认为责任分配的依据在于各个致害事实的原因力大小。目前,原因力、过错综合比较说是通说,其中,它又分为两种:其一,强调"过错程度的比较是第一位的决定因素;第二位的决定因素是原因力";其二,认为"应当主要考虑双方当事人行为的原因力,适当兼顾过失程度"[①]。本书认为第一位决定因素是过错还是原因力要受归责原则和责任主体制约:过错是过错责任的第一位决定因素,原因力是过错推定责任、无过错责任以及责任人之间或责任人一方数人之间责任的第一位决定因素。具体内容是:第一,在过错责任中责任人与受害人之间责任的分配应采过错为主、原因力为辅的综合说,这是过错归责原则的本质要求;第二,在过错推定和无过错责任中责任人与受害人之间责任的分配应实行原因力为主、过错为辅的综合说,因为在过错推定情况下过错很难判断,而且被推定的过错也不考虑过错的大小,在无过错责任情形下过错不是责任构成要件;第三,任何归责原则下责任人一方数人之间或数位责任人之间则应实行原因力为主、过错为辅的综合说。

大多情形下都强调原因力为主,原因如下:首先,是因为归责要先归因,确认原因与损害之间必须具有法律上因果关系。其次,过错是在归因的基础上所做的判断,没有法律上因果关系的原因是否有过错对责任的分配没有意义,确认了原因对

[①] 张新宝,明俊.侵权法上的原因力理论研究[J].中国法学,2005(2):92-103.

损害产生或扩大的作用,等于过错的作用也相应明确了,实务领域也是这样贯彻的:"行为、作用(即原因力)、过错、责任的关系应该是:行为决定作用;作用决定过错;作用和过错决定责任"①。之所以也要强调过错为辅,一是因为原因力大小与过错大小有时不存在一一对应的情形;二是在过错和过错推定责任中,如果侵权人能确认自己的行为无过错,无过错就是其免责的抗辩理由,三是无论哪种归责原则下受害人的过错一般都会减轻责任人的责任。再次,有些原因不能归类为人的行为,不存在过错问题,比如致害原因之一是人的某种特殊体质。前述责任分配的一般理论也适用于机动车交通事故责任的分配。

机动车交通事故责任特殊的责任分配理论。其一,机动车使用人与所有人、管理人分离是较为常见情形,如何认定该肇事机动车使用人、所有人或管理人之间的责任分配,主要实行机动车运行支配为主、兼有运行利益归属的"二元"理论②;其二,要考虑机动车交通事故责任方和受害方在危险制造和规避方面的地位,要实行优者危险承担理论。对于后者,无论公安机关所做的事故发生的责任认定,还是人民法院所做的损害赔偿的法律责任认定都要适用。③

优者危险承担理论,又称优者危险承担原则,是指最容易制造道路交通危险以及最有能力控制道理交通危险的人,应该优先承担道路交通事故责任。因机动车一方较非机动车、行人更易制造和控制道理交通风险,所以,优者危险承担理论主要适用于机动车与非机动车、行人之间的责任分配,这是现实中因混合过错行为所导致的交通事故多数情况由机动车一方承担大部分责任的缘故。

2. 责任分配的方法

第一,查明所有致害事实并明确性质。机动车交通事故损害的发生可能涉及与有过失、共同侵权、第三人参与、自然力或受害人特殊体质等复杂的侵权形态及数个致害事实。首先,要穷尽并明确这些致害事实哪些具有事实上的因果关系,哪些具有法律上的因果关系,将不具有法律上因果关系的事实剔除;其次,需要对具有法律上因果关系的致害事实的性质进行甄别,哪些属于或可以归为致害行为,哪些属于非行为的致害事实,凡可以归为行为类的致害事实还要明确行为人是否具有过错及过错大小,另外,需要进一步明确这些致害事实哪些属于责任人一方的,哪些属于受害人一方的,有没有第三方的;最后,确定哪些属于免责事由,哪些是减责事由。比如,A车违章停放路边,B车在另一侧行驶,为超越前车而进入A车所

---

① 徐斯逵.试论行为、作用、过错、责任之间的关系[J].道路交通管理,2009(8):57-58.
② 具体内容请见本章第一节中"机动车交通事故责任人认定的理论"。
③ 公安机关所作的事故发生的责任认定,它只考虑事故发生的直接原因,不会考虑驾驶人与机动车所有人或管理人分离时责任人之间的责任分配问题,故机动车运行支配和利益归属"二元"理论非交警部门主要适用理论。

处车道逆行超车,因未尽观察义务与A车相撞,除两车不同程度损坏外,B车驾驶人受伤。此交通事故存在两个过错行为——A车违章停车和B车违规超车,它们虽然与交通事故损害有事实上的因果关系,但A车违章停车与损害没有法律上的因果关系,只有B车违规超车与损害有法律上的因果关系,故本案车辆损害和人身伤亡归因于B方违规超车行为及其过错,由B车一方完全担责。

第二,责任人与受害人之间的责任分配。在对责任人归责之前,一般应该先在责任人与受害人之间进行责任分配,查明受害人是否也要承担一定的责任。对于过错责任要以过错为主要标准、以原因力为辅助标准进行责任分配,对于无过错责任或过错推定责任则要以原因力为主要标准、以过错为辅助标准进行责任分配。比如,C车倒车,因未尽观察义务将高龄老人D撞倒,致D骨折。在手术过程中,引发D心肌梗塞并死亡。D死亡有两个致害事实——C车违规倒车和D心肌梗塞,前者属于C车一方过错行为,但系D死亡的次要原因,后者属于自然事件,无过错可言,却是死亡的主要原因。故C车一方要对D死亡后果承担次要责任。本案系机动车与行人之间的机动车交通事故责任,属于过错推定责任。

第三,再对数个责任人或责任人一方数人进行责任分配。此种情形责任分配须以原因力为主要标准、以过错为辅助标准。比如,E车司机醉酒驾车行驶过程中因车速较快,将正在穿行路口的行人F撞倒并逃逸,五分钟后G车路过事故发生地,未注意到受害人F正躺在路面上碾压而过,当G车司机停车查看受害人F伤情之时,H车因行驶速度较快,未能及时刹车,再次碾压受害人F。后受害人F经医治无效死亡。此例责任人共有三方,分别实施了三个致害行为,受害人如果违章穿行路口也有过错,假如受害人的过错行为要承担20%的责任,剩余80%的责任由三方责任人根据他们致害行为的原因力及过错分担责任。本案法院没有认定受害人穿行路口有过错,最终判定E承担70%责任,G和H分别承担15%责任。[①]

3. 责任比例的划分

以下所介绍的责任比例的划分是法律法规的规定,但它们是较为纯粹的机动车之间以及机动车与非机动车驾驶人、行人之间的责任比例的划分,即没有或剔除了第三方的责任以及交强险责任承担之后单一的责任人与受害人之间的责任比例的划分。

(1)机动车之间交通事故责任比例的划分。根据《道路交通安全法》《安徽省道路交通安全办法》的规定,机动车之间发生交通事故的损失超出交强险限额的部分,由有事故责任的一方承担赔偿责任;双方都有事故责任的,按照各自事故责任的比例分担赔偿责任。

---

① 王翼彪,崔鸿鸣.法律因果关系理论在机动车交通事故责任归结中的运用[J].辽宁公安司法管理干部学院学报,2019(3):99-104.

(2) 机动车与非机动车驾驶人、行人之间交通事故责任比例的划分。机动车与非机动车驾驶人、行人之间发生交通事故的,由机动车一方所投保的保险公司在交强险责任限额内赔偿损失;机动车一方未投保交强险的,应当在其应当投保的责任限额内承担赔偿责任。机动车与非机动车驾驶人、行人之间发生交通事故的损失超出交强险责任限额的部分,机动车一方有事故责任的,由机动车一方按照下列规定比例承担赔偿责任:

第一,机动车一方在交通事故中负全部责任的,承担100%的赔偿责任;

第二,机动车一方在交通事故中负主要责任的,承担80%的赔偿责任;

第三,机动车一方在交通事故中负同等责任的,承担60%的赔偿责任;

第四,机动车一方在交通事故中负次要责任的,承担40%的赔偿责任。

第五,如有证据证明交通事故是由非机动车驾驶人、行人违反道路交通安全法律、法规造成,机动车驾驶人无事故责任,且已经采取必要处置措施的,其中,在高速公路、高架道路以及其他封闭道路上发生交通事故的,机动车一方承担5%的赔偿责任;在其他道路上发生交通事故的,机动车一方承担10%的赔偿责任。

第六,交通事故的损失是由非机动车驾驶人、行人故意造成的,机动车一方不承担赔偿责任。

正如本节一开始所言,上述法律法规有关责任比例的划分较为纯粹,但实务案情较为复杂,需要结合相关理论进行分析、确立责任比例。列举两例说明。

案例一:I酒后驾车将违章横穿马路的J撞到致死,I因慌张避让不当加之车速过快,又先后将非机动车道行走的K撞到致伤、路旁M房屋撞毁。该事故造成的损害后果共四项:J死亡、K受伤、M房屋撞毁、I车损坏。交通事故认定书确认I和J负事故同等责任。值得讨论的是,根据前述"机动车一方在交通事故中负同等责任的,承担60%的赔偿责任"的规定,J是否要对四项损害都要承担40%的责任呢?答案是否定的。J违章横穿马路无法预见I酒后驾车撞伤行人K并撞毁M房屋,故其违章横穿马路与K受伤、M房屋撞毁之间不存在法律上因果关系;有关I车损坏,这是I酒后且高速驾驶之直接结果,有相当因果关系,J违章横穿马路与其不具有相当因果关系,从过错角度,I车损坏I有重大过错,J过错轻微。总之,J死亡后果,I和J应该分别承担60%和40%的责任,K受伤、M房屋撞毁、I车损坏由I承担100%的责任。对于多因多果侵权案件,归责一定要以损害结果为核心区分数个多因一果或一因一果或一因多果,本案例上述归责实际上拆分了一个二因一果和一个一因三果。

案例二:N骑二轮摩托车搭乘P由北向南方向行驶,N、P都未戴安全头盔。Q亦未戴头盔骑二轮摩托车由西向东行驶,两车在一个没有交通标志、标线控制道路交叉处相遇,Q车撞击N车。该事故的损失从轻到重依次排列为:N车和Q车两车损坏;N的身体受伤;Q的身体受伤;P死亡。经交管部门认定N甲的违章行为有二:其一,违反《道路交通安全法实施条例》第52条第(2)项"没有交通标志、标线控制的,在进入路口前停车瞭望,让右方向道路的来车先行";其二,违反了《道路交通安全》第51条"……摩托车驾驶人及乘坐人员应当按规定戴安全头盔"。P、Q同样违反《道路交通安全》第51条"应该按规定戴安全头盔"的规定。因Q车有道路优先通行权,故本交通事故的发生完全归因于N过错,由N完全承担责任。但前述四种损害赔偿责任并非完全由N单方承担,N车和Q车两车损坏、N的身体受伤完全归因于N的过错并由N单方承担责任;Q的身体受伤归因于N未让行过错和Q自身未佩戴安全头盔的过错,由N承担主要责任、Q自己承担次要责任;P死亡归因于N未让行的过错和P自身未佩戴安全头盔的过错,由N承担主要责任、P自己承担次要责任。本案也属于多因多果案件,归责过程实际上拆分为一个一因三果和两个二因一果。

4. 损害赔偿的顺序

《民法典》第1213条规定:"机动车发生交通事故造成损害,属于该机动车一方责任的,先由承保机动车强制保险的保险人在强制保险责任限额范围内予以赔偿;不足部分,由承保机动车商业保险的保险人按照保险合同的约定予以赔偿;仍然不足或者没有投保机动车商业保险的,由侵权人赔偿。"此条表明机动车发生交通事故造成损害,属于该机动车一方责任的,损害赔偿的顺序遵循下列规则:

第一,交强险优先赔付。我国因经济进步迅速而快速进入汽车社会,人们的法治意识、道德水准并没有与经济的发展同步,道路交通事故及其纠纷仍处于高发状态,出于这种国情,我国的交强险制度采取的是在一定范围内与侵权责任脱钩的立法模式,交强险定位于基本保障功能,重视对受害人损失的填补,但交强险存在责任限额。据中国银保监会2020年9月9日发布的自2020年9月19日零时起实行的《关于调整交强险责任限额和费率浮动系数的公告》规定,被保险人在使用被保险机动车过程中发生交通事故,致使受害人遭受人身伤亡或者财产损失,依法应当由被保险人承担的损害赔偿责任,每次事故责任限额为:死亡伤残赔偿限额18万元,医疗费用赔偿限额1.8万元,财产损失赔偿限额0.2万元;被保险人无责任时,死亡伤残赔偿限额1.8万元,医疗费用赔偿限额1800元,财产损失赔偿限额100元。[①]

交强险赔付请求权人范围。《交强险条例》第3条:"本条例所称机动车交通事故责任强制保险,是指由保险公司对被保险机动车发生道路交通事故造成本车人员、被保险人以外的受害人的人身伤亡、财产损失,在责任限额内予以赔偿的强制性责任保险。"换句话说,本车人员、被保险人不属于交强险赔付请求权人,但《交通事故损害赔偿解释》第14条规定:"投保人允许的驾驶人驾驶机动车致使投保人遭受损害,当事人请求承保交强险的保险公司在责任限额范围内予以赔偿的,人民法院应予支持,但投保人为本车上人员的除外。"因投保人往往就是被保险人,故被保险人事故发生时不属于肇事车辆本车人员,也应该被认定为第三人,属于交强险赔付的请求权人。

另外,交强险的赔付是无前提条件的,即使以下三种情形发生,人民法院都应支持受害人的诉求:一是驾驶人未取得驾驶资格或者未取得相应驾驶资格的;二是醉酒、服用国家管制的精神药品或者麻醉药品后驾驶机动车发生交通事故的;三是驾驶人故意制造交通事故的。值得注意的是,交强险无前置条件的赔付出于维护受害人的利益,如果损害的发生因责任人一方严重违法、禁止行为造成的,交强险也无替代承担责任的必要。所以,在前述三种情形下,保险公司在赔偿范围内享有向侵权人追偿权,追偿权的诉讼时效期间自保险公司实际赔偿之日起计算。

第二,承保机动车商业保险次之赔付。机动车所有人或管理人投保的商业保险是交强险的补充,受害人对承保商业保险的保险公司享有直接赔付请求权,但该请求权"是受限制的请求权,并非充分的请求权"[②]。它有两个前提:一是必须先行向保险公司主张交强险的赔付,未获清偿部分才可以提出商业保险赔付请求权;二是受害人要同时起诉侵权人和保险公司,若不同时起诉则无法直接要求商业保险公司赔付。

第三,侵权人兜底赔付。交强险及商业保险赔付后仍然不足的,由侵权人兜底

[①] 对交强险的分项赔偿无论是实务上还是理论上均存在争议。《最高人民法院关于机动车交通事故责任强制保险中的分项限额赔付能否突破的答复》((2012)民一他字第17号)明确:"机动车发生交通事故后,受害人请求承保机动车第三者责任强制保险的保险公司对超出机动车第三者责任强制保险分项限额范围的损失予以赔偿的,人民法院不予支持。"但有人民法院所作出的判决,认为前述函件不具有普遍适用性,判定交强险保险公司按照交强险总限额而不是依照财产损失赔偿限额赔偿受害人的财产损失。在理论上,有学者认为交强险按照分项限额分别赔偿,与为受害人便捷提供基本保障、低成本处理纠纷的交强险立法目的不相符合。参见:王德明.交强险打通分项限额判决评析——兼论交强险的立法目的和对价平衡原则[J].保险研究,2014(6):86-95.

[②] 最高人民法院民法典贯彻实施工作领导小组.中华人民共和国民法典侵权责任编理解与适用[M].北京:人民法院出版社,2020:388.

赔偿。没有投保交强险的,由侵权人完全赔偿。

5. 责任承担的类型

此处责任承担的类型,主要是指机动车交通事故中数个责任人以及特殊情形下责任人一方数人之间对外如何分担责任的类型,主要包括连带责任、按份责任、补充责任三种类型,以下分别介绍。

(1) 连带责任。连带责任,是指数个责任人中的任何一个对共同责任负有全部承担义务的责任承担类型。[①]此项制度设置的目的在于迅捷救济债权人。连带责任广泛存在于违约责任和侵权责任之中,连带责任产生的基础在于连带债务,连带债务产生的依据,或法律规定或当事人之间的约定,连带债务不履行即产生连带责任。[②]在侵权责任领域,连带债务及其不履行所产生的连带责任均源于法律的直接规定;法律之所以要规定连带责任,主要是因为共同侵权行为,以及共同危险行为、叠加侵权行为等其他原因。

共同侵权行为。对共同侵权行为的解读,有意思联络说、共同过错说、共同行为说、关联共同说等多种学术主张。其中,意思联络说强调数人之间有共同的故意,它是传统的、典型的共同侵权行为主张;共同过错说则强调数人之间须有共同的故意或共同的过失[③],此学说是对意思联络说的修正,两种都属于主观说。共同行为说不考虑数人之间是否有共同的过错,只要数人的致害行为具有关联共同性,系同一损害后果的共同原因,数人致害行为即为共同侵权行为,共同行为说是客观说。关联共同说是主观说和客观说的折中,既要考虑主观共同,又要考虑行为共同。

---

① 从理论上讲,连带责任除数个责任人中的任何一个对共同责任负有全部承担义务外,债权人也可以只向数个责任人中的一个主张全部责任,但我国民事诉讼层面实际上排除了后者。《人身损害司法解释》第2条规定:"(1) 赔偿权利人起诉部分共同侵权人的,人民法院应当追加其他共同侵权人作为共同被告。赔偿权利人在诉讼中放弃对部分共同侵权人的诉讼请求的,其他共同侵权人对被放弃诉讼请求的被告应当承担的赔偿份额不承担连带责任。责任范围难以确定的,推定各共同侵权人承担同等责任。(2) 人民法院应当将放弃诉讼请求的法律后果告知赔偿权利人,并将放弃诉讼请求的情况在法律文书中叙明。"

② 严格地讲,连带责任以及下文讨论的按份责任产生的依据只能是法律,当事人不能约定连带或按份承担责任,在债务担保中有所谓约定一般担保责任和连带担保责任,但这里的责任其实就是"担保债务"。由于责任是债务不履行的后果,债务是可以约定,因此,如果不特别咬文嚼字,"连带责任、按份责任产生的依据,或法律规定或当事人的约定"也能说得通。当然,在侵权责任领域,无论是连带责任或按份责任都因法律的规定而产生,不可能因当事人的约定而产生,而且侵权债务已经淡化,侵权即产生侵权责任。

③ 本书赞成共同过错也可以有第三种情形:数人之间有的是故意,有的是过失,"基于相同内容的过失与故意之结合"也属于共同过错。参见:张新宝.中国侵权行为法[M].北京:中国社会科学出版社,1998:168.

2004年5月1日开始施行的《人身损害赔偿司法解释》原第3条第1款[①]:"二人以上共同故意或者共同过失致人损害,或者虽无共同故意、共同过失,但其侵害行为直接结合发生同一损害后果的,构成共同侵权,应当依照民法通则第130条规定承担连带责任。"显然,该条表明最高人民法院所认定的共同侵权行为包括两种情形,一是基于共同过错说的共同侵权行为,共同故意或共同过失是共同侵权行为的重要特征[②];二是基于共同行为说的共同侵权行为,其本质在于对共同侵权行为的认定由传统单纯的主观标准变为客观标准,也就是说,即使没有主观的关联共同性,只要有客观的关联共同性,即数个侵权行为直接结合造成了同一损害后果发生,或曰数个侵权行为在客观上为损害的共同原因,也视为共同侵权行为。2004年《人身损害赔偿司法解释》原第3条第1款所主张的共同侵权行为,受到了广泛的质疑,该司法解释2020年的第一次修正删除了该条款。本书赞成共同侵权行为的共同过错说,共同行为说的主张尽管有利于赔偿权利人,但共同行为说将使共同侵权行为与叠加共同侵权行为难以区分。

共同危险行为。共同危险行为,在理论上被称为"准共同侵权",属于广义的共同侵权行为,是指数人的危险行为对他人的合法权益造成了某种危险,但对于实际造成的损害又无法查明是哪个具体的危险行为,法律为保护被侵权人的利益,数个危险行为人均视为侵权行为人。比如,高楼上数个小孩相约一起向楼下抛石块,其中一块击中楼下行人,在无法查清击中人的石块是谁抛掷的,则该数个小孩的高楼抛物行为系共同危险行为。[③]共同危险行为也是行为人承担连带责任的原因之一,其法源系《民法典》第1170条。

叠加侵权行为。叠加侵权行为,又称作"分别侵权行为",广义上它又区分为"全叠加""半叠加"两种情形,这里是指狭义"全叠加侵权行为"。即《民法典》第1171条:"二人以上分别实施侵权行为造成同一损害,每个人的侵权行为都足以造成全部损害的,行为人承担连带责任。"它是依法要承担连带责任的数人分别侵权行为,属于无意思联络数人侵权的典型形式。该数人分别侵权行为承担连带责任的根本原因,在于每个人的侵权行为都"足以"造成"同一损害",从致害原因的原因力看,每个人的侵权行为的原因力均为100%。其与共同危险行为的区别在于:一是因果关系类型不同,前者每一个侵权人的行为与损害后果之间的责任成立因果关系都是明确的,而后者责任成立因果关系处于不明确的状态,无法确定哪个危险

---

① 该司法解释颁布之后经历了两次修正,第一次是因配合《民法典》的施行而修改,第二次是为了彻底解决城乡二元赔偿标准不公问题,2022年2月15日最高人民法院审判委员会第1864次会议通过了对《人身损害赔偿司法解释》的第二次修正,并决定自2022年5月1日起施行。

② 共同过错说实际上涵盖了意思联络说,后者实质上是强调共同故意。

③ 数个危险行为如果已经查清损害是哪个危险行为所致,这些危险行为就不属于共同危险行为。

行为是真正的致害原因;二是举证责任分配不同,前者的受害人需要对每一个侵权行为"足以"造成"同一损害后果"承担举证责任,后者的受害人仅需对数人实施共同危险行为承担举证责任,而不必就具体由哪一个侵权行为造成的损害后果承担举证责任。除以上列举两种具体的其他原因外,《民法典》还规定了许多要承担连带责任的情形,比如,第1169条教唆侵权、帮助侵权的连带责任,第1196条网络服务提供者与网络用户的连带责任,第1241条、第1242条高度危险物品的所有人与管理人、非法占有人的连带责任,第1252条建设单位与施工单位的连带责任,在此不再一一赘述。

《民法典》有关共同侵权行为、共同危险行为、叠加侵权行为的连带责任的一般规定均适用于机动车交通事故的数人侵权责任,比如,数人相约飙车而发生重大交通事故致第三方人员死亡和财产损失,两人相约飙车车轮激起的石料击中道路维修工人,高速公路机动车连环碰撞交通事故致第三方损害案。

另外,交通事故机动车一方相关数人之间可能也要承担连带责任,但并非一定是共同侵权行为、共同危险行为、叠加侵权行为,法律有其他特别规定。比如,拼装、报废机动车引发的交通事故责任,《民法典》第1214条规定拼装、报废机动车转让人和受让人承担连带责任;机动车被盗抢且与使用人分离时的事故责任,《民法典》第1215条规定盗抢人与机动车使用人承担连带责任。该两种承担连带责任的原因,既不是前述的共同侵权行为,也不是共同危险行为或叠加侵权行为,而是法律规定的其他原因,《民法典》之所以规定连带责任,主要是从经济上惩处拼装、报废汽车的非法交易与使用,遏制机动车盗抢行为。除此之外,连带责任还存在以下情形:《民法典》第1211条"由挂靠人和被挂靠人承担连带责任"以及"被套牌机动车所有人或者管理人同意套牌的,应当与套牌机动车的所有人或者管理人承担连带责任"等[①]。具体内容请见下一章的介绍。

(2)按份责任。它是"连带责任"的对称,又称"分割责任",是指数个责任人对同一责任仅按各自份额承担义务的责任承担类型。基于责任产生的基础和依据,按份责任也分为两类:一是约定的按份债务不履行发生的按份责任;二是依照法律规定发生的按份责任,例如,《民法典》第1172条"二人以上分别实施侵权行为造成同一损害,能够确定责任大小的,各自承担相应的责任;难以确定责任大小的,平均

[①]《交通事故损害赔偿解释》第3条:套牌机动车发生交通事故造成损害,属于该机动车一方责任,当事人请求由套牌机动车的所有人或者管理人承担赔偿责任的,人民法院应予支持;被套牌机动车所有人或者管理人同意套牌的,应当与套牌机动车的所有人或者管理人承担连带责任。

承担责任。"[1]按份责任承担的基础在于按份债务,这种债务的性质为可分之债务。[2]

按份责任与连带责任的共同点:数个责任人和同一损害、同一责任。即数个责任人所承担的责任都必须是同一责任,责任均基于同一损害。如果每个责任人承担的不是基于同一损害的同一责任,这说明数个责任人对应的是各自独立承担各自责任的数个单独侵权行为的形态,即存在数个独立的侵权法律关系,此种情形既不会发生连带责任也不会发生按份责任。

按份责任与连带责任的不同点:在对外关系上,责任人之间的责任负担不同。连带责任对外是一个整体的责任,对侵权人而言是一种比较严重的责任负担,每个人都需要对被侵权人承担全部责任,责任人之间尽管也有责任份额但只有内部意义,被请求承担全部责任的连带责任人,不得以自己的过错程度等为理由只承担自己份额的责任。按份责任对外不是一个整体责任,对侵权人而言是一种比较轻的责任负担,负担的程度以自己应该承担的份额为限,每个责任人应当承担的责任份额具有内部和外部双重意义。从被侵权人角度看,连带责任比按份责任对被侵权人的保护更为充分。

按份责任承担的法律后果:一是能够确定责任大小的,各自承担相应的责任。比如,在具体侵权案例中,通过对数个致害事实原因力及其过错的分析能够确定责任的大小,责任人就按照确定的责任份额承担相应的责任。二是难以确定责任大小的,平均承担责任。基于约定而形成的按份责任,往往没有约定责任承担的份额,此时可以简单处理,即数个责任人平均分担责任。在侵权责任领域,具体案例相当复杂,数个致害事实的原因力及其过错程度很难判断,此时也由数个责任人平均分担责任。

在机动车交通事故责任中,按份责任主要体现在两个层面:一是除应当承担连带责任外,在其他部分多因一果事故中,数个责任主体基于原因力和过错所确定的责任份额承担各自的责任。二是因与有过失在机动车一方和受害人之间分担的责任,虽然不属于按份责任的概念范畴,但实质上与按份责任无异。比如,甲骑摩托车带女同事乙兜风,行前甲让乙带上头盔,乙嫌不漂亮拒绝佩戴;摩托车在行驶的过程中与丙驾驶的轿车发生碰撞,造成乙头部严重损害;交警部门认定甲和丙对交通事故负同等责任。就乙的人身伤亡赔偿责任而言,乙系受害人,甲和丙为责任

---

[1]《民法典》第1172条与第1171条都是有关"叠加侵权行为"的规定,但前者属于"半叠加",各个分别侵权行为的原因力之和为100%,而后者属于"全叠加",每一个分别侵权行为的原因力都是100%。

[2] 依多数债务人与债权人的关系,存在可分之债、连带之债、不可分之债三种基本形态。参见:黄立.民法债编总论[M].北京:中国政法大学出版社,2002:570.

人;就本案因果关系而言,系三因一果:甲和丙各自的违反交通规则的致害行为、乙拒绝佩戴头盔的致害行为,前两者为作为,后者系不作为;乙损害的致害原因既不是共同侵权行为,也不是共同危险行为或全叠加侵权行为,而是半叠加侵权行为;在责任承担上,先要根据过失相抵规则扣除受害人乙自身应该承担的责任份额,剩余责任份额由甲丙平均承担。假如判定乙承担10%责任,剩余90%的责任由甲和丙各承担一半即45%的责任。

（3）补充责任。它是指处于第一顺位的责任人,当其财产不足履行债务时,由处于第二顺位的责任人在不足的范围内,予以补充的法律责任。其主要特征有二:一是补充责任的顺序是第二位的;二是补充责任的范围限于对不足部分的补充。[①]补充责任广泛存在于侵权、合同及其他法律领域,相对来说,侵权补充责任更为突出。"补充责任也是一种特殊的按份责任,且适用补充责任应有明确依据"[②]。在机动车交通事故责任中,因租赁、借用、擅自使用等原因,机动车所有人、管理人与使用人不一致时,机动车所有人、管理人对损害的发生有过错的,要承担"相应的"赔偿责任,此即补充责任。[③]

[①] 邬砚.侵权补充责任研究[D].重庆:西南政法大学,2015:1.
[②] 陈甦.民法总则评注（下册）[M].北京:法律出版社,2017: 1267.
[③]《民法典》第1209条:因租赁、借用等情形机动车所有人、管理人与使用人不是同一人时,发生交通事故造成损害,属于该机动车一方责任的,由机动车使用人承担赔偿责任;机动车所有人、管理人对损害的发生有过错的,承担相应的赔偿责任。第1212条:未经允许驾驶他人机动车,发生交通事故造成损害,属于该机动车一方责任的,由机动车使用人承担赔偿责任;机动车所有人、管理人对损害的发生有过错的,承担相应的赔偿责任,但是本章另有规定的除外。

第七章　机动车交通事故责任存在哪些特殊情形

机动车所有人或管理人因自己驾驶过失行为或受害人的过错行为导致机动车与受害人的人身或车辆之间发生了碰撞、刮擦、碾压等物理上的接触事件，即所谓的"接触性交通事故"，在查清事实、明确归责的基础上机动车所有人或管理人对受害人依法进行赔偿，这属于一般情形。除此以外，尚存在"非接触性交通事故责任"、驾驶人逃逸、机动车所有人或管理人之外的驾驶人引发交通事故责任等一系列的特殊情形。

一、非接触性交通事故责任

案例：某日唐某驾驶的轿车在行驶途中，突然向右侧车道变道超车，迫使在右侧车道正常行驶的一辆三轮摩托车紧急向右躲让，结果两车虽未直接发生碰撞，但因三轮车转弯过急，使该车车上乘客谢某被甩出车外受伤，后经鉴定为七级伤残。交警部门以无法查明事发时的具体事实为由未认定事故责任。谢某受伤先后共花费近6万元的治疗费，因事故各方对赔偿事宜协商未果，谢某起诉至法院，要求轿车司机唐某及汽车投保的保险公司、三轮车车主、司机郭某赔偿其医疗费、伤残金等共计15万余元。庭审中，被告唐某及保险公司则辩称，唐某不应该承担任何责任，因为轿车没有与三轮车发生接触碰撞，谢某受伤是因为郭某驾驶三轮摩托车不当引起，并指出郭某是无证驾驶。法院一审认为，唐某在未确保己车与同向后方右侧车道内郭某驾驶的三轮车之间安全行车距离的情况下，冒险借道超车，是导致郭某突然避险并引起车辆侧倾而致原告受伤的主要原因，因此唐某应对本起事故承担主要责任。郭某明知自己无驾驶资格，且上路前疏于对三轮车进行相关安全技术检查，其贸然上路驾驶的行为与此次交通事故之间亦具有因果关系，只是其作用相对较小，应承担次要责任。三轮车车主在不确定郭某有无驾驶资格的情况下随意出借车辆给其使用，乘客谢某在明知载货三轮摩托车严禁载人的情况下仍搭乘该车，也有过错。法院依据优者危险承担原则，确定唐某承担70%的责任，三轮车车主、司机郭某、乘客谢某各承担10%的责任，最终判决保险公司在交强险和商业保险限额内赔偿原告乘客谢某115195.49元，轿车司机唐某、三轮车车主、司机郭某各赔偿7717.75元、5130.10元、5130.10元,谢某的其他诉请则被依法驳回。①

以上是一种较为典型的机动车非接触性交通事故责任,法官的判决是正确的。所谓非接触性交通事故责任,是指机动车虽然没有与他人人身和车辆等发生物理上的接触,但因机动车的灯光、喇叭、转向、制动等装置被违规使用致使他人人身、车辆等遭受其他外力的损害所产生的责任。比如,前车突然违规停车或变道,后车为避免相撞紧急转向而导致己方车辆侧翻,或与第三方相撞,此时"前车突然违规停车或变道"系后车交通事故的非接触性致害原因。此责任的认定有如下要点:

第一,致害事实是驾驶人员对机动车实施了违规操控行为,非接触现象不是致害事实。本书对致害事实主张不以行为违法性为必要条件,但非接触性交通事故责任例外,致害事实必须具有违法性,系违反道路交通安全法律法规行为,具体表现为对机动车的灯光、喇叭、转向、制动等装置的违规使用,机动车一方违规操控机动车意味着其主观上存在过错。前述案例致害事实就是机动车违规转向变道。

第二,机动车一方违规操控机动车与受害人一方的损害存在因果关系,此为非接触性交通事故责任成立的关键。如何认定两者之间存在因果关系呢?除机动车一方的操控行为违规外,一是要以相当因果关系理论为指导,辨别机动车一方行为、受害人采取应对措施及其损害之间的因果关系;二是机动车一方的违规操控行为足以让一般人采取类似的避险或其他自然反应措施;三是受害人一方所作出的自然反应是合理的,是大多数人通常的表现,如果应对的措施特别过激或匪夷所思就失去了相当因果联系的基础;四是受害人的反应措施直接导致了损害的发生,这两者之间为直接因果关系,机动车一方的违规操控机动车行为与损害之间属于间接因果关系。

第三,慎重对待交警部门对事故责任的意见。交警部门对非接触性交通事故不做责任"认定书"或在"认定书"中将非接触机动车一方排除在外均为常态,所以受害人及其第三方一定要对交警部门的意见审慎评估,是否将非接触性致害事实遗弃了,同样人民法院的法官也要认真对待。有法官指出:"在司法实践当中,审判机关通常对引发交通事故的原因和事实、过错、责任不去核查确认,而采取'拿来主义',直接以交通事故认定书中的责任认定作为证据采纳,对当事人的抗辩事实不作过多的考虑,此现象是法官怠于行使审查权力的表现,是不可取的。"②

---

① 王鑫,李璐,刘方祺.零接触交通事故如何划分责任[J].共产党员(河北),2015(2):28.
② 程富君,周克.无接触的交通事故责任应如何认定[J].法制与社会,2014(28):112-113.

二、驾驶人肇事逃逸的责任

（一）驾驶人肇事逃逸的概念与情形

《道路交通事故处理程序规定》第112条明确规定:"交通肇事逃逸",是指发生道路交通事故后,当事人为逃避法律责任,驾驶或者遗弃车辆逃离道路交通事故现场以及潜逃藏匿的行为。更有甚者,有逃逸者还"故意破坏、伪造现场、毁灭证据",或藏匿伤者。

前述法规有关"交通肇事逃逸"的界定,车辆包括机动车和非机动车,但就机动车交通肇事逃逸而言,它具有如下特征:第一,逃逸行为的主体是机动车驾驶人。只有引发交通事故的机动车驾驶人才可能实施驾驶机动车或遗弃机动车逃离交通事故现场等行为。第二,逃逸行为人的主观方面是故意。机动车引发交通事故,驾驶人负有立即停车、保护现场、抢救受伤人员、报警等法律义务,如果明知发生事故仍然驾车或遗弃车辆逃离事故现场,行为人主观方面必为故意。如果不知发生事故而驾车离开现场则不为逃逸。第三,逃逸目的是逃避法律追究。事故发生后,机动车驾驶人离开事故现场并非一定是逃避责任,但其是否为逃避法律追究,实行行为推定原则,除非行为人有证据证明其离开不具有逃避法律追究的目的。第四,逃逸的方式多种多样。逃逸又称逃离,表象是一种逃脱警方在现场可以对逃逸行为人实施有效控制的行为,实质是欲逃脱法律责任的追究。逃逸的方式可以是作为形式,如驾驶机动车或遗弃机动车逃离现场或交警指定等候处理的地点,也可以是不作为逃逸,比如,人在现在,但用隐姓埋名、找人顶替、虚报姓名等方式回避警方的调查。

机动车交通肇事逃逸有如下情形:第一,酒后驾车为逃避酒精检测,而事后接受处理的;第二,报案后逃逸;第三,在现场隐姓埋名不承认自己是事故机动车驾驶人的;第四,冒名顶替的;第五,驾驶人认为事故与己无关而驾车离开现场的;第六,将伤者送到医院后离开的。[①]

（二）驾驶人肇事逃逸抢救费的赔付

机动车驾驶人的逃逸,造成短时间内难以查明肇事的具体机动车,对被侵权人的救济会陷入困境,为达到抢救伤者,保障非机动车、行人人身安全的目的,《道路交通安全法》第75条规定:"医疗机构对交通事故中的受伤人员应当及时抢救,不得因抢救费用未及时支付而拖延救治。肇事车辆参加机动车第三者责任强制保险

---

① 杜心全.道路交通事故责任认定指南[M].北京:中国人民公安大学出版社,2016:149-151.

的,由保险公司在责任限额范围内支付抢救费用;抢救费用超过责任限额的,未参加机动车第三者责任强制保险或者肇事后逃逸的,由道路交通事故社会救助基金先行垫付部分或者全部抢救费用,道路交通事故社会救助基金管理机构有权向交通事故责任人追偿。"另外,《民法典》第1216条也有类似规定:"机动车驾驶人发生交通事故后逃逸,该机动车参加强制保险的,由保险人在机动车强制保险责任限额范围内予以赔偿;机动车不明、该机动车未参加强制保险或者抢救费用超过机动车强制保险责任限额,需要支付被侵权人人身伤亡的抢救、丧葬等费用的,由道路交通事故社会救助基金垫付。道路交通事故社会救助基金垫付后,其管理机构有权向交通事故责任人追偿。"上述条款内容要点如下:

第一,机动车驾驶人发生交通事故后逃逸,该机动车参加强制保险的,由保险公司在交强险责任限额范围内予以赔偿。此种情形一般多为驾驶人逃逸后不能及时找寻或不积极参与救治活动、赔偿,特别强调保险公司的赔偿责任及提供便捷的赔偿服务,目的在于使医疗机构放弃对抢救费无人支付的担忧,及时果断抢救伤者,同时对受害人必要费用的赔偿。

第二,机动车不明、该机动车未投保交强险或者抢救费用超过交强险责任限额,需要支付被侵权人人身损害的抢救、丧葬等费用的,由道路交通事故社会救助基金垫付。这包括有三种情形:一是机动车驾驶人发生交通事故后驾车逃逸,最终无法查清肇事车辆;二是肇事车辆虽然查清,但该车辆未投保交强险;三是肇事车辆虽然投保了交强险,但机动车交强险责任能够支付限额不足以完全支付抢救费用。后两种情形又以责任人发生争执或不愿、不能及时支付抢救费用为前提。第一、第二两种情形需要支付被侵权人人身损害的抢救、丧葬等费用,以及第三种情形剩余的且必须支付的人身损害的抢救、丧葬等费用,都将由专门的道路交通事故社会救助基金垫付,以此确保受害人能够得到及时救治和后事的处理。

第三,道路交通事故社会救助基金垫付后,其管理机构有权向交通事故责任人追偿。道路交通事故社会救助基金不是机动车交通事故责任的责任主体,其支付给被侵权人的人身损害的抢救、丧葬等费用只是暂时代替事故责任人垫付,所以一旦查清交通事故责任人,道路交通事故社会救助基金的管理机构有权追偿且应该积极追偿。

(三)驾驶人逃逸对赔偿责任的影响

《道路交通安全法实施条例》第92条规定:"(1)发生交通事故后当事人逃逸的,逃逸的当事人承担全部责任。但是,有证据证明对方当事人也有过错的,可以减轻责任。(2)当事人故意破坏、伪造现场、毁灭证据的,承担全部责任。"《道路交通事故处理程序规定》第61条第2款作了进一步的规定:为逃避法律责任追究,当事人弃车逃逸以及潜逃藏匿的,如有证据证明其他当事人也有过错,可以适当减轻责任,但同时有证据证明逃逸当事人有"故意破坏、伪造现场、毁灭证据的",不予减轻。也就是说,只要逃逸当事人在逃逸前实施了"故意破坏、伪造现场、毁灭证据的"行为,即使"其他当事人"也有过错,所有的责任都由逃逸当事人承担。

三、不法使用引发事故责任

所谓不法使用引发事故责任,具体是指机动车、机动车交易以及驾驶主体、驾驶行为等因不具备相应的合法条件,由此而导致交通事故须承担的事故损害赔偿责任。这里的"不法使用"应该广义理解,可以理解为使用的对象不合法——机动车或相关交通设施不合格,也可以理解为使用的主体不合法——驾驶人不合格,还可以理解为使用行为本身不合法——驾驶行为不合法。机动车作为高速运输工具,易造成交通事故,对机动车、机动车交易及驾驶人资格、驾驶行为进行行政监管是世界通行的做法,有关道路交通安全法律、行政法规及规章既是行政机关监管的准绳,又是机动车使用的依据,违法者要承担相应的行政责任,如果造成事故损害就要承担民事赔偿责任,行为恶劣或造成严重后果的还要承担刑事责任。严格地讲,本章前述非接触性交通事故责任、驾驶人肇事逃逸的责任均为不法使用引发的事故责任。以下将着重讨论拼装报废车辆、盗抢等情形下不法使用的交通事故责任。

(一)拼装报废车辆事故责任

《民法典》第1214条规定:"以买卖或者其他方式转让拼装或者已经达到报废标准的机动车,发生交通事故造成损害的,由转让人和受让人承担连带责任。"此条有如下要点:

第一,本条是关于拼装或已经达到报废标准的机动车一方责任,受让人与转让人之间如何担责的规定。此条并非强调与拼装或已经达到报废标准的机动车有关的事故损害责任由该机动车一方全部承担并由受让人与转让人连带承担。此条的适用有如下两个条件:一是拼装或已经达到报废标准的机动车上道路运行并发生了交通事故、造成了他人损害;二是机动车的运行与事故、损害之间存在法律上因果关系,如果不存在因果关系则无法将事故损害归责于该机动车一方。换言之,事故损害归责于拼装车辆或已经达到报废标准的机动车一方,或者至少要承担部分责任,是该法条适用的基础。比如,醉驾的摩托车撞上了马路边划线停车位中的拼装车辆,该事故损害不能归责于拼装车辆一方,如果醉驾的摩托车撞上了在道路边暂时停车的拼装车辆,事故损害责任由双方共同承担,此时"拼装"成为责任承担的要件。

第二，受让人与转让人之间对拼装或已经达到报废标准的机动车一方责任承担连带责任。此需要注意两点：一是受让人与转让人之间的转让方式应该做广义理解。转让可以是买卖、抵债、物物交换等有偿方式，也可以是赠与无偿方式；转让的次数可以是一次转让，也可能存在多次转让。如果系多次转让，受让人特指最后一次受让人，即拼装或已经达到报废标准机动车发生交通事故时的实际所有人，转让人则存在数个，每位转让人都可以是连带责任的主体。二是转让人承担连带责任的必要性。在机动车交通事故责任领域，机动车原所有人不承担事故责任是原则规定，即使转让后未按照规定及时办理登记手续也是如此①，但机动车是一种特殊商品，法律法规对其流通有特别规定，除《道路交通安全法》外，《报废机动车回收管理办法》《汽车报废标准》等均有相关规定，作为已被禁止流通的拼装或已经达到报废标准的机动车仍然被转让，说明转让人具有违法的故意，其应该承担由此而产生的不利后果。

（二）盗抢机动车的事故责任

盗抢机动车，即盗窃、抢劫、抢夺机动车②。《民法典》第1215条规定："盗窃、抢劫或者抢夺的机动车发生交通事故造成损害的，由盗窃人、抢劫人或者抢夺人承担赔偿责任。盗窃人、抢劫人或者抢夺人与机动车使用人不是同一人，发生交通事故造成损害，属于该机动车一方责任的，由盗窃人、抢劫人或者抢夺人与机动车使用人承担连带责任。保险人在机动车强制保险责任限额范围内垫付抢救费用的，有权向交通事故责任人追偿。"本法条分为两个条款三个层次：

第一，盗窃、抢劫或者抢夺的机动车发生交通事故造成损害的，由盗窃人、抢劫人或者抢夺人承担赔偿责任。一是机动车被盗窃或被抢劫或被抢夺，二是盗抢人驾驶机动车并发生了交通事故且造成他人损害，三是事故损害责任由盗抢人承担，机动车所有人、管理人不承担责任。基于机动车运行支配、利益享有"二元"理论，机动车交通事故责任原本就由驾驶人承担责任，所有人、管理人原则上不承担责任，仅承担与自身过错匹配的补充责任。自然，盗抢情形下机动车所有人、管理人也不应该承担责任，而且也不存在与过错匹配的补充责任，因为该补充责任以所有人、管理人负有选择合格驾驶人、移交适驾机动车的注意义务为基础。

第二，盗抢人与机动车使用人不是同一人，发生交通事故造成损害，属于该机

---

① 具体请见本章后一节"转让登记未办理的机动车事故责任"。
② 盗窃是指采用秘密的方式方法将他人财产据为己有，抢劫是指以暴力或暴力威胁的方式强行夺取他人财产，抢夺是趁人不备强行夺取他人财物。因抢劫使用了暴力或暴力威胁，危及了受害人的人身安全，故抢劫性质比抢夺恶劣，又因抢夺也是强行夺取，相比盗窃秘密的方式，抢夺比盗窃恶劣。

动车一方责任的,由盗抢人与机动车使用人承担连带责任。此情形有三层意思:一是机动车被盗抢后,驾驶人又与盗抢人分离。分离原因可能基于盗抢人的意思,也可能非盗抢人的意思。二是机动车发生了交通事故造成损害,且归责为该机动车一方,或者该机动车一方须承担部分责任。三是被归责的损害责任由盗抢人与机动车驾驶人连带承担。机动车驾驶人单独承担事故损害责任是原则规定,出于对盗抢行为的遏制并惩罚,法律特别规定盗抢人承担连带责任符合公平正义精神。

第三,保险人在机动车交强险责任限额范围内垫付抢救费用的,有权向交通事故责任人追偿。此为《民法典》第1215条第2款的规定,它有两层意思:一是保险人对因盗抢车辆发生事故只存在"垫付"抢救受害人费用的义务,无损害赔偿义务,且"垫付"数额以交强险责任限额范围为限。二是保险人就已经"垫付"的费用有权向包括盗抢人、机动车使用人在内的交通事故责任人追偿。

但《民法典》第1215条第2款有关"垫付抢救费用"的规定值得商榷,与相关立法条款不协调,对无辜受害人不公平。

首先,根据交强险设立的本意,交强险具有保障受害人依法得到赔偿和维护社会和谐双重属性。《交强险条例》第1条规定:"为了保障机动车道路交通事故受害人依法得到赔偿,促进道路交通安全,根据……制定本条例",根据此条例及相关法律,除事故损害单纯由受害人故意引发外,受害人均应该得到交强险先行赔付。第6条:"机动车交通事故责任强制保险实行统一的保险条款和基础保险费率。国务院保险监督管理机构按照机动车交通事故责任强制保险业务总体上不盈利不亏损的原则审批保险费率。国务院保险监督管理机构在审批保险费率时,可以聘请有关专业机构进行评估,可以举行听证会听取公众意见。"此条显示交强险具有公益性。总之,考虑到受害人多为非机动车、行人一方,相对机动车一方多系社会弱者,交强险的优先赔付有利于社会和谐与公平。

其次,交强险的赔付设置抗辩理由要特别慎重。《民法典》第1213条规定:"机动车发生交通事故造成损害,属于该机动车一方责任的,先由承保机动车强制保险的保险人在强制保险责任限额范围内予以赔偿;不足部分……"该条表明交强险先行赔付的适用条件是:事故损害归责于机动车一方,且不论受害人是否有过错,显然该条没有设置交强险赔付的抗辩理由。另外,《道路交通损害赔偿司法解释》第15条规定:在驾驶人未取得驾驶资格或者未取得相应驾驶资格、醉酒或服用国家管制的精神药品或者麻醉药品后驾驶机动车、驾驶人故意制造交通事故三种情形下,导致第三人人身伤亡,当事人请求保险公司在交强险责任限额范围内予以赔偿,人民法院应予支持。此三种情形均表明驾驶人具有违法的故意,主观恶性较强。但反观《民法典》第1215条第2款的规定,实质上是将"机动车的盗抢"设置为交强险赔付的抗辩理由,即使受害人没有过错也在所不惜。比如,一个人正常过人行道,被一辆机动车撞死,原则上交强险应该优先赔付,但如果该机动车属于盗抢机动车,即使驾驶人是盗抢人之外的人,行人的死亡也不能获得交强险的赔付。

总之,交强险保险人对盗抢情形下机动车交通事故受害人负有限额内的人身权益损害和财产损失的赔付责任,而不仅限于人身权益损害的"垫付抢救费用",当然交强险保险人享有对违法责任人的追偿权。《民法典》第1215条第2款应该修改为:"保险人在机动车强制保险责任限额范围内赔付的包括抢救费用在内的人身损害赔偿和财产损失的,有权向交通事故责任人追偿。"

(三) 其他不法使用事故责任

除前述重点谈论的几种不法使用引发交通事故责任外,尚有酒驾药驾毒驾、驾驶人无合法资质、未经允许擅自驾驶、机动车存在缺陷、道路管理维护缺陷等导致机动车发生交通事故造成损害的赔偿责任。以下分别简单讨论。

第一,酒驾药驾毒驾、驾驶人无合法资质的事故责任。酒驾药驾毒驾、驾驶人无合法资质引发机动车交通事故造成损害,表明驾驶人存在主观故意或重大过失,会加重机动车一方责任的比例。如果存在驾驶人与机动车所有人、管理人分离,将是归责所有人、管理人的重要因素。在驾驶人不合格的多种情形中,酒驾最为突出。

酒驾,即饮酒后驾车,根据一定的标准又分为一般的"饮酒后驾车"和"醉酒后驾车"。根据《酒驾国家标准》,酒精含量阈值(mg/100 mL)$\geqslant 20$、< 80属于饮酒后驾车,$\geqslant 80$系醉酒后驾车。酒驾是法律明令禁止的行为,主要具有行政法和刑法意义,行为人必将承担行政责任或刑事责任,是否一定要承担民事责任需要具体分析,关键是看酒驾行为是否造成交通事故损害,以及与交通事故损害之间是否存在因果关系,也就是说,酒驾行为不一定与交通事故损害有因果关系,从过错角度看,酒驾行为本身表现为驾驶人主观故意,但对损害一般属于过失。如果存在因果关系必将加重酒驾人员的事故损害责任,在酒驾人员与机动车所有人、管理人分离的情况下,酒驾也是认定机动车所有人、管理人是否承担损害赔偿责任重要的考量因素。

另外,共同饮酒与机动车交通事故责任也有重要关联。共同饮酒行为,原则上既不是法律行为,也不是事实行为,属于情谊行为,共同饮酒人员之间不负有法律上的权利义务关系,但参与饮酒的人在一定的条件下会产生法律上的提醒注意义务,即超过一定边界情谊行为就变成了事实行为,成为不作为的先行行为、侵权行为。有法官认为,共同饮酒行为成为侵权行为有以下类型:一是劝酒、敬酒、赌酒、罚酒等行为导致同饮者受到身体健康损害甚至生命丧失;二是虽无积极劝酒等情形,但对同饮者过度饮酒行为未加提醒或制止;三是在同饮者醉酒处于危险状态情况下未及时送医治疗;四是未将醉酒者妥善安全处置(亲自送醉酒者回家或安排其就近酒店入住);五是未及时有效劝阻同饮者酒后驾车的行为。①

甲过生日邀请乙等多位朋友参加生日宴会,宴会期间众人大量饮酒,甲处于醉酒状态。宴会结束后众人纷纷离开,最后乙乘坐甲驾驶的汽车返回,途中汽车不慎撞上道路护栏并冲进护栏外水塘,甲、乙均不幸溺水死亡。对于甲乙死亡和车辆损失后果,甲乙之外的人是否要承担相应的责任,取决于他们在饮酒过程中是否有劝导行为、离开时间的先后顺序以及是否知晓甲将会酒后驾驶机动车。共同饮酒之人在一般损害责任和机动车交通事故责任中的作用不同,因为后者判断的主要依据是"运行支配",本书认为,甲自身的损害应该由自己独立承担责任。对乙的亲属起诉甲的继承人损害赔偿责任一案,法院认定甲的继承人承担30%责任。②

第二,未经允许擅自驾驶的责任。《民法典》第1212条:"未经允许驾驶他人机动车,发生交通事故造成损害,属于该机动车一方责任的,由机动车使用人承担赔偿责任;机动车所有人、管理人对损害的发生有过错的,承担相应的赔偿责任,但是本章另有规定的除外。"此条系未经允许擅自驾驶他人机动车致人损害的担责规则。本条款致害原因曾经被称作"盗开",因现行观念不强调致害事实的违法性,改称"未经允许擅自驾驶他人机动车"。

根据擅自驾驶人与机动车所有人、管理人的关系,可以将擅自驾驶分为三种形态:一是特定关系下的擅自驾驶,比如亲戚、朋友;二是基于合同或授权占有但未经允许的擅自驾驶,比如维修人员;三是缺乏直接联系的完全陌生人的擅自驾驶。第三种形态又有三种情形:陌生人可能出于好玩而擅自驾驶,也可能出于自己的私利而擅自驾驶、到达目的地后再抛弃机动车,还有可能出于非法占有为目的盗抢方式的擅自驾驶。前述各种形式的擅自驾驶违法性逐步加重,鉴于法律已将盗抢方式的擅自驾驶责任单独立法,出于社会关系和谐考虑,《民法典》第1212条专门规定的未经允许擅自驾驶违法性已经淡化,此种情形机动车所有人、管理人、驾驶人分离有关机动车交通事故责任分担后果,与《民法典》第1209条所规定的合法合意下当事人分离所产生的机动车交通事故责任分担后果完全一致。所以,对《民法典》第1212条的理解完全可以参考后文对《民法典》第1209条的分析,此处不再赘述。

第三,机动车存在缺陷所导致的机动车交通事故责任。机动车存在产品缺陷,不是机动车一方责任免除或减轻的抗辩理由,缺陷会引发机动车交通事故责任和产品责任的竞合。《道路交通损害赔偿司法解释》第9条规定:"机动车存在产品缺陷导致交通事故造成损害,当事人请求生产者或者销售者依照民法典第七编第四章的规定承担赔偿责任的,人民法院应予支持。"此条中的"当事人",可以是交通事故的受害人,也可以是作为责任人的机动车一方,此条表明受害人在交通事故造成

---

①② 倪维常,郑永建.共同饮酒者的情谊侵权赔偿责任[J].人民司法(案例),2017(8):48-50.

损害后既可以径直向机动车生产者或销售者主张赔偿责任,也可以在机动车交通事故责任中将生产者、销售者与机动车一方列为共同被告。但在受害人仅仅向机动车一方主张赔偿责任的诉讼实务中,机动车一方是直接将机动车生产者、销售者申请追加为第三人,还是在责任承担之后向机动车生产者、销售者另行起诉追偿?本书认为,根据前条司法解释精神直接申请追加第三人,或另行起诉追偿,机动车一方具有诉讼选择权。

第四,道路管理维护缺陷的损害赔偿责任。道路管理维护缺陷,可以是机动车交通事故损害发生的唯一致害原因,也可以是原因之一,因此,需要根据该缺陷是否是事故损害的致害原因及其原因力大小,来判断机动车交通事故责任的分担以及道路管理者是否承担赔偿责任。《道路交通损害赔偿解释》第7条规定:"(1)因道路管理维护缺陷导致机动车发生交通事故造成损害,当事人请求道路管理者承担相应赔偿责任的,人民法院应予支持。但道路管理者能够证明已经依照法律、法规、规章的规定,或者按照国家标准、行业标准、地方标准的要求尽到安全防护、警示等管理维护义务的除外。(2)依法不得进入高速公路的车辆、行人,进入高速公路发生交通事故造成自身损害,当事人请求高速公路管理者承担赔偿责任的,适用民法典第1243条的规定。"《民法典》第1243条:"未经许可进入高度危险活动区域或者高度危险物存放区域受到损害,管理人能够证明已经采取足够安全措施并尽到充分警示义务的,可以减轻或者不承担责任。"此条是有关"高度危险场所安全保障责任"的规定,该责任系无过错责任。

四、其他情形下的事故责任

(一)租赁、借用等情形机动车事故责任

《民法典》第1209条规定:"因租赁、借用等情形机动车所有人、管理人与使用人不是同一人时,发生交通事故造成损害,属于该机动车一方责任的,由机动车使用人承担赔偿责任;机动车所有人、管理人对损害的发生有过错的,承担相应的赔偿责任。"此条主要是关于机动车一方当事人因租赁、借用等情形而分离情况下最终由谁承担机动车一方责任的规则,即责任主体确认后如何确定具体赔偿主体,它有如下要点:

第一,机动车一方需要承担责任,且机动车一方当事人发生了分离,此为该条款适用的前提。首先,经过归责分析判断,机动车一方对受害人的人身伤亡或财产损失负有全部或一定比例的损害赔偿责任,即交通事故责任主体为机动车一方;其次,机动车使用人与所有人、管理人发生了分离,分离的原因通常表现为因租赁、借

用等合同关系而分离,又因这种分离原因不考虑有偿或无偿因素,故《民法典》第1212条"未经允许驾驶他人机动车侵权责任"与本条款适用情形的外部法律后果一致。①

第二,机动车使用人承担赔偿责任是常态。基于机动车运行支配与运行利益结合的"二元"道路交通事故赔偿理论,机动车使用人即驾驶人是机动车运行的支配人,是危险的制造者和控制者,也是运行利益的享有者,自然,机动车一方的责任理应由使用人承担。

第三,机动车所有人、管理人承担赔偿责任是例外,对损害承担与自身过错匹配的赔偿责任。首先,机动车所有人、管理人对使用人造成第三人损害也有过错。这种过错通常表现为两个方面:一是所有人、管理人未尽到对机动车处于适驾状况的管理注意义务,将不适合运行的机动车交给使用人且未特别告知;二是所有人、管理人未尽到将机动车交给合法使用人的注意义务,机动车合法使用人必须具备三个条件:拥有驾驶证、驾驶证与车型匹配、驾驶时符合法定驾驶条件,比如,驾驶证被吊销、饮酒、服用被管理的精神药品、身体处于疲劳状态等均不是机动车合法使用人。其次,机动车所有人、管理人所承担的责任在性质上既不属于连带责任,也不属于按份责任,而是补充责任,是对机动车使用人损害赔偿责任的补充。补充责任的范围,只是在机动车所有人、管理人自身过错范围内承担责任,所承担的责任与过错程度成正相关,无过错不承担责任。

(二) 转让登记未办理的机动车事故责任

《民法典》第1210条规定:"当事人之间已经以买卖或者其他方式转让并交付机动车但是未办理登记,发生交通事故造成损害,属于该机动车一方责任的,由受让人承担赔偿责任。"

此条实际上是机动车法律上所有人与实质所有人发生分离时,具体由谁承担机动车交通事故责任的赔偿责任。在有体物为标的物的财产领域,财产分为动产和不动产,不动产是指不能移动或移动有损价值的有体物,不动产之外的有体物为动产;基于该类财产权利变动的公示公信原则,动产权利人的标志是占有,权利变动的方式是交付,不动产权利人及其变动的标志均是登记。《民法典》第225条规定:"船舶、航空器和机动车等的物权的设立、变更、转让和消灭,未经登记,不得对

---

① 这里的所谓《民法典》第1209条与第1212条适用的"外部法律后果一致",是从对受害人的赔偿责任角度所言,原则上由机动车使用人承担赔偿责任,机动车所有人、管理人对损害的发生有过错的,承担相应的赔偿责任。但是,机动车所有人、管理人与使用人分离的原因不同,包括有偿或无偿、善意或恶意,机动车所有人、管理人与使用人内部之间责任的分配或追偿,则存在重大差别。

抗善意第三人。"本条"未经登记,不得对抗善意第三人"意在确保交易安全。机动车实质上是动产,但它易产生风险而涉及公共安全,故机动车转让登记属性主要体现为行政管理性质。另外,从行政法角度,机动车转让双方当事人有义务完成相关税款缴纳义务。机动车转让如果双方协商一致且完成交付,应视为完成转让。此条有如下要点:

第一,机动车原所有人与受让人就机动车的转让已达成合意。即有关机动车的买卖或用于债务抵销、赠与合同关系已经成立并生效。如果双方当事人就机动车转让尚未达成一致或处于磋商阶段,或虽然成立了但存在合同效力附款[①],均无适用本条款的前提。

第二,转让方已经履行了交付机动车的转让合同义务。如果转让合同是有偿的,受让方是否已经支付对价在所不问,只要受让方已经受让机动车即可。另外,动产的交付,从交付的对象看,分为实物交付和拟制交付[②];从交付行为本身看,又可分为现实交付和观念交付[③],观念交付主要有简易交付、指示交付、占有改定三种。就机动车转让交付而言,即存在实物交付、现实交付可能,也存在拟制交付、观念交付。

第三,机动车的转让关系成立生效及交付行为均在交通事故发生前完成。在事故发生前,如果双方达成了转让合意,但同时约定在未来或一定条件下交付,即存在效力附款,在附款成就之前发生了交通事故,则不能适用该条款。换句话说,受让人之所以承担赔偿责任,是其以所有人的身份支配机动车并发生了交通事故。

第四,由受让人承担属于该机动车一方责任的赔偿责任。经过归责分析,如果确定事故责任主体为机动车一方,则由机动车实质所有人即受让人承担,受让人无论是自己使用或许可他人使用机动车,原机动车所有人与该机动车所引发的交通事故责任完全脱钩。

(三) 挂靠经营机动车的事故责任

《民法典》第1211条规定:"以挂靠形式从事道路运输经营活动的机动车,发生

---

① 当事人就合同何时生效、何时消灭等所作的限制,被称作合同效力的附款。请见:王清平.实例合同法学[M].北京:高等教育出版社,2004:89.

② 实物交付是所有人将其动产的实际控制移交给他人,拟制交付是指所有权人将标的物的所有权凭证交给受让人,以代替物的现实交付。

③ 所谓现实交付,是指动产所有人将动产的占有实际地移转给相对人,由相对人直接占有该动产从而导致物权变动的行为。另外,现实交付行为并不一定完全由所有人亲自进行,所有人也可以委托其履行辅助人完成交付行为。所谓观念交付,是指在特殊情况下,法律允许当事人通过特别的约定,并不现实地交付动产,而采取一种变通的交付办法,来代替实际交付。允许观念交付可以充分尊重当事人的意愿,减少因实际交付所付出的交易费用,使交易更为便捷。

交通事故造成损害,属于该机动车一方责任的,由挂靠人和被挂靠人承担连带责任。"这里所谓挂靠,即机动车挂靠经营,是指机动车所有人通过合意的方式以具有运输经营权企业的名义对外进行道路运输经营活动,其中机动车所有人为挂靠人,具有运输经营权的企业为被挂靠人。挂靠经营不仅是我国经济发展到一定阶段的产物,其他国家和地区也存在。道路运输管理部门主观上希望不要甚至禁止机动车挂靠经营,但现实中道路运输经营企业为了提高经营效率,往往将企业自有的机动车及其从业人员变更为类似挂靠的经营模式,以调动从业驾驶人员的积极性。因此,本书认为,出于企业管理促效益,机动车挂靠经营不能禁止也根本无法禁止,如何加强立法以及政府和企业如何精细化管理方为上策。本条有助于从事道路运输经营企业加强挂靠管理,促使企业、车主、社会、国家多方利益的均衡。本条要点如下:

第一,机动车所有人与享有道路运行经营权企业达成挂靠合意。此合意的主要内容是企业接受了机动车所有人以其名义对外从事道路运输经营活动,对第三方而言,只知晓经营主体为被挂靠人,至于是否知晓实际经营者为车主,以及车主与企业之间是否存在挂靠管理费用及其多少,均不影响本条款的适用。

第二,挂靠机动车在从事道路运输经营过程中发生了道路交通事故且被确认为责任方。一是发生了一般意义上的机动车交通事故并致使他人人身伤亡和财产损失,这里的他人可以是另一机动车方,也可以是非机动车驾驶人、行人,还可能是乘客,另外,货运的委托方也可比照乘客成为机动车交通事故责任的受害方,但此种情形更多适用违约责任。二是事故发生后挂靠机动车一方被归责为责任方,如果相对方也是机动车,可以互为责任方和受害方;如果挂靠机动车归为单纯的受害人就不适用本条款。

第三,由挂靠人和被挂靠人承担连带责任。此项责任后果的规定实际上突破了机动车一方责任适用运行支配理论,但十分必要。首先,被挂靠人享有营运收益。被挂靠人既然允许他人机动车挂靠经营,肯定有相应的或潜在的收益,否则有违企业营利的本质。既然被挂靠人享有收益,理所当然要承担相应的营运风险。其次,道路运输经营权为行政许可,享有该权利的企业负有特别管理职责。《道路运输条例》对从事客运经营的特别规定:客运经营者应当"有健全的安全生产管理制度"(第8条第1款第3项),"应当为旅客提供良好的乘车环境,保持车辆清洁、卫生,并采取必要的措施防止在运输过程中发生侵害旅客人身、财产安全的违法行为"(第16条);对从事货运经营和危险货物运输经营的特别规定"有健全的安全生产管理制度"(第21条第3项、第23条第4项);货运经营者"应当采取必要措施,防止货物脱落、扬撒等"(第26条第2款);运输危险货物"应当采取必要措施,防止危险货物燃烧、爆炸、辐射、泄漏等"(第26条第3款),"应当配备必要的押运人员,保证危险货物处于押运人员的监管之下,并悬挂明显的危险货物运输标志"(第27条第1款)。以上说明被挂靠人对挂靠人负有严格的道路运行监管义务和责任,如果发生了交通事故推断被挂靠人未尽到相应的监管义务和责任,自然应该承担连带责任。

(四) 好意同乘的机动车事故责任

《民法典》第1217条规定:"非营运机动车发生交通事故造成无偿搭乘人损害,属于该机动车一方责任的,应当减轻其赔偿责任,但是机动车使用人有故意或者重大过失的除外。"此即所谓的"好意同乘"机动车交通事故责任条款,它有如下要点:

第一,好意同乘系情谊行为。好意同乘是指驾驶人基于善意互助或友情帮助而允许他人无偿搭乘的行为。比如顺路捎带朋友、同事,应陌生人请求搭载陌生人等。好意同乘的性质,在理论上有利他合同、无因管理及情谊行为三种见解。[①]本书认为,好意同乘既不是利他合同,也不是无因管理。利他合同是一种双方法律行为,对双方具有法律约束力,无因管理是一种事实行为,它尽管不是法律行为,但也是一种民事法律事实,会在管理人与受益人之间引发民事权利义务关系。总之,无论是利他合同还是无因管理均具有法律意义。好意同乘的性质属于情谊行为,又称好意施惠,是为增进与他人之间情谊而作出的不受法律拘束的利他行为,其特征表现为:无偿性、利他性、非拘束性。比如,请他人来家作客、出席宴会等,此类行为是一种特殊的社交行为,只具有道德属性,行为本身无法律意义,不能在当事人之间产生权利义务关系,机动车驾驶人谨慎驾驶注意义务是驾驶人的法定义务,与好意同乘存在与否无关。

第二,非营运车辆、无偿搭乘是好意同乘成立的必要条件。首先,好意同乘的机动车须为非营运车辆。非营运机动车是好意同乘成立的前提,营运车辆驾驶人在运行途中如果允许他人免费搭乘也不构成好意同乘。对此,《民法典》第823条明确规定:客运承运人对运输过程中旅客的伤亡承担赔偿责任,不区分有偿旅客与无偿旅客。[②] 其次,无偿搭乘是好意同乘的本质属性之一。非营运机动车如果允许他人有偿搭乘也不构成好意同乘。所谓无偿搭乘,是指驾驶人与搭乘人之间没有形成对价关系的搭乘。为搭乘而支付对价,意味等价交换,与客运公司旅客购票上车无异;但无偿搭乘并不禁止搭乘人支付一定的成本费用,比如承担部分油费、

---

① 最高人民法院民法典贯彻实施工作领导小组.中华人民共和国民法典侵权责任编理解与适用[M].北京:人民法院出版社,2020:402.

② 《民法典》第823条规定:"承运人应当对运输过程中旅客的伤亡承担赔偿责任;但是,伤亡是旅客自身健康原因造成的或者承运人证明伤亡是旅客故意、重大过失造成的除外。前款规定适用于按照规定免票、持优待票或者经承运人许可搭乘的无票旅客。"

过路过桥费等,这属于社交范畴上的礼尚往来。

  第三,好意同乘原则上是驾驶人减轻责任的抗辩事由。首先,搭乘车辆交通事故归责为驾驶人。此为本法条适用的条件之一,如果搭乘车辆系事故的受害方,搭乘人的损害应由侵权人承担赔偿责任。其次,搭乘车辆驾驶人对搭乘人的损害原则上承担部分责任。搭车人对自身的损害要承担部分责任,减轻驾驶人的损害赔偿责任是应该而非可以,此为原则性规定。此法条的表述表明,驾驶人对搭乘人损害的归责原则实行过错责任原则,驾驶人无过错就无责任,有过错就有责任,在一般过失情况下还要减轻驾驶人的责任,即对搭乘人的损害搭乘人要与驾驶人一起分担责任。之所以如此规定,这是因为一般过失下不仅搭乘人面临事故风险,驾驶人自身也面临同等风险,既然搭乘人愿意搭乘就要与驾驶人共担自己损害的风险,更为重要的是整个社会要大力提倡互帮互助,一般过失情况下减轻驾驶人的责任是鼓励、提倡好意同乘所必要的代价。如果事故的发生系机动车驾驶人故意或者重大过失所致,驾驶人对搭乘人的损害须承担全部赔偿责任。一方面这是因为驾驶行为具有潜在的社会危害风险性,谨慎驾驶是驾驶人应尽的特别注意义务,在驾驶人故意或重大过失情况下如果仍允许好意同乘为减责的抗辩事由,就不利驾驶人履行法定的谨慎驾驶义务;另一方面每个人要对自己的行为负责,这与受害人故意碰撞机动车的法律后果相似。

第三篇 拓展篇

第八章 机动车交通事故发生后各方当事人如何维权

维权可做多种理解,可以是指维护自身合法权益的行为与过程,也可以是指损害得到弥补、赔偿。机动车交通事故轻则会导致财产损害,重则引起人员受伤或死亡,对受害人而言需要得到相应赔偿,对侵权人而言需要分清是非,免除或减轻赔偿责任。所谓机动车交通事故各方当事人的维权,是指机动车交通事故中的当事人为维护自身权益就事故损害是否赔偿、如何赔偿而依法实施的行为及其过程。它涉及维权的当事人、法律法规、证据、程序等问题,其中,证据是当事人维权的事实依据,法律法规是当事人维权的法律依据,两者缺一不可。

一、维权的当事人

维权的当事人,广义上包括交通事故的责任一方和受害一方,狭义上是指受害人一方。在维权阶段,受害人一方即受害人及其他可以主张权利的人被称作赔偿权利人,进入诉讼阶段就是原告,责任人一方即驾驶人和其他应该承担赔偿责任的人被称作赔偿义务人,在诉讼阶段就是被告。由于机动车交通事故的发生相当多的是由混合过错引发的,责任人与受害人是相对而言的。因此,此处维权的当事人就是指涉案的两方当事人,以下从维权的角度进行简单罗列介绍。

(一) 赔偿权利人

受害人。所谓受害人,又称为被侵权人,即在机动车交通事故中直接遭受人身伤亡之人和被损害财产权益的所有者。道路交通事故分为伤人事故、死亡事故和财产损失事故。作为伤人、死亡事故的受害人,可以是行人、非机动车驾驶人和乘车人,也可以是另一方机动车的驾驶人和车上人员;作为财产损失事故的受害人,可以是另一方机动车及其车上货物的所有权人,也可以是非机动车及车上货物的所有权人,还可以是道路上和道路旁交通设施、通信设施、房屋等财产权益的所有者,行人作为单纯的财产事故的受害人可能存在,但不多见。另外,肇事机动车车上人员虽然不属于交强险保障的第三者范围,但如果遭受人身伤亡,也是受害人。伤人、死亡事故的受害人一定是自然人,而财产损失事故的受害人可以是自然人,也可能是法人或非法人组织。

其他赔偿权利人。第一,死亡事故中死亡受害人的近亲属。第一顺序继承人中的配偶、父母、子女;如果没有第一顺序继承人,则第二顺序继承人兄弟姐妹、祖父母和外祖父母也是其他赔偿权利人。第二,财产损失事故中原财产权益所有者的继承人或新的权益承受者。这又有两种情况:一是原财产权益所有者系自然人,在维权期间去世,其继承人即为其他赔偿权利人;二是原财产权益所有者系法人或非法人组织,这些社会组织在维权期间发生了合并、分立或解散,新的权益承受人即为其他赔偿权利人。

(二) 赔偿义务人

赔偿义务人,是指因机动车交通事故侵害他人人身权益和财产权益依法应该承担损害赔偿的自然人、法人或者非法人组织。值得注意的是,赔偿义务人与机动车交通事故责任人不是同一个概念,两者属于包含关系,后者是指对机动车交通事故损害的发生有过错之人或虽没有过错也要承担一定赔偿责任的人,其与受害人相对;前者除后者外还包括基于保险合同而承担支付赔偿款义务的保险公司。

一般情况下,机动车驾驶人就是赔偿义务人,为机动车交通事故直接、实际侵权人。另外,机动车所有人与管理人、驾驶人的雇主、承保的保险公司等也可能是赔偿义务人。具体分析请参阅第六章相关内容,以下仅简单讨论保险公司的诉讼地位。

保险公司分为承保交强险的保险公司和承保商业保险的保险公司。虽然理论上交强险和商业保险可以在不同的保险公司分别购买,但在现实中一般都在同一家保险公司购买。如果机动车只购买了交强险,保险公司已经在交强险限额范围内垫付了抢救费用或已经支付赔偿款,该保险公司就不再为赔偿义务人,原告提起诉讼时就不应将其列为共同被告,否则应该将与责任人一起列为或在诉讼过程中追加为共同被告,如果原告没有将其列为或追加为被告,作为被告的责任人为维护自己的权益就应该主动申请将保险公司追加为诉讼第三人。对承保商业保险的保险公司,原告和被告都要做类似的诉讼操作。

二、维权的法律法规

(一) 概述

这里维权的法律法规特指能成为机动车交通事故责任承担依据的规范性文件。从法律渊源角度,它们包括:(1) 全国人大及其常委会制定的法律,即狭义上的法律,比如《民法典》《道路交通安全法》《保险法》《民事诉讼法》等;(2)国务院制定的行政法规,比如《道路交通安全法实施条例》《交强险条例》《校车安全管理条例》《道路运输条例》《报废机动车回收管理办法》等;(3)国务院交通管理部门制定的行政规章,比如《机动车驾驶证申领和使用规定》《道路运输从业人员管理规定》《机动车登记规定》《危险货物道路运输安全管理办法》《机动车强制报废标准规定》《道路交通事故处理程序规定》《道路交通安全违法行为处理程序规定》等;(4)地方人大及其常委会制定的地方法规,比如《安徽省道路交通安全办法》《安徽省治理货物运输车辆超限超载条例》等;(5)地方人民政府制定的地方政府规章,比如《安徽省道路交通安全管理规定》《安徽省道路运输安全违法行为处罚处分办法》等;(6)司法解释,比如《交通事故损害赔偿解释》《最高人民法院关于对安徽省高级人民法院如何理解和适用〈机动车交通事故责任强制保险条例〉第22条的请示的复函》以及最高人民法院发布的有关机动车交通事故责任承担的"指导性案例的通知"等。除司法解释外[①],以上法律法规的效力逐步递减。[②]在前述六种法律法规中,第(2)~(5)类几乎是对《道路交通安全法》不同法律渊源的细化规定。另外,相关"国家标准"也是机动车交通事故责任承担的重要规范性文件依据,发挥着不可或缺的辅助作用,比如《人体损伤致残程度分级》《酒驾国家标准》。[③]

这些维权的法律法规,从法律部门看,有民事法律部门的法律法规,如《民法典》《交通事故损害赔偿解释》,也有程序法部门的法律法规,如《民事诉讼法》及其相应的司法解释,但绝大多数属于行政法部门法律法规,比如《道路交通安全法》《道路交通安全法实施条例》。相对来说,民事法律部门和程序法部门规范内容的性质比较单纯,前者为实体性法律制度,后者为程序性法律制度,而行政法部门一般多为实体和程序相结合的法律制度。

维权的法律法规尽管众多繁杂,但从条文中的具体规范内容看,这些规范内容分为以下几类:一是有关机动车驾驶人是否有相应驾驶资格的规定,比如,取得驾驶资格的年龄、驾驶机动车时的行为能力、驾驶资格与机动车类型的匹配等;二是关于上道路通行机动车是否符合规范的规定,除作为一种产品必须合格的一般要

---

① 司法解释是立法机关授予最高人民法院和最高人民检察院在审判和检察过程中对适用法律问题所作出的具有法律效力的阐释和说明的权力。司法解释属有效解释,具有普遍司法效力,它对案件及其案件当事人具有客观实在的拘束力,对于案件以外的人及其行为和事件有着巨大的影响力。司法解释的普遍司法效力就是司法强制力,而这种强制力实质上与法律效力并无多大区别。

② 地方法规与部门规章具有相同的法律效力位阶,但部门规章是国务院业务主管部门制定的专业性规则,地方法规一般都要遵从。

③ 国家标准是技术规范而非行为规范,因而不属于法律规范范畴,考虑到它是机动车交通事故责任认定不可缺少的规范依据,本书将其视为准法律法规对待。

求之外,上道路通行的机动车还需要购买交强险、参加相应的年检、悬挂规范牌照等;三是有关机动车道路通行规则的规定,它主要涉及上道路通行机动车载人、载物、车速和灯光、喇叭等装置使用的规定,以及机动、非机动车、行人相互之间的道路通行权及通行优先权、尊重他方权益的义务等方面的规定;四是有关机动车交通事故责任归责的规定,比如归责原则、责任构成要件、责任人的确认、免责条件等规定;五是有关机动车交通事故责任承担的程序性规定,比如交通事故责任的认定以及损害赔偿责任纠纷处理的协商、调解、诉讼等有关规定。前述第一、二、三类规范主要由《道路交通安全法》及其细化的行政法规、地方法规、部门和政府规章构成;第四类规范由《民法典》《道路交通安全法》第76条及相关司法解释构成;第五类规范由《民事诉讼法》《道路交通安全法》相关程序性规定以及其他法律渊源相关细化规范构成。

由于机动车交通事故责任认定的要件由致害事实、损害事实、因果关系、过错四要件组成,其中前三项要件主要属于事实判断问题,而过错尽管也是一种事实①,但深受相关法律法规的制约影响。机动车驾驶人不具有相应的驾驶资格、上道路通行的机动车不合规范、机动车的运行违反了道路通行规则等是判定驾驶人一方有过错的重要法律依据,故此相关三类规范主要是通过影响当事人过错的判断进而成为责任承担的法律依据。

(二)几部重要的法律法规

以下着重介绍《民法典》《道路交通安全法》《民事诉讼法》《道路交通事故处理程序规定》等法律法规。

1.《民法典》及相关司法解释

《民法典》是在原《民法总则》《民法通则》《婚姻法》《继承法》《收养法》《担保法》《合同法》《物权法》《侵权责任法》的基础上编纂,2020年5月28日十三届全国人大三次会议表决通过,自2021年1月1日起施行的新中国第一部以法典命名的法律。它是民商法律部门的基本法,俗称"社会生活的百科全书"。它共7编、1260条,各编依次为总则、物权、合同、人格权、婚姻家庭、继承、侵权责任以及附则。通篇贯穿以人民为中心的发展思想,着眼满足人民对美好生活的需要,对公民的财产权、人格权等作出明确翔实的规定,并规定侵权责任,明确权利受到削弱、减损、侵害时的请求权和救济权等,体现了对人民权利的充分保障,被誉为"新时代人民权利的宣言书"。

它是机动车交通事故责任承担最基本的法律制度依据,除总则和第七编"侵权

---

① 过错属于主观概念,但它是一种主观性的客观事实。

责任"中的第一章"一般规定"、第二章"损害赔偿"、第三章"责任主体的特殊规定"可能适用外,第七编"侵权责任"中的第五章"机动车交通事故责任"则是主要适用的法律制度依据。该第五章共有10个条款,即第1208条至第1217条。这些条款有如下特点:

第一,第1208条[1]是有关《民法典》与《道路交通安全法》如何分工适用的规定。该条款表明,就机动车交通事故责任承担的法律制度而言,《道路交通安全法》是《民法典》的特别法,机动车交通事故责任的承担优先适用前者。但《道路交通安全法》作为《民法典》的特别法[2],主要限于该法律的第76条,该条对机动车交通事故责任的归责原则做了全面而详细的规定。

第二,其他条款基本都是特殊情形下责任如何分担的规定。各条款及其主旨请见表8.1内容。

表8.1 《民法典》第七编第五章"机动车交通事故责任"条款及主旨

条款	主旨
第1208条	本章调整范围以及机动车交通事故责任的法律渊源
第1209条	机动车所有人、管理人与使用人不一致时的侵权责任
第1210条	转让并交付但未办理登记的机动车侵权责任
第1211条	挂靠机动车侵权责任
第1212条	未经允许驾驶他人机动车侵权责任
第1213条	交通事故赔偿顺序的一般性规定
第1214条	拼装车或报废车侵权责任
第1215条	盗窃、抢劫或抢夺机动车侵权责任
第1216条	肇事后逃逸责任及受害人救济
第1217条	好意同乘的责任承担

与机动车交通事故赔偿责任有关的《民法典》司法解释主要有两个。一是《交通事故损害赔偿解释》,它是专门针对"机动车交通事故责任"而制定的司法解释,它于2012年9月17日由最高人民法院审判委员会第1556次会议通过,根据2020年12月23日最高人民法院审判委员会第1823次会议通过的《最高人民法院关于修改〈最高人民法院关于在民事审判工作中适用《中华人民共和国工会法》若干问题的解释〉等27件民事类司法解释的决定》修正。二是《人身损害赔偿解释》,它于2003年12月4日最高人民法院审判委员会第1299次会议通过;根据2020年12月

---

[1] 第1208条:机动车发生交通事故造成损害的,依照道路交通安全法律和本法的有关规定承担赔偿责任。

[2] 《道路交通安全法》属于行政法,该法第76条又属于纯粹的民事法律规范,理应由《侵权责任法》《民法典》等民事法律予以规定,但《道路交通安全法》诞生于2003年,《侵权责任法》尚未出台,加之民事基本法的制定和修改非常严格,而那时中国开始进入汽车社会,《道路交通安全法》第76条应是无奈地弥补法律规范空缺的安排。

23日最高人民法院审判委员会第1823次会议通过的《最高人民法院关于修改〈最高人民法院关于在民事审判工作中适用《中华人民共和国工会法》若干问题的解释〉等27件民事类司法解释的决定》第一次修正;根据2022年2月15日最高人民法院审判委员会第1864次会议通过的《最高人民法院关于修改〈最高人民法院关于审理人身伤亡赔偿案件适用法律若干问题的解释〉的决定》第二次修正,本次修正主要是为了彻底解决中国城乡二元损害赔偿标准不公问题,该修正自2022年5月1日起施行。

2.《道路交通安全法》及其实施条例

《道路交通安全法》于2003年10月28日第十届全国人民代表大会常务委员会第五次会议通过,于2004年5月1日开始实施,至今该法共经过三次修正。第一次是2007年12月29日第十届全国人民代表大会常务委员会第31次会议作了修正并于2008年5月1日起实施,被修改的内容仅第76条"机动车交通事故责任归责原则";第二次是2011年4月22日第十一届全国人民代表大会常务委员会第20次会议作了修正并于2011年5月1日起实施,被修改的内容是第91条和第96条,该两条款分别加重了饮酒驾车的处罚和伪造、变造、使用相关证件、牌照、标志等行为的处罚;第三次是第十三届全国人民代表大会常务委员会第28次会议于2021年4月29日通过,同日公布并施行,本次修改仅涉及主管部门对机动车驾驶社会化培训管理方式,即将交通运输主管部门对驾驶培训学校、驾驶培训班的"资格管理"修改为"备案管理"。

《道路交通安全法》属于行政法律部门,是道路交通行政管理领域的基本法、总章程。它由总则、车辆和驾驶人、道路通行条件、道路通行规定、交通事故处理、执法监督、法律责任、附则共8章124条组成。除第76条有关机动车交通事故责任归责原则的规定属于民事法律规范外,该法其他条款内容均为行政法律规范,是道路交通安全行政管理的基本法律依据,相关领域行政法规、地方法规、部门和政府规章只能是该法的细化与拓展,但又不得违反该法。

3.《道路交通事故处理程序规定》及《民事诉讼法》

《道路交通事故处理程序规定》最早以"公安部令第10号"于1992年8月10日发布并同日实施,期间于2004年、2008年经历了两次修正,最新修正于2017年6月15日公安部部长办公会议通过,自2018年5月1日起施行。它分为总则、管辖、报警和受案、自行协商、简易程序、调查、认定与复核、处罚执行、损害赔偿调解、涉外道路交通事故处理、执法监督、附则共12章114条,其中,报警和受案、自行协商、简易程序、损害赔偿调解四章涉及当事人维权程序的法律依据。

民事诉讼法是人民法院在当事人及其他诉讼参与人参加下,以审理、判决、执行等方式解决民事纠纷的程序性法律制度。机动车交通事故发生后,机动车一方与受害人一方之间损害赔偿即为一种民事纠纷,经协商、调解仍无法解决,一方当事人向人民法院提起申请要求法院处理即引发民事诉讼活动。我国《民事诉讼法》由第七届全国人民代表大会第四次会议于1991年4月9日通过,同日公布并施行。该法于2007年、2012年、2017年、2021年分别进行了四次修正,它由总则、审判程序、执行程序、涉外民事诉讼程序的特别规定4编27章291条组成。《民事诉讼法》相对比较专业,对机动车交通事故责任纠纷的普通当事人而言最值得关注的是有关证据的规范条款。

三、维权的证据

证据是根据诉讼规则认定案件事实的依据。虽然相当多的机动车交通事故责任的承担未经过诉讼即通过协商或调解就解决了,但对任何一方当事人而言证据非常重要,一定要有证据意识,收集、保留、固化证据,维权人保有必备的证据是纠纷能够得到顺利解决的基础和保障。根据《民事诉讼法》的规定,证据分为八类:当事人的陈述、书证、物证、视听资料、电子数据、证人证言、鉴定意见、勘验笔录。对机动车交通事故责任纠纷案例而言,该八类证据都可能涉及,但对维权者而言主要是围绕责任构成要件收集相关证据,常见的证据有如下几种:

(一)交通事故认定书

交通事故认定书是交警部门根据交通事故现场勘验、检查、调查情况和有关的检验、鉴定结论,分析查明交通事故的基本事实、成因和当事人的责任后所作的技术性结论。它有如下特点:第一,它只是一种有关特定事实的判断结论。根据《道路交通安全法》的规定,它要记载"交通事故的基本事实""成因""当事人的责任"三项内容,《道路交通事故处理程序规定》具体规定为以下五项内容:(1)道路交通事故当事人、车辆、道路和交通环境等基本情况;(2)道路交通事故发生经过;(3)道路交通事故证据及事故形成原因分析;(4)当事人导致道路交通事故的过错及责任或者意外原因;(5)作出道路交通事故认定的交警部门名称和日期。但这里的"责任"并非法律责任,既不是民事责任也不是行政责任或刑事责任,实质上是专业部门对交通事故发生因果关系和各方过错的判断,属于事实的判断与认定。第二,它是一种特别的证据。一方面作为一种证据,说明它本身不具有拘束力和执行力,它可以被质疑或依法推翻,它需要经过质证方可作为定案的依据;另一方面作为一种证据,它又具有特殊性,是道路交通行政管理部门出具的技术性专业性结论,当事人如果没有相反的证据去否定,它将被作为定案依据,最终对当事人损害赔偿责任的承担有实质性影响。该证据具有较高的证明效力是学界共识,但其属性学界有争议,有认为是书证且为公文书证,①也有认为不是书证,"应该属于鉴定意见的范畴",它具有法律的授权性、结论性、很强的专业性。②本书认可"鉴定意见"主张。

交通事故认定书的出具有期限上的要求。交警部门对经过勘验、检查现场的交通事故应当在勘查现场之日起10日内制作交通事故认定书。对需要进行检验、鉴定的,应当在检验、鉴定结果确定之日起5日内制作交通事故认定书。

交通事故认定书对当事人的维权有特别意义。一方面它意味着公安机关已经介入交通事故的处理,各方当事人及车辆信息得到确认,避免了某些交通事故发生后侵权人及车辆信息不明,受害人无法维权尴尬情形的发生;另一方面它明确了交通事故发生的原因、大致的损害事实、事故原因与事故之间的因果关系、各方当事人的过错,这为事故损害赔偿责任的认定和承担奠定了重要的证据基础。交通事故认定书是大部分交通事故案件中的证据,如果因为当事人没有及时报警或其他原因而缺乏交通事故认定书,受害人如果维权就需要一系列其他证据支撑自己的请求,这无疑给维权带来重大障碍。

交通事故认定书记载的内容有助于人民法院对机动车交通事故责任构成要件的确认。首先,认定书一旦被法院认可,就可以直接将认定书确认的事故发生的原因确定为责任构成要件中的致害事实,将事故原因与事故之间的因果关系类推为致害事实与事故损害事实之间的因果关系。当然,责任构成要件中的损害要件还需要当事人提供其他证据充实。因为交通事故认定书记载的内容尽管会涉及事故的损害事实,但它只限于损害的对象,比如受到人身损害之人是谁、损害的大致程度是死亡或受伤,以及受到损害的财物是什么,但人身伤亡将造成多少经济损失以及财物损害所导致的财产损失数额等,需要当事人另行举证证明。其次,"交通事故认定书的责任认定是人民法院判断双方过错的重要依据"③。认定书中所记载或分析的当事人引发事故的过错并不直接等于事故赔偿责任构成要件中的过错,人民法院主要是根据认定书所明确的责任划分作为责任构成要件中双方当事人过错判断的标准。以机动车与非机动车、行人之间的交通事故而言,认定书一般会将机动车一方的责任归为以下其中一种:负全部责任、负主要责任、负同等责任、负次要责任、无责任、意外事故六种情形,如果确认"负同等责任",多数省市人民法院会将机动车一方的赔偿责任增加10%,这实际上是认为在机动车交通事故责任中机动车一方的过错比例为60%,非机动车驾驶人或行人一方的过错比例为40%。在机动车之间的交通事故中,认定书对双方过错、责任划分的确认一般会被人民法院直

---

① 田源,司伟.道路交通事故纠纷裁判思路与裁判规则[M].北京:法律出版社,2017:266.
② 杜心全.道路交通事故责任认定指南[M].北京:中国人民公安大学出版社,2016:13-14.
③ 李晓倩.机动车交通事故责任纠纷证据运用与裁判指引[M].北京:法律出版社,2020:214.

接引用为责任构成要件中双方过错比例或原因力比例的标准。

(二) 人身伤亡所致财产损失的证据

对人身伤亡而言,需要准备如下证据:

(1) 受害人及其他赔偿权利人身份适格的证据。比如,身份证、户口簿、公安部门的户籍关系证明等,以此证明受害人与交通事故认定书记载的受害人是同一人,其他赔偿权利人与受害人之间的利害关系,比如,受害人如果是自然人且致害死亡,其近亲属即为其他赔偿权利人。

(2) 伤残等级"司法鉴定意见书"或死亡证明。这是部分机动车交通事故损害赔偿案中的重要证据。伤残等级"司法鉴定意见书"是指具有相应资质的司法鉴定机构根据委托人的委托对受害人的交通事故致害是否构成伤残、伤残等级、护理期、营养期、误工期、后续治疗费、残疾辅助器具等问题进行鉴别和判断而提供的鉴定意见。经质证被人民法院认定的"司法鉴定意见书"是受害人获得残疾赔偿金、被扶养人生活费不可缺少的证据,同时也是被害人获得护理费、营养费、误工费、后续治疗费、残疾辅助器具的重要证据之一。受害人人身伤亡不构成残疾没有申请司法鉴定或其他原因没有提供司法鉴定意见书或司法鉴定意见书缺乏对某专门问题的监督意见,如果仍要获得相应的护理费、营养费、误工费则需要其他证据支撑。死亡证明是交警部门、法医中心或参与交通事故伤者抢救、治疗的医疗机构出具的受害人生命已经终结的结论,它是受害人近亲属获得死亡赔偿金、丧葬费、被扶养人生活费不可缺少的证据。

(3) 治疗费的证据。此为机动车交通事故所有人身伤亡赔偿案不可缺少的证据,它包括医疗机构出具的医疗诊断证明和治疗费单据。医疗诊断证明,如医院治疗诊断证明书、病例、转院治疗证明,医疗终结后需要继续治疗的,还要有医院继续治疗意见或司法鉴定意见。治疗费单据,是指医疗机构出具的医药费、住院费、必要的康复费、适当的整容费以及其他后续治疗费等收费凭证及其明细清单。此类证据需要相互印证,确保证据的真实性以及与交通事故致害的关联性。

(4) 误工费的证据。它包括误工时间和先前收入证据。误工时间的证据应为受害人接受治疗的医疗机构出具的证明或司法鉴定意见,先前收入证据必须提供事故前三个月记载固定收入银行流水账单、工资表、完税证明、劳动合同等证据,或最近三年收入的银行流水账单。当然,受害人不能举证证明其最近三年的平均收入状况的,不妨碍对误工费的主张,此时误工费可以参照受诉法院所在地相同或者相近行业上一年度职工的平均工资计算。

(5) 护理费的证据。它包括护理人员的收入状况、护理人数、护理期限的证据。是否需要护理人员以及护理人数、护理期限,须有医疗机构或者鉴定机构出具的有明确意见的证明。护理人员可能是受害人的亲属或雇佣护工。作为亲属的护理人员有收入的,其减少收入的证据参考误工费证据提供,没有收入或者雇佣护工的,须提供当地护工从事同等级别护理的劳务报酬标准或实际报酬的证据。

(6) 交通费的证据。交通费应当以正式票据为凭。它需要与医疗诊断证明相匹配,以此与就医地点、时间、人数、次数相吻合。

(7) 被扶养人生活费的证据。此证据必须能证明以下内容:受害人系被扶养人法定扶养人;被扶养人姓名、年龄、收入等个人信息;被扶养人是否有其他扶养人的信息等。

(三) 财物损害所致财产损失的证据

(1) 受害人及其他赔偿权利人身份适格的证据。这里的证据与遭受人身伤亡身份适格证据的要求基本一致,受害人在遭受人身伤亡的同时也遭受了财产权益的损害。当然,在机动车交通事故责任中受害人也可能仅仅遭受财产权益的损害,此时受害人也要提供作为赔偿权利人身份适格的证据。另外,与人身伤亡身份适格证据不同的是,这里的受害人还可能是法人而非自然人,比如交通事故导致交通设置、路旁通信设施的损害,此时受害人就是道路维护单位或通信公司,在维权期间有可能发生公司分立、合并情形,这时就会发生其他赔偿权利人身份适格的证明要求。

(2) 财物损害所致财产损失的证明。这里涉及财物损害直接财产损失和间接财产损失的证明。前者是被损害财物的财产价值或施救、维修费用的证明,比如受害人一方损害车辆购买发票或施救费、维修费凭证,车辆所载物品价值凭证或损失凭证,被撞坏的交通设施、通信设施的价值或维修费用凭证。后者是依法从事货物运输、旅客运输等经营性活动的车辆,因无法从事相应经营活动所产生的合理停运损失的证明,以及非经营性车辆因无法继续使用,所产生的通常替代性交通工具的合理费用的证明。

四、维权的程序

(一) 报警、报险与固定证据

机动车发生交通事故实际上是常见的事件,对双方当事人而言,既不必惊慌,也不必愤怒,更不能逃逸,抢救伤者、避免二次事故是第一位,紧接着报警、报险与固定证据是各方当事人维护自身权益的重要环节。

1. 报警

机动车交通事故发生后,当事人立即向交警部门报案是大多数交通事故案各方当事人维权的基本环节,即当事人立即致电交警事故报警热线电话122请求处理。《道路交通事故处理程序规定》第13条规定了必须报警的两类情形:第一,发生死亡事故、伤人事故的应该立即报警处理。第二,发生财产损失事故且有下列情形之一的,当事人也应当保护现场并立即报警:(1)驾驶人无有效机动车驾驶证或者驾驶的机动车与驾驶证载明的准驾车型不符的;(2)驾驶人有饮酒、服用国家管制的精神药品或者麻醉药品嫌疑的;(3)驾驶人有从事校车业务或者旅客运输,严重超过额定乘员载客,或者严重超过规定时速行驶嫌疑的;(4)机动车无号牌或者使用伪造、变造的号牌的;(5)当事人不能自行移动车辆的;(6)一方当事人离开现场的;(7)有证据证明事故是由一方故意造成的。

交通事故损害后果轻微,当事人可以自行协商处理不报警,但缺少经验的当事人要慎重。

2. 报险

"报险"即机动车交通事故发生后被保险人向保险公司报案。机动车交通事故损害赔偿责任如果要转嫁保险公司,或要求保险公司垫付伤者抢救费用,报险是必要的环节。报险必须符合以下条件:第一,机动车的所有人或管理人至少购买了交强险。没有购买或保险期已过,自然无需报险。第二,应在事故发生后48小时内报险。我国保险法律并未规定报险的时间限制,但保险合同普遍规定出险后48小时内报险,不在约定的时间内报险有被拒绝赔偿的风险。第三,报险方式分为电话报险和登门报险。交通事故发生报警后,机动车被保险人一般情况下也要通过电话报险并听从保险公司的指导意见,保险公司也会根据具体情况派人到场查勘、定损;对于轻微财产损失交通事故案,当事人采取自行协商处理方式可以到快速理赔中心报险处理。

3. 固定证据

无论是报警处理还是不报警处理,当事人自己都应该在确保安全的情况下,尽可能及时固化交通事故现场证据,一方面在某些情况下当事人双方及其车辆有及时撤离现场、恢复交通的义务,另一方面以防事故现场被人为破坏。固化证据对未来纠纷的处理有利,对交通事故认定书结论的异议有事实依据。固化证据的方式,一是对事故现场进行拍照。①交警现场勘验拍照有所谓的方位、概览、局部、元素、

---

① 除采取现场拍照固定证据外,《道路交通事故处理程序规定》还允许通过标划事故车辆现场位置的方式固定证据,但这不具有操作性,因为事故都是突发事件,人们一般也不会携带标化事故现场的设施。相反,在人人都有手机的今天,拍照固定证据最为方便可行。

细目、比对照相①,作为当事人虽然无须按照交警现场勘验要求拍照,但自己的拍照至少沿道路顺、逆和垂直方向各拍"远、中、近"三张照片,"远"照片意在确定交通事故发生的地点,因此要注意道路旁有特征的建筑等参照物;"中"照片意在确定车辆类型品牌号牌等车辆信息、道路交通事故形态以及事故发生点在道路、车道上的位置,要特别注意车道分界线的显示,"中"照片要有车头车尾两个角度的照片;"近"照片意在确定碰撞部位。另外,三个视角的照片要能够看出相互之间的关联。以此判断交通事故发生时各方路权和道路通行优先权,从而分析认定事故及损害发生的原因和各方的过错。二是妥善保存车内行车记录仪电子数据存储介质。清晰的录像视频能够还原事故发生的过程,能显示各方路权和道路通行优先权,对事故及损害发生的原因及各方的过错更容易判断。

(二) 自行协商

自行协商是指交通事故发生后机动车一方与另一方对事故事实及成因无争议,形成了共同签字的书面协议或责任人单方面承诺②,或者自行固定证据,将车辆移至不妨碍交通地点后再协商处理损害赔偿事宜的纠纷处理方式。它有如下特点:第一,它是一种法定的当事人自决的交通事故损害赔偿纠纷处理方式。我国现行法律对机动车交通事故损害赔偿规定了三种混合式处理方式,"包括当事人自治、警察调解以及诉讼"③。一方面它适用的事故类型有法律上的限制,另一方面体现了当事人对自己权益的处分。法律设置并提倡这种处理方式的目的意在通过"快处快赔"通畅交通。第二,适用的事故类型限于机动车之间、机动车或非机动车之间财产损失的事故。④人身伤亡交通事故一般不适宜采用此种纠纷处理方式。⑤民间将这种处理方式称作"私了"并不完全正确,因为它要受到法律法规的限制,如果最后要通过保险公司的理赔还要受到理赔条件的限制。第三,双方当事人对事故事实和发生原因没有争议,双方对赔偿数额能达成一致或选择保险快速理赔方式达成一致。肇事机动车一方直接将协商一致的赔偿款直接支付给另一方,而不走保险理赔流程,也不为法律所禁止。据新闻报道,自行协商处理的交通事故案大概达到三分之一的比例。

---

① 郭忠银,石臣鹏.道路交通事故处理实训教程[M].北京:科学出版社,2017:88-89.

② 应该记载交通事故的时间、地点、对方当事人的姓名和联系方式、机动车牌号、驾驶证号、保险凭证号、碰撞部位等信息。

③ 余凌云.改进道路交通事故纠纷的解决机制[J].清华法学,2017(1):41-53.

④ 本书探讨的是机动车交通事故损害赔偿责任,其实,非机动车之间或非机动车与行人之间发生的财产损失事故也提倡自行协商处理。

⑤ 实践中所发生的人员轻微伤也可自行协商解决。《北京市机动车交通事故快速处理办法》(北京市交管局通告〔2007〕68号)就明确肯定了此种做法。

自行协商处理方式的风险与对策。这种方式多数情况下没有第一时间报警,或报警后警察未能到场勘验,撤离现场后,责任人可能反悔或提供的信息是虚假的。因此,这种处理方式要注意以下几点:第一,建议适用于财产损失相对较小的事故。事故发生后车辆均能自行移动,否则就不是轻微财产损失事故。如果损失较大应该报警处理,请求交警当场做出"交通事故认定书"。第二,责任人态度诚恳,认可自己全责,方可自行协商处理。如果责任人不认可自己的责任,必须报警处理。第三,在撤离现场前一定要固定证据,以防以后发生争议。第四,必须核对肇事方车辆行驶证、驾驶证、身份证、保险凭证等有效证件并拍照,相互拨打对方所留联系电话号码。第五,自行协商处理方式并非不报警。在自行协商的过程中,可以与交警部门联系取得帮助指导。目前有相当多的省(市)交警部门推出了"道路交通事故在线快处平台App",有利自行协商处理方式的推广。

(三) 调解

调解是机动车交通事故损害赔偿纠纷重要的处理方式。广义上的调解包括人民调解、行政调解和司法调解。《道路交通事故处理程序规定》明确规定,当事人可以根据《人民调解法》向人民调解委员会申请调解,达成调解协议后,双方当事人认为有必要的,还可以共同向人民法院申请司法确认。[①]如果调解未达成协议的,当事人可以直接向人民法院提起民事诉讼,或者自人民调解委员会作出终止调解之日起3日内,一致书面申请交警部门进行行政调解。调解作为机动车交通事故纠纷的第二种处理方式,主要是指行政调解。

交通事故纠纷行政调解,是指交警部门根据我国法律、行政法规、地方性法规和规章的要求,通过劝导、说服等方式,使交通事故纠纷的责任人、受害者及利害关系人在平等协商的基础上自愿达成协议,从而解决因交通事故引起的民事纠纷争议的非强制性行为。[②]它有如下特征:

第一,行政调解是一种选择性的纠纷处理方式。1992年1月1日开始施行,已被2004年《道路交通安全法》取代的原《道路交通事故处理办法》明确规定:"调解"纠纷处理方式是交通事故纠纷当事人提起诉讼的前置程序,《道路交通安全法》则将"调解"规定为选择性纠纷处理方式,当事人可以径直向人民法院起诉解决纠纷;当事人一旦提起诉讼,交警部门即不再受理调解申请。但应该看到,相对诉讼纠纷处理方式,调解方式简单、灵活,能够较快地处理纠纷,大概三分之一的交通事故纠

[①] 人民调解委员会的"调解协议"只有得到人民法院的司法确认才具有申请强制执行的效力。另,根据《民事诉讼法》的规定,申请司法确认"调解协议"的效力,由双方当事人自调解协议生效之日起30日内向人民法院提出。

[②] 崔鹏.交通事故纠纷行政调解法律问题研究[D].天津:天津师范大学,2021:12.

纷通过调解得到解决。

第二,行政调解具有自愿性。当事人须协商一致并在一定的期限内[①]向交警部门申请调解,交警部门方受理主持调解。交警部门不会主动调解,而且在调解期间任何一方不愿调解或向人民法院起诉的,调解程序即行终止。

第三,行政调解的方式主要表现为劝导、说服。行政调解不具有强制性,交警部门主要通过宣传交通管理法规、向各方介绍解决方案的理由和根据,争取各方的认同和配合。一般而言,通过行政调解结案的,一般不会再提起诉讼。

第四,行政调解书也不具有强制执行效力。《道路交通安全法》第74条第2款规定:"经公安机关交通管理部门调解,当事人未达成协议或者调解书生效后不履行的,当事人可以向人民法院提起民事诉讼。"当然,当事人可以事先按照《公证法》的规定申请公证机关依法赋予"行政调解书"强制执行的效力,或向有管辖权的人民法院申请司法确认。[②]

司法调解,广义上又包括当事人提起诉讼后人民法院诉讼立案前的"诉前调解"和诉讼过程中的"诉讼调解",前者更有利于节省司法资源,迅速解决纠纷;狭义上的司法调解即诉讼调解。无论何种司法调解,其生效的"调解书"均具有申请强制执行的法律效力。

(三)诉讼

诉讼是在人民法院的主导下依照民事诉讼法规定的程序组织原告、被告、诉讼中的第三人、诉讼代理人、证人等解决机动车交通事故责任纠纷的活动。它是机动车交通事故当事人解决损害赔偿纠纷的最后方式。它有如下特点:

第一,案情较为复杂、损害较为严重,诉讼主体多元化。通过自行协商、调解两种方式大部分机动车交通事故纠纷会得到解决,剩余案件多为案情复杂涉及众多主体,比如高速公路连环案,难以达成协商一致意见。也有一些事故损害较为严重,或保险公司需要法院的判决书作为理赔依据。正因如此,进入诉讼维权阶段的机动车交通事故纠纷案调撤率较低,判决率高。[③]

第二,由受害人一方作为原告提起诉讼。民事诉讼实行不告不理的原则,显然本诉讼是因为受害人一方的诉求在自行协商或调解中没有得到实现而提起。在伤

[①]《道路交通安全法实施条例》第94条:(1)当事人对交通事故损害赔偿有争议,各方当事人一致请求交警部门调解的,应当在收到交通事故认定书之日起10日内提出书面调解申请。(2)对交通事故致死的,调解从办理丧葬事宜结束之日起开始;对交通事故致伤的,调解从治疗终结或者定残之日起开始;对交通事故造成财产损失的,调解从确定损失之日起开始。

[②] 这样做也许多此一举了,不如直接提起诉讼。

[③] 赵志,莫嘉敏.论诉源治理下车险人伤案件理诉衔接的规则重构[J].法律适用,2019(22):15-24.

人和财产损失的交通事故中由受害人作为原告提起诉讼,在死亡事故中由死亡受害人的近亲属作为原告提起诉讼。机动车的驾驶人是这种诉讼理所当然的被告;另外,如果驾驶人的驾驶是职务行为,驾驶人的雇主也应列为被告,如果驾驶人没有驾驶证等情形,机动车所有人或管理人也要列为被告。原告还应该将承保交强险和商业保险的保险公司列为共同被告。

第三,原则上须有交通事故认定书或调解书。由于交警部门是机动车交通事故认定的专门机构,而且事故认定书是事故损害赔偿责任认定的基础证据,因此,没有交通事故认定书支撑的原告诉求就有可能被驳回。还有少数诉讼是责任人不履行已经达成的调解而引发,故调解书也可以支撑原告诉讼请求。当然,根据我国民事诉讼法的规定,原告没有交警部门的事故认定书或行政调解书,并不妨碍原告提起诉讼,但原告需要提交一系列的证据来弥补欠缺交通事故认定书原本可以证明的事实,即证明交通事故是客观事实及其发生的原因,并以此证明责任人对事故发生的过错。

诉讼维权当事人的特别注意事项。对原告而言,第一,一定不能遗漏被告。比如,机动车驾驶人的驾驶属于职务行为,从理论上讲赔偿责任应由其雇主承担,但在诉讼中将驾驶人与雇主列为共同被告并无不妥,驾驶人是否为职务行为应该由其本人举证证明。将承保的保险公司列为被告也为重要。总之,对被告的罗列要实行能列尽列的原则。第二,认真梳理证据。原告的诉求是否得到法院支持取决于证据是否翔实与充分。如果认为伤害已经达到伤残等级标准,要在人民法院规定的举证期限内向人民法院提交伤残鉴定申请。

对被告而言,第一,要审查原告请求赔偿费用的真实性、与交通事故的关联性以及合理性。比如,治疗费用是治疗事故伤害还是原来疾病?护理费可有相应的依据,是一人或是多人护理?要排除不合理的费用。第二,要审查原告对交通事故的发生是否有过错。如果原告一方有过错,要特别重视过失相抵的论证。

对原被告双方而言,第一,要清楚本案的归责原则和各自的举证责任。因为交通事故类型不同,归责原则和举证责任分配相应不同。第二,交通事故认定书效力是否有异议。如果要异议,证据又是什么?

第九章 与机动车交通事故关联的行政责任有哪些

广义上的机动车交通事故责任,除机动车交通事故损害赔偿民事责任外,还包括与交通事故有关联的机动车一方道路交通安全违法行为的行政责任和刑事责任。在道路交通领域,机动车一方道路交通安全违法行为是引发道路交通事故及其损害的重要原因,对已经导致交通事故的,根据其社会危害程度依法追究行政责任或刑事责任有必要,即使未造成交通事故的,它们也是潜在的道路交通事故引发因素,为了预防事故发生也有必要对机动车一方道路交通安全违法行为依法处以行政责任或刑事责任。本章探讨机动车一方道路交通安全违法行为的行政责任,第十章探讨相关刑事责任。

行政责任与行政处罚的概念。行政责任是因违反行政法律法规之义务而承担的不利后果,它包括行政处罚和行政处分两类。其中,行政处分,是依照行政隶属关系给予有违法失职行为的国家机关公务人员或参照国家机关公务人员管理的准公务人员的一种惩罚措施,诸如,警告、记过、记大过、降级、撤职、开除。行政处罚,是行政机关或其他行政主体依法定职权和程序对违反行政管理法律法规义务的行政管理相对人以减损权益或者增加义务的方式予以惩戒的具体行政行为,诸如,(1) 警告、通报批评;(2) 罚款、没收违法所得、没收非法财物;(3) 暂扣许可证件、降低资质等级、吊销许可证件;(4) 限制开展生产经营活动、责令停产停业、责令关闭、限制从业;(5) 行政拘留;(6) 法律、行政法规规定的其他行政处罚。行政处罚广泛存在于交通、工商、税务、土地、建筑、文化、教育、卫生等行政管理领域。机动车道路交通安全违法行为的行政责任,特指机动车交通行政管理领域中的行政处罚。

行政处罚的法源。根据《行政处罚法》的规定:(1) 法律可以设定各种行政处罚,但限制人身自由的行政处罚,只能由法律设定。(2) 行政法规可以设定除限制人身自由以外的行政处罚;法律对违法行为已经作出行政处罚规定,行政法规需要作出具体规定的,必须在法律规定的给予行政处罚的行为、种类和幅度的范围内规定;法律对违法行为未作出行政处罚规定,行政法规为实施法律,可以补充设定行政处罚。(3) 地方性法规可以设定除限制人身自由、吊销营业执照以外的行政处罚;法律、行政法规对违法行为已经作出行政处罚规定,地方性法规需要作出具体规定的,必须在法律、行政法规规定的给予行政处罚的行为、种类和幅度的范围内规定;法律、行政法规对违法行为未作出行政处罚规定,地方性法规为实施法律、行政法规,可以补充设定行政处罚。(4)国务院部门规章可以在法律、行政法规规定的给予行政处罚的行为、种类和幅度的范围内作出具体规定;尚未制定法律、行政法规的,国务院部门规章对违反行政管理秩序的行为,可以设定警告、通报批评或者一定数额罚款的行政处罚;罚款的限额由国务院规定。(5)地方政府规章可以在法律、法规规定的给予行政处罚的行为、种类和幅度的范围内作出具体规定;尚未制定法律、法规的,地方政府规章对违反行政管理秩序的行为,可以设定警告、通报批评或者一定数额罚款的行政处罚;罚款的限额由省、自治区、直辖市人民代表大会常务委员会规定。

机动车道路交通安全违法行为的行政责任(行政处罚)的概念及种类。机动车是一种易引发道路交通风险的交通工具,交通行政管理部门主要从机动车使用相关人员的管理、机动车的登记管理、机动车的使用管理三个方面进行风险控制,行为人违反该三个方面管理规定的即为道路交通安全违法行为,就要承担相应的行政责任。总之,机动车道路交通安全违法行为的行政责任,是机动车一方当事人因违反了有关机动车驾驶资格,机动车保有、使用等行政管理规定,未尽相关义务而承担的行政处罚。该行政处罚分为狭义和广义,狭义行政处罚特指《道路交通安全法》所规定的:警告、罚款、暂扣或者吊销机动车驾驶证、拘留四种,广义行政处罚还包括行政法规《道路交通安全法实施条例》,地方性法规,比如《安徽省道路交通安全办法》,国务院部门规章,比如《驾驶证申领和使用规定》《机动车登记规定》等所规定的:一定年限内或终身不得申领驾驶证、机动车相关牌照、收缴、暂扣机动车相关证照号牌,或者撤销、吊销机动车登记,责令车身恢复原状、收缴机动车、强制报废,没收违法所得,等等。

一、违反机动车驾驶证管理规定的行政责任

违反机动车驾驶证管理规定的行政责任,主要是指机动车驾驶人以违反《道路交通安全法》《驾驶证申领和使用规定》的方式申领和使用机动车驾驶证所承担的行政处罚。责任种类包括:罚款,申请人丧失一定期限内再次申领驾驶证的资格,收缴机动车驾驶证,撤销机动车驾驶许可。

(一)以不法方式申领机动车驾驶证的行政责任

以隐瞒、虚假或以贿赂、舞弊的方式申领驾驶证或校车驾驶证的,申请人将会受到一定金额的罚款,并丧失一定期限内再次申领驾驶证的资格;已经获得的驾驶

证,交警部门收缴驾驶证、撤销机动车驾驶许可,申请人将受到一定金额的罚款,并丧失一定期限内再次申领机动车驾驶证的资格。具体依据是:

《驾驶证申领和使用规定》第93条:(1)申请人隐瞒有关情况或者提供虚假材料申领机动车驾驶证的,交警部门不予受理或者不予办理,处500元以下罚款;申请人在1年内不得再次申领机动车驾驶证。(2)申请人在考试过程中有贿赂、舞弊行为的,取消考试资格,已经通过考试的其他科目成绩无效,交警部门处2000元以下罚款;申请人在1年内不得再次申领机动车驾驶证。(3)申请人以欺骗、贿赂等不正当手段取得机动车驾驶证的,交警部门收缴机动车驾驶证,撤销机动车驾驶许可,处2000元以下罚款;申请人在3年内不得再次申领机动车驾驶证。(4)申请人隐瞒有关情况或者提供虚假材料申请校车驾驶资格的,交警部门不予受理或者不予办理,处500元以下罚款;申请人在1年内不得再次申请校车驾驶资格。申请人以欺骗、贿赂等不正当手段取得校车驾驶资格的,交警部门撤销校车驾驶资格,处2000元以下罚款;申请人在3年内不得再次申请校车驾驶资格。

(二)以不法方式使用机动车驾驶证的行政责任

行为人取得机动车驾驶证,必须依法依规使用驾驶证,使用的基本原则是:驾驶的机动车必须与驾驶证准驾车型一致;驾驶证届期必须依法参加审验。违反者要承担相应的行政责任,具体依据如下:

《驾驶证申领和使用规定》第98条:机动车驾驶人有下列行为之一的,由交警部门处20元以上200元以下罚款:(1)机动车驾驶人补换领机动车驾驶证后,继续使用原机动车驾驶证的;(2)在实习期内驾驶机动车不符合第77条规定的①;(3)持有大型客车、重型牵引挂车、城市公交车、中型客车、大型货车驾驶证的驾驶人,未按照第81条规定申报变更信息的②。

第99条:机动车驾驶人有下列行为之一的,由交警部门处200元以上500元以下罚款:(1)机动车驾驶证被依法扣押、扣留或者暂扣期间,采用隐瞒、欺骗手段补

---

① 第77条:(1)机动车驾驶人在实习期内不得驾驶公共汽车、营运客车或者执行任务的警车、消防车、救护车、工程救险车以及载有爆炸物品、易燃易爆化学物品、剧毒或者放射性等危险物品的机动车;驾驶的机动车不得牵引挂车。(2)驾驶人在实习期内驾驶机动车上高速公路行驶,应当由持相应或者包含其准驾车型驾驶证三年以上的驾驶人陪同。其中,驾驶残疾人专用小型自动挡载客汽车的,可以由持有小型自动挡载客汽车以上准驾车型驾驶证的驾驶人陪同。(3)在增加准驾车型后的实习期内,驾驶原准驾车型的机动车时不受上述限制。

② 第81条:(1)机动车驾驶人联系电话、联系地址等信息发生变化的,应当在信息变更后三十日内,向驾驶证核发地车辆管理所备案。(2)持有大型客车、重型牵引挂车、城市公交车、中型客车、大型货车驾驶证的驾驶人从业单位等信息发生变化的,应当在信息变更后三十日内,向从业单位所在地车辆管理所备案。

领机动车驾驶证的;(2)机动车驾驶人身体条件发生变化不适合驾驶机动车,仍驾驶机动车的;(3)逾期不参加审验仍驾驶机动车的。

第100条:(1)机动车驾驶人参加审验教育时在签注学习记录、学习过程中弄虚作假的,相应学习记录无效,重新参加审验学习,由交警部门处1000元以下罚款。(2)代替实际机动车驾驶人参加审验教育的,由交警部门处2000元以下罚款。(3)组织他人实施前两款行为之一,有违法所得的,由交警部门处违法所得3倍以下罚款,但最高不超过2万元;没有违法所得的,由交警部门处2万元以下罚款。

二、违反机动车登记管理规定的行政责任

违反机动车登记管理规定的行政责任,主要是指机动车未按照《道路交通安全法》《机动车登记规定》进行机动车的初始登记、变更登记、转让登记、报废登记,以及未按照规定使用相关机动车牌照、按照期限进行技术安全检验登记所应承担的行政处罚。责任方式主要是:警告,罚款,收缴机动车登记证书、号牌、行驶证,撤销机动车登记,责令车身恢复原状,申请人在一定期限内不得申请机动车登记等。具体依据如下:

(一)以不法方式初始、补领机动车登记的行政责任

第一,欲以不法方式申请机动车登记的行政责任。《机动车登记规定》第80条:(1)隐瞒有关情况或者提供虚假材料申请机动车登记的,交警部门不予受理或者不予登记,处500元以下罚款;申请人在1年内不得再次申请机动车登记。(2)对发现申请人通过机动车虚假交易、以合法形式掩盖非法目的等手段,在机动车登记业务中牟取不正当利益的,依照第一款的规定处理。

第二,以不法方式完成机动车初始、补换登记的行政责任。《机动车登记规定》第81条:(1)以欺骗、贿赂等不正当手段取得机动车登记的,由交警部门收缴机动车登记证书、号牌、行驶证,撤销机动车登记,处2000元以下罚款;申请人在3年内不得再次申请机动车登记。(2)以欺骗、贿赂等不正当手段办理补、换领机动车登记证书、号牌、行驶证和检验合格标志等业务的,由交警部门收缴机动车登记证书、号牌、行驶证和检验合格标志,未收缴的,公告作废,处2000元以下罚款。(3)组织、参与实施第80条、本条前两款行为之一牟取经济利益的,由交警部门处违法所得3倍以上5倍以下罚款,但最高不超过10万元。

(二)不依法使用机动车牌照、变更登记的行政责任

第一,未正确使用机动车号牌、合格标志和变更、转让登记的行政责任。《道路

交通安全法》第95条：(1)上道路行驶的机动车未悬挂机动车号牌，未放置检验合格标志、保险标志，或者未随车携带行驶证、驾驶证的，交警部门应当扣留机动车，通知当事人提供相应的牌证、标志或者补办相应手续，并可以依照本法第90条的规定予以处罚。当事人提供相应的牌证、标志或者补办相应手续的，应当及时退还机动车。(2)故意遮挡、污损或者不按规定安装机动车号牌的，依照本法第90条的规定予以处罚。

《机动车登记规定》第78条：有下列情形之一的，由交警部门处警告或者200元以下罚款：(1)重型、中型载货汽车、专项作业车、挂车及大型客车的车身或者车厢后部未按照规定喷涂放大的牌号或者放大的牌号不清晰的；(2)机动车喷涂、粘贴标识或者车身广告，影响安全驾驶的；(3)载货汽车、专项作业车及挂车未按照规定安装侧面及后下部防护装置、粘贴车身反光标识的；(4)机动车未按照规定期限进行安全技术检验的；(5)改变车身颜色、更换发动机、车身或者车架，未按照第十六条规定的时限办理变更登记的；(6)机动车所有权转让后，现机动车所有人未按照第25条规定的时限办理转让登记的；(7)机动车所有人办理变更登记、转让登记，未按照第18条、第27条规定的时限到住所地车辆管理所申请机动车转入的；(8)机动车所有人未按照第23条规定申请变更备案的。

第二，伪造、变造机动车证照号牌、标志的行政责任：《道路交通安全法》第96条：(1)伪造、变造或者使用伪造、变造的机动车登记证书、号牌、行驶证、驾驶证的，由交警部门予以收缴，扣留该机动车，处15日以下拘留，并处2000元以上5000元以下罚款；构成犯罪的，依法追究刑事责任。(2)伪造、变造或者使用伪造、变造的检验合格标志、保险标志的，由交警部门予以收缴，扣留该机动车，处10日以下拘留，并处1000元以上3000元以下罚款；构成犯罪的，依法追究刑事责任。(3)使用其他车辆的机动车登记证书、号牌、行驶证、检验合格标志、保险标志的，由交警部门予以收缴，扣留该机动车，处2000元以上5000元以下罚款。(4)当事人提供相应的合法证明或者补办相应手续的，应当及时退还机动车。

第三，擅自改变机动车外形和已登记的技术参数的行政责任。《道路交通安全法》第97条：非法安装警报器、标志灯具的，由交警部门强制拆除，予以收缴，并处200元以上2000元以下罚款。《机动车登记规定》第79条：除第16条、第22条、第23条规定的情形外，擅自改变机动车外形和已登记的有关技术参数的，由交警部门责令恢复原状，并处警告或者500元以下罚款。

三、违反机动车使用管理规定的行政责任

违反机动车使用管理规定的行政责任，是指机动车在道路通行过程中所表现

出的行为人违反道路交通安全法律法规义务的行为应承担的行政处罚。责任种类包括：警告，罚款，暂扣或吊销机动车驾驶证，一定年限内或终身不得重新取得机动车驾驶证，终身不得驾驶营运机动车，收缴、强制报废机动车。

（一）机动车道路通行轻微违法行为的行政责任

《道路交通安全法》第90条：机动车驾驶人违反道路交通安全法律、法规关于道路通行规定的，处警告或者20元以上200元以下罚款。本法另有规定的，依照规定处罚。

《安徽省道路交通安全办法》第57条：交警部门及其交通警察对道路交通安全违法行为，应当及时纠正。对于情节轻微，未影响道路通行的，指出违法行为，给予口头警告后放行。

（二）饮酒或醉酒驾驶机动车的行政责任

饮酒和醉酒驾驶机动车后果不同，同时饮酒或醉酒驾驶营运或非营运车辆后果更不同。责任方式包括：罚款、拘留、暂扣或吊销机动车驾驶证、一定年限内或终身不得重新取得机动车驾驶证、终身不得驾驶营运机动车等。法律依据如下：

《道路交通安全法》第91条：(1)饮酒后驾驶机动车的，处暂扣6个月机动车驾驶证，并处1000元以上2000元以下罚款。因饮酒后驾驶机动车被处罚，再次饮酒后驾驶机动车的，处10日以下拘留，并处1000元以上2000元以下罚款，吊销机动车驾驶证。(2)醉酒驾驶机动车的，由交警部门约束至酒醒，吊销机动车驾驶证，依法追究刑事责任；5年内不得重新取得机动车驾驶证。(3)饮酒后驾驶营运机动车的，处15日拘留，并处5000元罚款，吊销机动车驾驶证，5年内不得重新取得机动车驾驶证。(4)醉酒驾驶营运机动车的，由交警部门约束至酒醒，吊销机动车驾驶证，依法追究刑事责任；10年内不得重新取得机动车驾驶证，重新取得机动车驾驶证后，不得驾驶营运机动车。(5)饮酒后或者醉酒驾驶机动车发生重大交通事故，构成犯罪的，依法追究刑事责任，并由交警部门吊销机动车驾驶证，终生不得重新取得机动车驾驶证。

（三）机动车载客或载货超载的行政责任

《道路交通安全法》第92条：(1)公路客运车辆载客超过额定乘员的，处200元以上500元以下罚款；超过额定乘员20%或者违反规定载货的，处500元以上2000元以下罚款。(2)货运机动车超过核定载质量的，处200元以上500元以下罚款；超过核定载质量30%或者违反规定载客的，处500元以上2000元以下罚款。(3)有前两款行为的，由交警部门扣留机动车至违法状态消除。(4)运输单位的车辆有本条第1款、第2款规定的情形,经处罚不改的,对直接负责的主管人员处2000元以上5000元以下罚款。①

(四) 违规停放机动车或临时停车的行政责任

《道路交通安全法》第93条:(1) 对违反道路交通安全法律、法规关于机动车停放、临时停车规定的,可以指出违法行为,并予以口头警告,令其立即驶离。(2) 机动车驾驶人不在现场或者虽在现场但拒绝立即驶离,妨碍其他车辆、行人通行的,处20元以上200元以下罚款,并可以将该机动车拖移至不妨碍交通的地点或者交警部门指定的地点停放。交警部门拖车不得向当事人收取费用,并应当及时告知当事人停放地点。(3) 因采取不正确的方法拖车造成机动车损坏的,应当依法承担补偿责任。

(五) 未依法投保机动车交强险的行政责任

《道路交通安全法》第98条:(1) 机动车所有人、管理人未按照国家规定投保机动车第三者责任强制保险的,由交警部门扣留车辆至依照规定投保后,并处依照规定投保最低责任限额应缴纳的保险费的二倍罚款。(2) 依照前款缴纳的罚款全部纳入道路交通事故社会救助基金。具体办法由国务院规定。

(六) 无证驾驶、超速驾驶、强行通行等情形的行政责任

《道路交通安全法》第99条:有下列行为之一的,由交警部门处200元以上2000元以下罚款:(1) 未取得机动车驾驶证、机动车驾驶证被吊销或者机动车驾驶证被暂扣期间驾驶机动车的;(2) 将机动车交由未取得机动车驾驶证或者机动车驾驶证被吊销、暂扣的人驾驶的;(3) 造成交通事故后逃逸,尚不构成犯罪的;(4) 机动车行驶超过规定时速50%的;(5) 强迫机动车驾驶人违反道路交通安全法律、法规和机动车安全驾驶要求驾驶机动车,造成交通事故,尚不构成犯罪的;(6) 违反交通管制的规定强行通行,不听劝阻的;(7) 故意损毁、移动、涂改交通设施,造成危害后果,尚不构成犯罪的;(8) 非法拦截、扣留机动车辆,不听劝阻,造成交通严重阻塞或者较大财产损失的。行为人有前款第(2)项、第(4)项情形之一的,可以并处吊销机动车驾驶证;有第(1)项、第(3)项、第(5)项至第(8)项情形之一的,可以并处15日以下拘留。

---

① 《道路交通安全法实施条例》第106条:公路客运载客汽车超过核定乘员、载货汽车超过核定载质量的,公安机关交通管理部门依法扣留机动车后,驾驶人应当将超载的乘车人转运、将超载的货物卸载,费用由超载机动车的驾驶人或者所有人承担。

（七）造成交通事故后逃逸的行政责任

逃逸但不构成犯罪的行政责任——罚款。前述《道路交通安全法》第99条规定：造成交通事故后逃逸，尚不构成犯罪的，由交警部门处200元以上2000元以下罚款；另可以并处15日以下拘留。针对此种情形，《安徽省道路交通安全办法》第74条第2款则对其罚款进行了进一步明确："驾驶机动车造成交通事故后逃逸，尚不构成犯罪的，按照以下规定处罚：(1)仅造成财产损失的，处1000元罚款；(2)造成人员伤害的，处2000元罚款。"

逃逸且构成犯罪的行政责任——吊销机动车驾驶证、终身不得或重新取得机动车驾驶证。《道路交通安全法》第101条第2款：造成交通事故后逃逸的，由公安机关交通管理部门吊销机动车驾驶证，且终生不得重新取得机动车驾驶证。另外，《安徽省道路交通安全办法》第82条规定："无机动车驾驶证的人驾驶机动车发生交通事故逃逸，构成犯罪的，终生不得取得机动车驾驶证。"

（八）驾驶拼装或已达到报废标准的机动车上道路行驶的行政责任

《道路交通安全法》第100条：(1)驾驶拼装的机动车或者已达到报废标准的机动车上道路行驶的，交警部门应当予以收缴，强制报废。(2)对驾驶前款所列机动车上道路行驶的驾驶人，处200元以上2000元以下罚款，并吊销机动车驾驶证。(3)出售已达到报废标准的机动车的，没收违法所得，处销售金额等额的罚款，对该机动车依照本条第1款的规定处理。

（九）因重大交通事故构成犯罪应承担的行政责任

《道路交通安全法》第101条第1款：违反道路交通安全法律、法规的规定，发生重大交通事故，构成犯罪的，依法追究刑事责任，并由交警部门吊销机动车驾驶证。

（十）偷开他人车辆应承担的行政责任

《治安管理处罚法》第64条：有下列行为之一的，处500元以上1000元以下罚款；情节严重的，处10日以上15日以下拘留，并处500元以上1000元以下罚款：(1)偷开他人机动车的；(2)未取得驾驶证驾驶或者偷开他人航空器、机动船舶的。

第十章　与机动车交通事故关联的刑事责任有哪些

与机动车交通事故关联的刑事责任,涉及交通肇事罪、危险驾驶罪、妨碍安全驾驶罪的刑事责任。其中,交通肇事罪的刑事责任是狭义、严格意义上的机动车交通事故刑事责任,它因交通事故造成严重损害后果而引发;危险驾驶罪的刑事责任并非该罪的客观方面已经发生了交通事故,而是因为犯罪嫌疑人实施了"危险驾驶"行为,该行为具有引发交通事故潜在的可能,为预防、避免交通事故必须对特定的"危险驾驶"行为处以刑事责任;妨碍交通驾驶罪的刑事责任,是对行驶中的公共交通工具的驾驶人员使用暴力或者抢控驾驶操纵装置,干扰公共交通工具正常行驶,危及公共安全之人施加的刑事责任,犯罪嫌疑人主要是乘客,当驾驶人员在行驶的公共交通工具上擅离职守,与他人互殴或者殴打他人,危及公共安全的,驾驶人员也是该罪的犯罪主体,该罪不以实际造成交通事故为必要条件。[①]考虑到妨碍交通驾驶罪的犯罪嫌疑人主要是乘客而非机动车驾驶人,故以下主要介绍交通肇事罪、危险驾驶罪及其刑事责任。

一、交通肇事罪及其刑事责任

《刑法》第133条规定:"违反交通运输管理法规,因而发生重大事故,致人重伤、死亡或者使公私财产遭受重大损失的,处3年以下有期徒刑或者拘役;交通运输肇事后逃逸或者有其他特别恶劣情节的,处3年以上7年以下有期徒刑;因逃逸致人死亡的,处7年以上有期徒刑。"以下就交通肇事罪的概念、犯罪构成、刑事责任分别介绍。

---

① 2018年10月28日重庆公交车坠江事故,该事故系乘客与司机激烈争执互殴致车辆失控坠江,坠江事故发生后,引起了全社会强烈关注。该事件是催生妨害安全驾驶罪立法最直接的原因。2019年1月8日,为依法惩治妨害安全驾驶违法犯罪行为,保护人民群众财产安全,最高人民法院、最高人民检察院、公安部出台《关于依法惩治妨害公共交通工具安全驾驶违法犯罪行为的指导意见》,向全社会传递了司法机关惩治妨害安全驾驶违法犯罪行为的决心。2020年12月26日通过的《中华人民共和国刑法修正案(十一)》明确设立妨害安全驾驶罪。

(一) 交通肇事罪的概念

交通肇事罪,是指违反交通运输管理法规,因而发生重大事故,致人重伤、死亡或者使公私财产遭受重大损失应受刑罚处罚的行为。它有四个方面特征:一是交通肇事罪属于过失犯罪,肇事者对交通肇事后果的发生不具有希望或放任的心理态度,对交通肇事后果的发生只具有主观过失;二是交通肇事行为造成了社会难以容忍的重大权益损害后果,具有特别严重的社会危害性;三是交通肇事行为严重违反了交通运输管理法规,已从行政违法性上升到刑事违法性程度;四是交通肇事行为具有刑罚处罚性,虽然交通肇事罪属于过失犯罪,但其社会危害性特别巨大,仅依靠损害赔偿民事责任或行政责任不足以消除该违法行为的不良社会影响,交通肇事行为必须接受刑罚处罚。

(二) 交通肇事罪的犯罪构成

犯罪构成的概念。刑法所规定的每一种犯罪行为,其主客观表现形式都是不一样的,每一种犯罪都有具体的目的、动机、手段和方法,比如杀人、放火、抢劫、盗窃等犯罪,犯罪人有不同的目的和行为,同样是杀人罪,犯罪手段也不一样。犯罪构成要件就是从各种不同犯罪行为的主客观表现中抽象出共同的规律,研究犯罪在主客观方面所具有的法定条件,解决构成犯罪的规格和标准问题。由此可将"犯罪构成"界定为:是刑法所规定的,决定某一具体行为的社会危害性及其程度,为该行为构成犯罪所必需的一切客观和主观要件的总和。它具体包括犯罪客体、犯罪主体、犯罪客观方面、犯罪主观方面四大要件。交通肇事罪的犯罪构成也有此四大要件:

1. 交通肇事罪的犯罪客体

犯罪客体,是被犯罪行为侵犯的刑法所保护的社会关系。因社会关系总体现一定的权益,故犯罪客体也可理解为某种权益。哪些社会关系或权益被纳入刑法保护的范围,因时代的变化而变化,但公共安全无疑是刑法保护的最重要客体之一,《刑法》第133条表明了交通肇事罪的犯罪客体为交通安全,而交通安全属于不特定人的人身及其财产安全,故交通安全是公共安全的重要组成部分,交通肇事罪系公共安全类犯罪。

另外,由于我国刑法第131条规定了"重大飞行事故罪"、第132条规定了"铁路运营安全事故罪",加之第133条所指"违反交通运输管理法规",未区分道路交通或水(海)上交通,故一般认为本条"交通肇事罪"特指道路和水(海)上两种场域。基于道路和水(海)上交通的差异,学者普遍认为应该单独设立"水(海)上交通肇事罪"。由此可知,现行法律上的交通肇事罪犯罪客体为道路交通安全和水(海)上交通安全。鉴于本书以机动车交通事故责任为研究对象,所以,此处交通肇事罪的客体限于道路交通安全。

2. 交通肇事罪的犯罪主体

犯罪主体,是指实施了危害社会的行为、依法应当负刑事责任的自然人和单位。自然人主体是指达到刑事责任年龄、具备刑事责任能力的自然人;单位主体是指实施危害社会行为并依法应负刑事责任的公司、企业、事业单位、机关、团体。但交通肇事罪的犯罪主体,只能是自然人,即凡年满16周岁、具有刑事责任能力的自然人均可构成,其包括交通运输人员和非交通运输人员两类。

所谓交通运输人员,是指车辆、船舶的驾驶人员等从事道路交通运输、水上交通运输的人员,以及内河航运线上的灯塔看守员、引水员、交通监理员等对上述交通运输的正常、安全运行负有职责的其他人员,还包括公共汽车上负有确认乘客是否已经安全地上下车职责的售票员。所谓非交通运输人员,是指交通运输人员以外的一切人员,具体包括:交通运输单位主管人员、机动车辆所有人、机动车辆承包人,驾驶非机动车辆之人,行人、乘车人以及其他参与人。[①]

3. 交通肇事罪的客观方面

犯罪客观方面,是指刑法所规定的、说明行为对刑法所保护的社会关系造成侵权的客观外在事实特征。犯罪客观方面作为犯罪构成要件之一,其内容具体表现为:危害行为、危害结果,以及行为的时间、地点、方法(手段)、对象。其中,危害行为是一切犯罪在客观方面都必须具备的要件,也是犯罪客观方面唯一的一个为一切犯罪所必须具备的要件;危害结果是大多数犯罪成立在客观方面必须具备的要件;特定的时间、地点、方法(手段)以及对象,则是某些犯罪成立而在犯罪客观方面必须具备的要件。在刑法理论上,一般将行为称为犯罪客观方面的必要要件,危害结果、特定时间、地点、方法(手段)以及对象则称为选择要件。[②]另外,危害行为与危害结果之间的因果关系,是研究犯罪客观方面不可缺少的一个重要问题,因为基于刑法罪责自负的基本原则,这种因果关系是危害结果发生时使行为人负刑事责任的必要条件。

交通肇事罪的客观方面,包括交通肇事罪的危害行为、危害结果、时空范围以及因果关系问题。基于交通肇事罪是过失犯罪,危害结果与危害行为一样均属于交通肇事罪客观方面不可或缺的要件。交通肇事罪的危害行为、危害结果、因果关系,表现在狭义的机动车交通事故责任中就是相应的致害事实、损害、因果关系。当然,刑法上的危害行为与民法上的致害事实,无论在概念的内涵上还是在概念的

[①] 柳文彬.交通肇事罪司法适用及立法完善研究[D].上海:华东政法大学,2012:27-34.
[②] 高铭暄,马克昌.刑法学[M].北京:北京大学出版社,高等教育出版社,2000:64-65.

外延上都有巨大差别。另外,民法上和行政法上因果关系判断的方式方法与刑法上因果关系的判断也不一样。比如,民法上和行政法上均可以采取推定的方式认定因果关系。《道路交通安全法实施条例》第92条规定:"发生交通事故后当事人逃逸的,逃逸的当事人承担全部责任。但是,有证据证明对方当事人也有过错的,可以减轻责任。当事人故意破坏、伪造现场、毁灭证据的,承担全部责任。"此条是行政法规对交通事故后逃逸情形因果关系的推定判断,由于行政机关对事故责任认定的结果可以成为民事责任认定的重要依据,故因果关系的推定判断方法实质上也成为民事责任因果关系的判断方法。但是,刑法上的因果关系是不允许"推定"的,因与果之间的联系必须实证。

4. 交通肇事罪的主观方面

犯罪主观方面,是指犯罪主体对自己行为及其危害社会结果的心理态度。它包括罪过以及犯罪的目的和动机几种因素。其中,行为人的罪过即犯罪的故意或者犯罪的过失,是一切犯罪构成都必须具备的主观要件;犯罪的目的只是某些犯罪构成所必备的主观要件,所以也称为选择性主观要件;犯罪动机不是犯罪构成必备的主观要件,它一般不影响定罪,而影响量刑。[①]

交通肇事罪的主观方面,通说认为其罪过形式只能是过失,危害后果的发生不是行为人的主观追求或主观放任[②],故交通肇事罪一般不讨论犯罪目的和动机。过失犯的本质是违反客观的注意义务,即懈怠了社会生活上必要的注意义务,在客观上正常、一般人所应当遵守的回避危害结果的义务。[③]交通肇事罪的罪过——过失,分为疏忽大意的过失和过于自信的过失,即交通肇事罪分为疏忽大意的交通肇事罪和过于自信的交通肇事罪。前者是指交通肇事者应当预见自己的行为可能导致他人人身、财产重大损害,但由于疏忽大意没有预见,以致发生重大交通事故;后者是指违章行为人已经预见到违反交通运输管理法规可能造成重大的交通事故,但是轻信能够避免交通事故的发生,以致发生了他人人身和财产受损的心理状态。过于自信的心理状态在实践中表现为行为人认为自己驾驶水平高,即使超速、超载、闯红灯等也不会发生交通事故。

对交通肇事罪的主观方面,有以下问题值得注意:

一是行为人对危害后果的发生具有过失心理,但不能否定其对交通运输管理法规违反的故意心理态度。作为一个正常人特别是参加了机动车驾驶资格考试之人,交通运输管理法规是什么,在参与道路交通的过程中哪些事该做、哪些事不能做应该明明白白。比如,作为司机应该知晓"开车不饮酒,饮酒不开车",行人、非机

---

① 高铭暄,马克昌.刑法学[M].北京:北京大学出版社,高等教育出版社,2000:106.
② 如果行为人对危害结果的发生具有希望或放任的心理态度,则不属于交通肇事罪案件。
③ 万尚庆,常明明.论交通肇事罪中的责任认定[J].法学杂志,2014(10):58-65.

动车驾驶人应该知晓"绿灯行、红灯停",乘车人应该知晓"不能干扰司机、抢方向盘"等,违反均为故意。

二是交通肇事罪逃逸行为的罪过。《刑法》第133条将"交通肇事后的逃逸行为"仅作为交通肇事罪量刑的加重情节,有逃逸行为量刑即由"处3年以下有期徒刑或者拘役"升级为"处3年以上7年以下有期徒刑",因逃逸致人死亡的,为"处7年以上有期徒刑"。显然,该法条仍然将"交通肇事罪逃逸行为的罪过"规定为"过失"。对此,学术上有争议。有学者认为:"'交通运输肇事后逃逸'属于结合犯,是交通肇事罪(基本犯)与遗弃罪的结合;'因逃逸致人死亡'则是结合犯的结果加重犯,仅限于遗弃行为过失致人死亡的情形。如果逃逸行为本身可评价为故意杀人的实行行为,则应以交通肇事罪(基本犯)与故意杀人罪对肇事者数罪并罚。作为定罪情节的逃逸不能为交通肇事罪(基本犯)的构成要件所包容,应对其作独立的评价,按遗弃罪或故意杀人罪对肇事者追究刑事责任。"①还有学者认为:"国外立法把交通肇事行为规定得非常详细,特别是把交通肇事逃逸行为单独定罪,非常值得借鉴。就逃逸来讲,其主观、行为方式都不能被交通肇事行为所包容,应该独立成'交通肇事逃逸罪'。"②

三是交通肇事行为人过失之注意义务的判断理论依据。注意义务的违反即过失,但法律不能强人所难,注意义务的范围、程度不应无限,以机动车驾驶人为例,应考虑到驾驶人的预见能力。驾驶人具有保持车况完好的义务,但其不可能像专业汽修工那样对车辆了如指掌,况且驾驶人法定培训课程中也没有要求驾驶人熟悉汽车的每个零件。如在正常行驶过程中,年检合格、按时维护的车辆突然操控失灵或爆胎,发生交通事故的,从行政事故认定角度看,驾驶人负事故主要责任;从民事角度看,驾驶人也应承担赔偿责任;但从刑事责任认定看,车辆突然操控失灵或爆胎并非驾驶人能够预见,属于意外事件,驾驶人不负刑事责任。③究其原因,民事赔偿责任中的过失采用过错推定,刑事责任的过失需要通过行为表现出的注意义务的程度加以判断。有关刑事责任过失的交通参与人注意义务程度的判断,在理论上,普遍主张采用信赖原则,即根据信赖原则,行为人参与交通活动时只要根据交通规则行动,就可以信赖其他从事交通的人也会根据规则而行动。如果因为其他从事交通的人采取无视交通规则的行动而发生了事故,就不应当为此追究遵守了交通规则者的责任。信赖原则免除了行为人预见他人可能实施不正常行为的义务,缩小了过失责任的范围。

---

① 劳东燕.交通肇事逃逸的相关问题研究[J].法学,2013(6):3-14.
② 姜敏.交通肇事逃逸罪可行性研究[J].西南民族大学学报(人文社会科学版),2012(10):99-103.
③ 张卫彬,叶兰君.交通肇事罪中的责任认定[J].法学,2012(11):156-160.

(三) 交通肇事罪的刑事责任

根据《审理交通肇事刑事案件的解释》，交通肇事罪刑事责任三个量刑幅度具体适用情形如下：

1. 处3年以下有期徒刑或者拘役情形——犯罪事实基本型

第一，死亡1人或者重伤3人或4人，负事故全部或者主要责任的。[①]此种情形有两个必要条件，一是危害后果是死亡1人，或者重伤3人或重伤4人；二是犯罪嫌疑人负事故全部责任或主要责任，被害人一方无责任或负次要责任。

第二，死亡3人以上5人以下，负事故同等责任的。此种情形两个必要条件：一是危害后果是死亡3人或4人或5人，二是犯罪嫌疑人与被害人负同等责任。[②]

第三，造成公共财产或者他人财产直接损失，负事故全部或者主要责任，无能力赔偿数额在30万元以上不满60万元的。[③]

第四，交通肇事致1人或2人重伤，负事故全部或者主要责任，并具有下列情形之一的，以交通肇事罪定罪处罚：一是酒后、吸食毒品后驾驶机动车辆的；二是无驾驶资格证驾驶机动车辆的；三是明知是安全装置不全或者安全机件失灵的机动车辆而驾驶的；四是明知是无牌证或者已报废的机动车辆而驾驶的；五是严重超载驾驶的；六是为逃避法律追究逃离事故现场的。

2. 处3年以上7年以下有期徒刑的情形——情节加重犯型

第一，交通肇事已经具备前述"处3年以下有期徒刑或者拘役情形"，同时犯罪嫌疑人在发生交通事故后为逃避法律追究实施了逃跑的行为。肇事者的行为及其后果如果达不到"处3年以下有期徒刑或者拘役情形"，在交通事故发生后为逃避法律追究即使实施了逃逸行为，肇事者也不构成交通肇事罪、不承担刑事责任。

第二，具有下列"其他特别恶劣情节"。一是死亡2人或者重伤5人以上，负事

[①]《审理交通肇事刑事案件的解释》第1条第1款第1项原文是"死亡1人或者重伤3人以上，负事故全部或者主要责任的"，但由于第4条第1项规定"死亡2人以上或者重伤5人以上，负事故全部或者主要责任的"，"属于'有其他特别恶劣情节'，处3年以上7年以下有期徒刑"，故第1条第1款第1项中的"重伤3人以上"只能理解为"重伤3人或重伤4人"。

[②]《审理交通肇事刑事案件的解释》第1条第1款第2项原文是"死亡3人以上，负事故同等责任的"，但由于第4条第2项规定"死亡6人以上，负事故同等责任的"，"属于'有其他特别恶劣情节'，处3年以上7年以下有期徒刑"，故第1条第1款第2项中的"死亡3人以上"只能理解为"死亡3人或死亡4人或死亡5人"。

[③]《审理交通肇事刑事案件的解释》第1条第1款第3项原文是"造成公共财产或者他人财产直接损失，负事故全部或者主要责任，无能力赔偿数额在30万元以上的"，但由于第4条第3项规定"造成公共财产或者他人财产直接损失，负事故全部或者主要责任，无能力赔偿数额在60万元以上的"，故第1条第1款第3项中的"30万元以上"只能理解为"30万元以上不满60万元"。

故全部或者主要责任的;二是死亡6人以上,负事故同等责任的;三是造成公共财产或者他人财产直接损失,负事故全部或者主要责任,无能力赔偿数额在60万元以上的。

3. 处7年以上有期徒刑的情形——逃逸致死的数罪并罚型

《审理交通肇事刑事案件的解释》第5条第1款:"'因逃逸致人死亡',是指行为人在交通肇事后为逃避法律追究而逃跑,致使被害人因得不到救助而死亡的情形。"①行为人如果非因逃避法律追究而逃离事故现场,或者被害人的死亡非因得不到及时救助而死亡,均不属于"因逃逸致人死亡"情形。比如,事故后立即报警并通报了自己的信息,然后因恐惧离开事故现场,或者事故当场就造成被害人死亡。②

"逃逸"的本质及在交通肇事罪成立、量刑中的作用。"逃逸",依字面理解就是交通事故发生后行为人逃离了现场,法律之所以要惩处"逃逸"行为,在于"逃逸"的本质是行为人违反了交通参与人的法定义务——协助调查和防止事故扩大③,《道路交通安全法》第70条:"在道路上发生交通事故,车辆驾驶人应当立即停车,保护现场;造成人身伤亡的,车辆驾驶人应当立即抢救受伤人员,并迅速报告执勤的交通警察或者交警部门。因抢救受伤人员变动现场的,应当标明位置。乘车人、过往车辆驾驶人、过往行人应当予以协助。"基于《审理交通肇事刑事案件的解释》规定,"逃逸"在交通肇事罪三个法定量刑幅度内均有相应的作用,但具体作用不同。在"处3年以下有期徒刑或者拘役情形","逃逸"是交通肇事罪成立的条件、情节,此时的逃逸显示行为人违反了"协助调查和防止事故扩大"的法定义务④;在"处3年以上7年以下有期徒刑的情形","逃逸"则是交通肇事罪量刑加重的条件、情节,此时的逃逸显示行为人违反了"协助调查"的法定义务;在"处7年以上有期徒刑的情形","逃逸"实际上成为准"遗弃罪"成立的条件、情节,参照数罪并罚的规则追究行为人的刑事责任,此时交通肇事逃逸视为交通肇事罪和遗弃罪的结合犯⑤,"逃逸"显示行为人违反了"防止事故扩大"的法定义务。

---

① 本条第2款:交通肇事后,单位主管人员、机动车辆所有人、承包人或者乘车人指使肇事人逃逸,致使被害人因得不到救助而死亡的,以交通肇事罪的共犯论处。

② 被害人死亡之后,行为人无论何种原因离开事故现场,均不属于"因逃逸致人死亡"情形。

③ 陈可倩.论刑法中"交通肇事后逃逸"的实质与类型[J].河南大学学报(社会科学版),2013(5):76-83.

④ 交通肇事致一人或两人重伤,负事故全部或者主要责任,此时行为人尚不构成交通肇事罪,但如果逃逸了,交通肇事罪成立。

⑤ 有人认为"逃逸和遗弃罪难以同一",逃逸行为是以积极的作为所实施,而遗弃罪是刑法中典型的纯正不作为犯,是一个典型的真正不作为犯,"对交通肇事逃逸的解释,唯一的出路是将其解释为交通肇事逃逸罪"。参见:余倩棠.交通肇事逃逸的性质[J].社会科学家,2017(2):119-123.

表10.1为以上几种犯罪类型的刑罚对比。

表10.1 交通肇事危害后果、责任与刑罚之匹配

犯罪类型	危害后果(人,万元)	责任大小		刑罚
基本型	死1,或重伤3—4	全责或主要责任		≤3年或拘役
	重伤1—2,且故意违法驾驶或逃逸			
	30万元≤无力赔偿<60万元			
	死3—5人	同等责任		
情节加重犯型	基本型+逃逸	全责或主责或同责		3年≤刑罚<7年
	死2人,或重伤≥5人	全责或主要责任	其他特别恶劣情节	
	无力赔偿≥60万元			
	死≥6人	同等责任		
数罪并罚型	基本型+逃逸致死	全责或主责或同责		≥7年

二、危险驾驶罪及其刑事责任

《刑法》第133条之一:"(第1款)在道路上驾驶机动车,有下列情形之一的,处拘役,并处罚金:(1)追逐竞驶,情节恶劣的;(2)醉酒驾驶机动车的;(3)从事校车业务或者旅客运输,严重超过额定乘员载客,或者严重超过规定时速行驶的;(4)违反危险化学品安全管理规定运输危险化学品,危及公共安全的。(第2款)机动车所有人、管理人对前款第(3)项、第(4)项行为负有直接责任的,依照前款的规定处罚。(第3款)有前两款行为,同时构成其他犯罪的,依照处罚较重的规定定罪处罚。"[①]

(一)危险驾驶罪的立法过程

中国改革开放成就举世瞩目,表现之一就是中国在较短的时间内成为汽车大国,但遗憾的是,人们的规则意识、道德意识并没有随经济的高速发展同步提升,加之独特的酒文化,醉驾泛滥,给社会增加了新的风险,"人民群众反映强烈"[②]。为此,2011年2月25日第十一届全国人民代表大会常务委员会第十九次会议通过的《刑法修正案(八)》增设了新罪名——危险驾驶罪,并作为《刑法》第133条之一:"在道路上驾驶机动车追逐竞驶,情节恶劣的,或者在道路上醉酒驾驶机动车的,处拘役,并处罚金。有前款行为,同时构成其他犯罪的,依照处罚较重的规定定罪处罚"。《刑法修正案(八)》一经公布,社会公众对以醉驾为典型的危险驾驶行为入罪

---

① 此条款由2011年的《刑法修正案(八)》初次设立、2015年《刑法修正案(九)》增加完善。
② 此为全国人大法制工作委员会在"关于《刑法修正案(八)草案》的立法说明"中对"危险驾驶罪"的立法理由进行解释用语。

表示了极大关注,多数人持肯定意见。在学术界,多数学者认为危险驾驶罪是《刑法修正案(八)》的亮点之一,增设危险驾驶罪,对于重塑我国民众的酒文化、培植民众良好的交通伦理,有着强大"助推"作用。[①]当然,也有学者提出了异议,认为"从我国民族的文化心理角度来看,将酒驾从一种违法行为变成犯罪行为,并不符合中国人的民族文化心理。……如果立法者不顾中西民族文化的差异,盲目照搬西方的那种一元犯罪惩罚体系,这无疑是在逆真实的民族精神而动,其负面效应将会很大"[②]。本书高度赞赏醉驾入罪,增设危险驾驶罪。危险驾驶尽管是一种抽象危险行为[③],多数不会发生实害结果,但危险驾驶一旦造成实害结果,危害后果特别严重,采用刑罚手段提前遏制这种社会风险十分必要,在当今社会危险驾驶比盗窃更为可恶,而盗窃至今仍是刑罚打击重点对象,"所以,我国刑法将醉驾等危险驾驶行为入罪是具有相当的科学性与合理性。"[④]危险驾驶罪的设立扩大了刑法对在道路上驾驶机动车这种风险行为的规制范围,是交通肇事罪时空发展上的补充法条,也有利于避免"以危险方法危害公共安全罪"[⑤]适用于"危险驾驶"(未造成实害结果)刑罚反而高于"交通肇事罪"(已造成实害结果)刑罚不协调结果。

《刑法修正案(八)》设置的危险驾驶罪只有"追逐竞驶,情节恶劣的""或者在道路上醉酒驾驶机动车的"两种情形,也没有采用概括性的兜底式规定,这就从理论上排除了将这两种危险驾驶行为之外的其他危险驾驶行为纳入处罚范围。但有些行为,如吸毒后驾驶、无证驾驶、严重超载驾驶、深度疲劳驾驶、较长时间的逆向行驶、驾驶明知存在安全隐患的车辆等,其社会危害程度不亚于醉酒驾驶和情节严重的追逐竞驶,这些行为所造成的重大人员伤亡和巨额财产损失也时有发生,显示了《刑法修正案(八)》在对危险驾驶行为的处罚上存在漏洞。[⑥]2015年8月29日第十二届全国人民代表大会常务委员会第十六次会议通过《刑法修正案(九)》,将刑法第133条之一修改为本节前述条文,即将危险驾驶行为增加两项:"从事校车业务

---

① 叶良芳.风险社会增设危险驾驶罪契合当前情势[N].中国社会科学报,2011-5-3(14).

② 周详.民生法治观下"危险驾驶"刑事立法的风险评估[J].法学,2011(2):24-34.

③ 根据危险犯对危险实现的要求不同可以分为具体危险犯和抽象危险犯。一般认为,具体危险犯中的危险是司法机关根据行为当时的具体情况而认定的行为具有发生侵害结果的现实性;而抽象危险犯中的危险是立法机关在立法时根据一般的社会生活经验推定的行为具有发生侵害结果的高度现实性,这种危险是不允许司法机关与当事人反证的。

④ 李瑞生.论危险驾驶罪的价值及其完善[J].河北法学,2012(12):144-150.

⑤《刑法》第114条:放火、决水、爆炸以及投放毒害性、放射性、传染病病原体等物质或者以其他危险方法危害公共安全,尚未造成严重后果的,处3年以上10年以下有期徒刑。

⑥ 有学者认为"将毒驾、怒驾行为入罪不具有可行性,危险驾驶行为入罪的范围不宜过于扩张"。参见:彭文华.危险驾驶行为入罪的必要性与可行性:以《刑法修正案(九)》的相关规定为视角[J].法学论坛,2015(5):23-31.

或者旅客运输,严重超过额定乘员载客,或者严重超过规定时速行驶的";"违反危险化学品安全管理规定运输危险化学品,危及公共安全的"。另增加一款"机动车所有人、管理人对前款第(3)项、第(4)项行为负有直接责任的,依照前款的规定处罚",作为本条的第2款,原第2款作为本条的第3款。

(二)危险驾驶罪的法律特征

第一,危险驾驶罪属于行为犯。根据犯罪结果是否为犯罪构成的必要条件,犯罪区分为行为犯和结果犯。以结果发生为不必要,单纯以行为为要素的犯罪被称作单纯行为犯。对大部分犯罪而言,除行为以外,以一定结果为构成要件要素的,称为结果犯。具体而言,只需要实施一定的行为,而不需要该行为产生特定的"事实性"结果的是行为犯,在行为犯的场合,不存在因果关系的判断问题;行为实施完毕之后,还需出现具有一定时空间隔的独立的"事实性"结果才齐备构成要件的犯罪是结果犯,结果犯的成立需要进行因果关系的判断。我国刑法理论通常是在讨论犯罪既遂的标准时说明行为犯和结果犯的区别。一般认为,行为犯是指以完成刑法规定的特定行为作为犯罪既遂的标志,而结果犯则是不仅要实施具体犯罪构成要件规定的行为,而且必须发生特定的结果才构成既遂的犯罪。从判断既遂或未遂的角度出发,危险驾驶行为一经实施,或者行为本身具备了一定的情节,犯罪行为即宣告既遂。因此,危险驾驶罪属于行为犯。[①]本章前一节探讨的"交通肇事罪"属于结果犯。

第二,危险驾驶罪是抽象危险犯。根据法益所受侵害之程度为标准,可以将犯罪区分为危险犯和实害犯。大陆法系国家刑法理论通说认为,以法益的现实侵害为内容的犯罪称为实害犯,以法益侵害的危险为内容的犯罪称为危险犯。危险犯还可以进一步分为具体危险犯与抽象危险犯。一般认为,所谓具体危险犯,是指需要在司法上就具体个案进行是否存在现实性的具体性危险判定的一种危险犯类型。[②]而抽象危险犯,是在司法上以一般的社会生活经验为根据,认定行为通常具有发生侵害结果的危险,因而不需要在个案中进行具体判定的一种危险犯类型。当前得到普遍认可的仅仅是:抽象危险犯的成立不以具体危险状态的出现为必要。但何谓抽象危险,如何展开抽象危险犯的实质判断,刑法理论大致形成了以下两种观点:一是认为抽象危险犯中的抽象危险是一种立法上推定的危险;二是认为抽象危险是行为本身的属性,即行为本身的危险。第一种观点是比较早期的看法,依照此看法,一个行为在个案上,既不引起具体危险,也不引起实害,这个行为之所以被

[①] 黄悦.危险驾驶罪的法律特征与司法适用研究[J].中南大学学报(社会科学版),2013(2):100-105.

[②] 国外刑法理论认为未遂犯也属具体危险犯。

处罚,只是基于立法上推测(假定)其有危险。目前被广泛接受的是第二种观点,即抽象危险犯不是个别行为对于被保护法益的危险结果,而是各个行为种类的一般危险性,某种行为方式带有典型危险性,所以被犯罪化。也就是说,立法者基于一般的生活经验,将通常能够导致危害结果的某种类型性的危险行为规定为抽象危险犯,所谓的抽象危险指的就是行为本身的危险性。总之,刑法中的具体危险指的是危险状态,抽象危险指的是某物或某行为本身的危险性。危险性是事物本身的一种属性,就像"可燃性""毒性"等概念是对现实当中的对应物如汽油可以燃烧、砒霜能够致人死亡这种现象所作出的思维层面的概括一样,即使现实生活中有个别体质特异者在食用砒霜后安然无恙,也不能据此得出砒霜没有"毒性"这一判断。根据修正案关于危险驾驶罪的条文表述以及较低的法定刑幅度,通说认为危险驾驶罪属于抽象的危险犯。[①]

(三) 危险驾驶罪的犯罪构成

1. 危险驾驶罪的客体

危险驾驶罪的客体是道路交通安全,从权益的角度就是刑法所保护的法益,它涉及在道路交通过程中不特定人的人身安全和财产安全。该罪必须是在"道路上"驾驶机动车辆,即除航空、铁路、水路外的公路交通,其犯罪对象仅限于"机动车",不包括非机动车,也不包括火车、船舶、航空器等其他交通工具。对于"道路"的理解,最高人民法院发布的《〈关于办理醉酒驾驶机动车刑事案件适用法律若干问题的意见〉的理解与适用》"关于'道路'的含义",其中,针对"虽在单位管辖范围但允许社会机动车通行的地方"的解释:"经研究,判断这些地方是否属于道路,关键在于其是否符合道路的公共性特征。无论管理方式是收费还是免费、机动车进出是否需要登记,只要允许不特定的社会机动车自由通行,就属于道路;如果仅允许与管辖单位及其人员有业务往来、亲友关系等特定事由的来访者的机动车通行的,则不属于允许社会机动车通行的地方,不能认定为道路。"

相对来说,学理上危险驾驶罪的客体没有争议。由于危险驾驶罪是危险行为犯,该罪的客体实际上并未受到实际侵害,这不同于实害犯、结果犯的犯罪客体在既遂情形下已经受到实际侵害。

2. 危险驾驶罪的主体

本罪的主体为一般主体,即凡年满16周岁、具有刑事责任能力的自然人均可

[①] 黄悦.危险驾驶罪的法律特征与司法适用研究[J].中南大学学报(社会科学版),2013(2):100-105.

以构成。《刑法修正案(十一)》尽管已经将刑事责任年龄最低降到12周岁,[①]但这属于特别犯罪的刑事责任年龄,一般刑事责任年龄为16周岁,危险驾驶罪属于一般犯罪,故精神健康状态正常的年满16周岁的人均可以成为危险驾驶罪的主体。

因申领驾驶证的最低年龄为18周岁的身体符合要求的自然人。对于16周岁到18周岁之间的完全刑事责任能力的自然人,如果此类人驾驶汽车,肯定为无证驾驶,虽然刑法未将无证驾驶的行为列为危险驾驶罪认定的行为,但无证驾驶只要具备《刑法》第133条之一的规定,该16周岁到18周岁之间的完全刑事责任能力的自然人也可以成为危险驾驶罪的主体。另外,因机动车所有人、管理人可以成为危险驾驶罪的主体,故危险驾驶罪的主体并非限于驾驶人。

3. 危险驾驶罪的客观方面

本罪客观方面表现为四种行为类型:

第一,"追逐竞驶,情节恶劣的"。所谓追逐竞驶,一般是指驾驶人违反交通管理法规,在道路上高速、超速行驶,随意追逐、超越其他车辆,频繁、突然并线,近距离驶入其他车辆之前的危险驾驶行为。有人认为:"'追逐竞驶'行为的成立还是应当要求行为人之间具有主观上的意思联络。"[②]这种见解是错误的。追逐竞驶包括追逐和竞驶两种情况:追逐一般是指积极地追赶、跟随,特殊情况也包括前车故意不断采刹或变道拦截后车前行,追逐可以是单方行为,也可以是多方相互间的行为;竞驶是基于两个或两个以上的行为人竞速的行为,可以是驾驶者之间经过意思联络的互相追逐,也可以是一个人为追求刺激而在道路上与其他不认识的司机进行追逐。竞驶一般是以超速行驶的方式进行,但追逐行为并不必然超速。如追逐者为了赶上前面的车辆,在交通繁忙的路段随意超车、并道、换道,严重影响公共交通安全的情况。追逐竞驶型危险驾驶罪是情节犯,要求行为必须达到情节恶劣的程度。[③]如何判断"情节恶劣"?有实务工作者认为:"情节恶劣"有别于"情节严重",两者的区别在于"情节恶劣"侧重于主观方面,"情节严重"侧重于危害行为已

[①]《刑法修正案(十一)》(第1条):将刑法第17条修改为:"已满16周岁的人犯罪,应当负刑事责任。已满14周岁不满16周岁的人,犯故意杀人、故意伤害致人重伤或者死亡、强奸、抢劫、贩卖毒品、放火、爆炸、投放危险物质罪的,应当负刑事责任。已满12周岁不满14周岁的人,犯故意杀人、故意伤害罪,致人死亡或者以特别残忍手段致人重伤造成严重残疾,情节恶劣,经最高人民检察院核准追诉的,应当负刑事责任。对依照前三款规定追究刑事责任的不满18周岁的人,应当从轻或者减轻处罚。因不满16周岁不予刑事处罚的,责令其父母或者其他监护人加以管教;在必要的时候,依法进行专门矫治教育。"

[②] 陆诗忠.论"危险驾驶罪"司法适用中的几个疑难问题[J].甘肃政法学院学报,2018(2):49-61.

[③] 王鹏祥.危险驾驶罪的构成及其完善[J].河南师范大学学报(哲学社会科学版),2012(5):113-116.

经造成的事实危害结果。追逐竞驶类危险驾驶是明显的行为犯,不对危害后果作过多的要求。以下行为可认定为"情节恶劣":一是超速追逐竞驶;二是追逐竞驶给他人带来现实的危险;三是严重违章的追逐竞驶,即在追逐竞驶过程中有严重的违反道路交通安全法规定的行为,应该认定为情节恶劣,比如频繁、突然并线,强闯红灯、占道行驶、越界逆行等。[①]有学者认为:"只需要司法人员对追逐竞驶行为本身的附随性情节进行考虑,如竞驶过程中车辆的时速、车辆是否非法改装、是否属于无牌无证驾驶以及竞驶人的行为动机等因素,而不需考虑追逐竞驶行为对周围行人、车辆等公共安全是否产生了现实的危险。"[②]也有学者认为:"应当综合考虑各种因素,要坚持主客观相统一,应当从行为人的主观、客观两个方面进行全面的考量。要考虑行为人追逐竞驶的动机、追逐竞驶的次数、追逐竞驶是否足以危及周围的公共安全,等等。"[③]

第二,"醉酒驾驶机动车的"。醉酒驾驶机动车,是指行为人经血液酒精含量检测达到一定阈值的情况下仍驾驶机动车在道路上行驶的行为。我国《酒驾国家标准》规定:车辆驾驶人员血液酒精含量大于或等于20 mg/100 mL而小于80 mg/100 mL的,属于饮酒驾车;血液酒精含量大于或等于80 mg/100 mL的,属于醉酒驾车。我国醉酒状态的判断标准是一种客观的判断标准,这有利于快速诊断,减少争议,简化诉讼程序,节约司法资源。

有学者认为,"一百毫升"的标准并不合理,是否"醉酒驾驶"应当以是否产生"具体危险状态"来认定。[④]还有学者认为:单独呼气酒精测试结果只能作为醉驾案立案侦查依据而非定案证据使用;单独血液酒精含量测试结果可以作为定罪证据使用,且并不违反刑事诉讼法中孤证不立原则,但其客观性与合法性必须经过排除合理怀疑;既无呼气酒精测试也无血液酒精含量测试结果时,仅凭旁证不能认定醉驾犯罪成立。[⑤]

第三,"从事校车业务或者旅客运输,严重超过额定乘员载客,或者严重超过规定时速行驶的"。超速超载即"双超",是道路交通领域较为常见的现象,它既存在于货运领域,也存在于客运领域,《刑法修正案(九)》规定的"双超"是指从事校车业务或旅客运输的超限超载,不包括货运超限超载。这意味着《刑法修正案(九)》侧

---

① 张钦利.追逐竞驶不等于飙车[N].检察日报,2015-8-17(3).
② 黄悦.危险驾驶罪的法律特征与司法适用研究[J].中南大学学报(社会科学版),2013(2):100-105.
③ 陆诗忠.论"危险驾驶罪"司法适用中的几个疑难问题[J].甘肃政法学院学报,2018(2):49-61.
④ 付晓雅.危险驾驶罪的客观要件[J].法学杂志,2014(8):122-129.
⑤ 刘艳红.醉驾型危险驾驶罪刑事证据规则研究:基于刑事一体化的尝试性构建[J].法律科学(西北政法大学学报),2014(2):144-153.

重保护的是客运公共安全。

对校车而言,前述刑法条文的表述是"校车业务"而非"校车运输",反映出刑法立法者意图从实质上而非从形式上来看待"校车"①,故驾驶空载的从事校车业务的车辆可以构成严重超速型的危险驾驶罪。对旅客运输而言,刑法条文的表述是"旅客运输"而非"旅客运输业务",故对于从事旅客运输的车辆,在空载时严重超速的,不能以危险驾驶罪论处。因为从事实层面看,没有旅客就谈不上运输,因此行为难以符合构成要件的规定;从法律层面看,刑法条文的规定没有"业务"二字,故应在教义学上将业务犯的构成要件加以限定而非任意扩张。②

第四,"违反危险化学品安全管理规定运输危险化学品,危及公共安全的"。此款项条文因有"危及公共安全的"表述,而存在本罪是具体危险犯不是抽象危险犯、罪过是故意还是过失的疑问。"尽管在规范意义上可以肯定本罪是故意犯罪,但根据实际的情形,不能排除行为人对'违反危险化学品安全管理规定运输危险化学品'的行为持故意的态度,而对'危及公共安全'的危险持过失态度的可能……从刑事政策的角度看,危险驾驶罪的构成不论是以前的两种情形还是现在的四种情形,均是出于将刑法的保护提前,从而解决法益实际受损后的刑法滞后性保护问题。换言之,从保护公共安全的刑事政策出发,可能会适度放弃对行为人责任的严格的教义学要求,也即,放弃行为人对某些要素的罪过要求。在这一认识下,可以认为,'危及公共安全的'表述在本罪中虽然是具体危险的描述,但行为人并不需要对这一危险有故意或过失,此乃刑法教义学中的客观处罚条件……将'危及公共安全的'表述理解为客观处罚条件一方面满足了刑法教义学内部协调的要求,另一方面也符合设立危险驾驶罪的刑事政策目的,可谓两全其美。"③

4. 危险驾驶罪的主观方面

危险驾驶罪的罪过,突破了刑法传统的结果本位的罪过概念,采用了行为罪过概念,因此,危险驾驶罪的罪过应该是行为人对自己在道路上驾驶机动车追逐竞驶的情节恶劣行为,或者在道路上醉酒驾驶机动车的行为及其与驾驶行为相伴随的抽象危险的认知与所持的态度。在没有罪过阻却事由的情况下,行为人只要认识到自己是在道路上追逐竞驶或醉酒驾驶就意味着对与行为相伴随的抽象危险的希

---

① 形式上的"校车"是指《校车安全管理条例》第2条之规定:"本条例所称校车,是指依照本条例取得使用许可,用于接送接受义务教育的学生上下学的7座以上的载客汽车。接送小学生的校车应当是按照专用校车国家标准设计和制造的小学生专用校车。"

② 李凯.危险驾驶罪新增规定的探讨[J].法律适用,2017(15):93-98.

③ 同②.

望或放任。①相反,在"隔夜醉驾"且间隔较长的情况下,行为人往往缺乏"饮酒"的认识,对其驾驶行为就不应认定有危险驾驶的故意,不应认定为危险驾驶罪。无论是在刑法理论界还是在司法实务界,危险驾驶罪罪过的"故意说"是通说。

(四) 危险驾驶罪的刑事责任

根据《刑法》第133条之一的第1款规定,四种危险驾驶行为的刑事责任为"拘役,并处罚金"。其中,拘役是短期剥夺罪犯人身自由,就近拘禁并强制劳动的刑罚。在中国拘役是主刑之一,期限为1个月以上6个月以下,数罪并罚时最高不能超过1年。拘役有如下特点:第一,刑期短于有期徒刑,由公安机关就近执行;第二,服刑期间,被处拘役者每月可回家1~2天,参加劳动者还可酌量发给报酬;第三,拘役期满后再犯罪,不构成累犯。拘役的刑期,从判决执行之日起计算;判决执行以前先行羁押的,羁押一日折抵刑期一日。另外,四种危险驾驶行为的刑事责任"罚金"是"并处",即"罚金"是附加适用而非单独使用。②罚金属于财产刑,是指法院判处犯罪人向国家缴纳一定数额金钱的刑罚方法,在中国刑法中它是一种附加刑。

根据《刑法》第133条之一的第2款"机动车所有人、管理人对前款第3项、第4项行为负有直接责任的,依照前款的规定处罚"之规定,有人认为,机动车所有人、管理人可以构成危险驾驶罪该款第3项、第4项行为的犯罪主体,与机动车驾驶人构成共同犯罪。③但也有学者认为机动车所有人、管理人如果构成犯罪不是共同犯罪而是监督过失,机动车所有人和管理人的监督过失责任是与危险驾驶者的责任相独立的,它与危险驾驶罪的故意罪过并无根本性冲突。一方面不能以监督过失责任的规定,来反证《刑法》第133条之一第1款第3、4项是过失犯罪的规定,另一方面,在认定机动车所有人、管理人的范围时,应以行为人的过失行为是否与危险驾驶行为具有直接原因力的关系,如果有,则可以肯定其构成犯罪,反之则不能构成犯罪。④

根据《刑法》第133条之一的第3款"有前两款行为,同时构成其他犯罪的,依照处罚较重的规定定罪处罚"的规定,这涉及危险驾驶罪与交通肇事罪、以危险方法危害公共安全罪的竞合问题。对此款的适用,学者认为"要准确理解适用'同时构成其他犯罪'相关条款,至少必须把握以下三点:其一,何谓'同时',即行为系'同一

---

① 王耀忠.危险驾驶罪罪过等问题之规范研究[J].法律科学(西北政法大学学报),2012(5):121-130.
② 在中国刑法中,罚金可以单独使用,也可附加使用。
③ 杨金彪.机动车所有人、管理人也可构成危险驾驶罪主体[J].人民检察,2016(24):35-37.
④ 李凯.危险驾驶罪新增规定的探讨[J].法律适用,2017(15):93-98.

行为'还是数个行为？其二,应否以及能否严格区分法条竞合与想象竞合？其三,在适用刑法分则中数罪并罚条款时,应否具体考察行为的主要部分重叠与否,进而为避免重复评价而应从一重处罚？"①另外,这里的"其他犯罪",一般是指"交通肇事罪""以危险方法危害公共安全罪"。危险驾驶导致实害后果依"交通肇事罪"定罪,如果危险驾驶者对实害后果的发生具有主观故意则按"以危险方法危害公共安全罪"定罪量刑。②

（五）危险驾驶罪的争议

危险驾驶罪可以说是我国刑事立法最为争议的一个罪名,比如,是否有必要动用刑罚来抑制危险驾驶行为,是否有违刑法的谦抑性等。③相对来说,危险驾驶行为是抽象危险行为还是具体危险行为、罪过形式是故意还是过失、醉驾是否一律入刑、第133条之一中的"其他犯罪"如何理解,是危险驾驶罪最为争议的四个问题。

第一,危险驾驶行为是抽象危险行为还是具体危险行为？关于危险驾驶罪是抽象危险犯,在学理上是有争议的。有观点认为,危险驾驶罪是具体危险犯。④该学者认为,不论是追逐竞驶行为,还是醉酒驾驶行为,都必须产生了具体的危险状态才成立危险驾驶罪。对于追逐竞驶行为来说,具体危险行为的表现是情节恶劣；对于酒后驾驶行为来说,酗酒驾驶是抽象危险行为,醉酒驾驶则是具体危险行为,"醉酒驾驶"本身就是具体危险行为的表现。所以,只要行为人被界定为醉酒驾驶,即可认定为犯罪,而不需要再达到情节恶劣的程度。也有学者认为,危险驾驶罪中"醉驾"型的是抽象危险驾驶罪,而"追逐竞驶"型因需要"情节恶劣的"特定要求而为具体危险犯。其强调"'情节恶劣'的认定应当从客观方面来考察、判断,着力考察'追逐竞驶行为'已经产生了危及公共交通安全的具体危险。'醉酒型'危险驾驶罪在理论上被认为是抽象危险犯,'追逐竞驶'型危险驾驶罪则被认为是具体危险犯。后者之所以被认为是具体危险犯,很重要的一点就是因为'情节恶劣'是其构成要素。在此意义上,'追逐竞驶行为'已经产生了危及公共交通安全的具体危险

---

① 陈洪兵.刑法修正案（九）中"同时构成其他犯罪"相关条款的理解适用："大竞合论"立场再提倡[J].政治与法律,2016(2):17-28.

② 也有学者否认,认为"'其他犯罪'不包括'以危险方法危害公共安全罪'"。参见:陆诗忠.论"危险驾驶罪"司法适用中的几个疑难问题[J].甘肃政法学院学报,2018(2):49-61.

③ 刑法的谦抑性,是指刑法应依据一定的规则控制处罚范围与处罚程度,即凡是适用其他法律足以抑止某种违法行为、足以保护合法权益时,就不要将其规定为犯罪；凡是适用较轻的制裁方法足以抑止某种犯罪行为、足以保护合法权益时,就不要规定较重的制裁方法。参见:张明楷.论刑法的谦抑性[J].法商研究（中南政法学院学报）,1995(4):55-62.

④ 付晓雅.危险驾驶罪的客观要件[J].法学杂志,2014(8):122-129.

无疑应当成为'情节恶劣'的重要因素之一。因而,应当以道路上车辆与行人的多少、驾驶的路段与时间等因素判断'追逐竞驶'行为是否已经产生了危及公共交通安全的具体危险,是否足以威胁他人的生命、财产安全。出现该危险的,就可以认定为'情节恶劣'。比如,在车辆和行人较多的繁忙的道路上进行'追逐竞驶'的,可视为'情节恶劣'"。[1]

对抽象危险行为是否要做实质判断也有争议。有观点认为,"判断行为是否具有抽象危险,不需要针对行为是否造成现实危险状态进行具体判断,但是对于行为本身是否属于抽象危险犯设定的行为类型,行为是否具有抽象危险,仍然需要司法人员进行实质性的判断。"[2]

第二,罪过形式是故意还是过失?有学者对危险驾驶罪罪过故意形式持否定意见,认为"考察危险驾驶罪的主观要件,须以本罪的立法目的为出发点,以本罪的规范目的为核心,从罪刑均衡原则为判断约束,以定罪要素为辅助,可以认定本罪的主观方面是过失而不是故意"[3]。

有关危险驾驶罪主观方面的争论主要体现在醉酒驾驶情形。学者们对这类犯罪的罪过进行了深入研究,有四种见解:第一,"故意说"。持该说的学者认为:"醉酒驾驶属于故意犯罪,行为人必须认识到自己是在醉酒状态下驾驶机动车。"[4]第二,"过失说"。持该说的学者认为,对故意的"醉驾型"危险驾驶行为应当以危险方法危害公共安全罪(未遂)论处,只有过失的"醉驾型"危险驾驶行为才是符合"醉驾型"危险驾驶罪的客观行为。[5]第三,"醉驾型"危险驾驶罪的罪过形式既可以是故意,也可以是过失。[6]第四,主观构成要件不重要。有学者认为:"本罪的主观构成要件是故意还是过失并不重要,实务上,只要控方证明了'在道路上醉酒驾驶机动车'之事实的存在,故意也就存在,犯罪即告成立,可以免除罪责的情形几乎不存在。"[7]本书肯定:危险驾驶罪的罪过形式为故意,"其内容表现为行为人对危险驾驶行为有认识并放任或希望危险驾驶行为的抽象危险发生"[8]。

---

[1] 陆诗忠.论"危险驾驶罪"司法适用中的几个疑难问题[J].甘肃政法学院学报,2018(2):49-61.

[2] 黄悦.危险驾驶罪的法律特征与司法适用研究[J].中南大学学报(社会科学版),2013(2):100-105.

[3] 付晓雅.危险驾驶罪的主观要件研究[J].当代法学,2014(5):71-78.

[4] 张明楷.刑法学[M].北京:法律出版社,2011:638.

[5] 冯军.论《刑法》第133条之1的规范目的及其适用[J].中国法学,2011(5):138-158.

[6] 谢望原,何龙."醉驾型"危险驾驶罪若干问题探究[J].法商研究,2013(4):105-116.

[7] 曲新久.醉驾不一律入罪无需依赖于"但书"的适用[J].法学,2011(7):13-17.

[8] 李翔.危险驾驶罪主观方面新论[J].法商研究,2013(6):69-75.

在对醉酒型危险驾驶罪的主观形式的判断上,有学者认为,"醉酒型危险驾驶罪在主观上是故意,且是针对在道路上醉酒驾车行为的故意;客观构成要件中的'醉酒'、'在道路上'、'机动车'均是带有法律评价的规范性构成要件要素,对这些要素的认识不需要达到准确无误的程度,只要认识到作为评价基础的事实,并从'外行领域中的平行性评价'角度理解行为的社会意义即可。"①

第三,醉驾是否应该一律入刑?在危险驾驶罪的司法适用过程中,争议最多的问题是醉酒驾驶行为的入罪问题,即醉酒驾车行为是否一律构成危险驾驶罪。对此,公检法存在不同看法。2011年5月10日,时任最高人民法院副院长的张军大法官在全国法院刑事审判工作座谈会上指出,具体追究醉酒驾驶犯罪嫌疑人的刑事责任,应当慎重稳妥,不应仅从文意理解刑法修正案(八)的规定,认为只要达到醉酒标准驾驶机动车的就一律构成刑事犯罪,要与修改后的道路交通安全法相衔接。同年5月17日,公安部交管局有关负责人称,在刑法修正案(八)和修改后的道路交通安全法施行后,公安部门对经核实属于醉酒驾驶机动车的一律刑事立案。同年5月23日,最高检新闻发言人白泉民表示,对于检方来说,醉驾案件只要事实清楚、证据充分一律起诉。

在学理上,部分学者反对醉驾一律入刑的理由在于危险驾驶罪也应该遵循《刑法》总则第13条的"但书"②规定。对此主张,有学者反驳道:"'但书'规定与规定'危险驾驶罪'的罪刑规范之间的关系应是一种内含关系。这是因为,'危险驾驶'行为仅仅是我国《刑法》中所规定的行为,在其他法律(《道路交通安全法》)中并没有规定此行为(我国《道路交通安全法》只是规定了'酒驾'的法律责任,对'醉驾'行为的惩治则交给了刑法)。换言之,立法者对危险驾驶罪的罪刑规范进行设计时已经对危险驾驶行为的社会危害性进行了充分的考虑,认为'危险驾驶'的行为性质本身就具有严重的社会危害性,就符合犯罪的本质特征要求。因而,对已经属于刑法规范对象的'危险驾驶'行为就不能再区分违法行为与犯罪行为,'危险驾驶'行为就应当一律'入刑',没有必要去考虑犯罪的认定是否符合'但书'规定。换言之,在司法实践中,只要能够认定'醉驾'行为该当于'在道路上醉酒驾驶机动车辆'这一构成要件的,就应当认定为犯罪,除非存在着特定的阻却违法或者阻却责任事

---

① 李莉.故意抑或过失:醉酒型危险驾驶罪的主观构成要件辨析[J].江汉论坛,2017(5):125-130.

②《刑法》第13条:一切危害国家主权、领土完整和安全,分裂国家、颠覆人民民主专政的政权和推翻社会主义制度,破坏社会秩序和经济秩序,侵犯国有财产或者劳动群众集体所有的财产,侵犯公民私人所有的财产,侵犯公民的人身权利、民主权利和其他权利,以及其他危害社会的行为,依照法律应当受刑罚处罚的,都是犯罪,但是情节显著轻微危害不大的,不认为是犯罪。

由。"①本书认为,"酒驾"分为"醉驾性酒驾"和"非醉驾性酒驾","非醉驾性酒驾"才属于《刑法》第13条中的"但书"——"但是情节显著轻微危害不大的,不认为是犯罪"。

另有学者认为:"基于刑事一体化的考量,目前刑法理论界认为轻微醉驾行为不构成危险驾驶罪的观点,会导致对轻微醉驾行为在《道路交通安全法》上无相应条款予以处罚或者处罚不合理的局面;在诉讼程序上可能因司法机关权力运作无法协调,导致醉驾型危险驾驶罪被虚置;在社会效果上可能使得危险驾驶罪之规范目的及立法预期落空。故此,对于醉酒驾驶机动车的,原则上应认定为犯罪"②。本书赞成醉驾一律入刑的主张。

第四,第133条之一中的"其他犯罪"如何理解?《刑法》第133条之一:"……(第3款)有前两款行为,同时构成其他犯罪的,依照处罚较重的规定定罪处罚。"

一般认为,这里的"其他犯罪"包括"交通肇事罪""以危险方法危害公共安全罪"。比如:"危险驾驶造成重大或者紧迫危险或者严重伤亡时,应按以危险方法危害公共安全罪论处,不存在构成交通肇事罪的问题。"③另外,有人主张这里的"其他犯罪"还应当包括"过失致人重伤罪""过失致人死亡罪"④。当然,也有学者分析了这里的"其他犯罪",既不包括"以危险方法危害公共安全罪",也不包括"过失致人重伤罪""过失致人死亡罪";立法者在上述法条中设置"其他犯罪",其意义仅仅在于提醒司法者:当危险驾驶犯罪行为导致严重后果或者具备其他情节时,不得以危险驾驶罪论处。⑤

《刑法》第133条之一第3款的规定,实际上涉及若干犯罪的竞合问题。有学者认为,危险驾驶罪不论是与以危险方法危害公共安全罪的竞合还是与交通肇事罪的竞合,都是一种想象竞合而非法规竞合。危险驾驶罪是一种抽象危险犯,以危险方法危害公共安全罪包括具体危险犯(刑法第114条)和实害犯(刑法第115条第1款)两种类型,交通肇事罪则是实害犯;危险驾驶罪与以危险方法危害公共安全罪或交通肇事罪的竞合,实际上是抽象危险犯与相应的具体危险犯或实害犯的竞合。可能有人疑问,在竞合场合具体危险犯或实害犯也可以认定为抽象危险犯?以危险驾驶罪与交通肇事罪竞合为例,交通肇事罪属于实害犯,以发生致人重伤、死亡

---

① 陆诗忠.论"危险驾驶罪"司法适用中的几个疑难问题[J].甘肃政法学院学报,2018(2):49-61.

② 李凯.醉驾标准与危险驾驶罪的构成:基于刑事一体化的考量[J].西南民族大学学报(人文社会科学版),2014(2):92-96.

③ 张克文.危险驾驶罪的客观不法与主观罪责[J].环球法律评论,2013(6):83-102.

④ 冯军.论《刑法》第133条之1的规范目的及其适用[J].中国法学,2011(5):138-158.

⑤ 陆诗忠.论"危险驾驶罪"司法适用中的几个疑难问题[J].甘肃政法学院学报,2018(2):49-61.

或公私财产重大损失的实害结果为构成要件;而危险驾驶罪属于抽象危险犯,其成立并不要求行为对道路交通安全的危险具体地达到现实化的程度,更不要求实害结果的发生。但抽象危险犯的意蕴是其成立不需要具体危险的出现,而不是说出现了具体危险或一定结果的就一定不构成某种抽象危险犯。换言之,即使出现了一定的具体危险或造成了一定的结果,例如将一个人撞成轻伤、把一根电线杆撞断,但只要这种具体危险或实害不是交通肇事罪的规制对象,则仍属于危险驾驶罪的适用范围。由此看来,所谓危险驾驶罪与交通肇事罪的区分,关键是刑法意义上实害结果的判断问题。[①]

[①] 张爱晓.危险驾驶罪与相关犯罪的界限与竞合:以危险驾驶罪的性质为视角[J].河北法学,2014(3):195-200.

参考文献

著作类[①]：

[1] 梁慧星.民法总论[M].北京:法律出版社,2004.
[2] 杨立新.人身权法论[M].中国检察出版社,1996.
[3] 陈甦.民法总则评注(下册)[M].法律出版社,2017.
[4] 徐毅刚,谭志福.道路交通事故处理新论[M].济南:山东人民出版社,2011.
[5] 王利明,周友军,高圣平.侵权责任法疑难问题研究[M].北京:中国法制出版社,2012.
[6] 张新宝.侵权责任法[M].北京:中国人民大学出版社,2013.
[7] 杨立新.侵权责任法[M].北京:法律出版社,2010.
[8] 梁慧星.为中国民法典而斗争[M].北京:法律出版社,2002。
[9] 王利明.侵权行为法归责原则研究[M].北京:中国政法大学出版社,1992.
[10] 最高人民法院民法典贯彻实施工作领导小组.中华人民共和国民法典侵权责任编理解与适用[M].北京:人民法院出版社,2020.
[11] 刘士国.现代侵权损害赔偿研究[M].北京:法律出版社,1998.
[12] 曾世雄.损害赔偿法原理[M].北京:中国政法大学出版社,2001.
[13] 张新宝.精神损害赔偿制度研究[M].北京:法律出版社,2012.
[14] 孙晓东,曾勉.法律因果关系研究[M].北京:知识产权出版社,2010.
[15] 王胜明.中华人民共和国侵权责任法释义[M].北京:法律出版社,2010.
[16] 杨立新.侵权责任法[M].北京:法律出版社,2020.
[17] 全国人大常委会法制工作委员会民法室.侵权责任法立法背景与观点全集[M].北京:法律出版社,2010.
[18] 王林清,杨心忠.交通事故责任纠纷裁判精要与规则适用[M].北京:北京大学出版社,2016.
[19] 王文娟,锁进宏.图解交通事故责任认定[M].芜湖:安徽师范大学出版社,2013.
[20] 杜心全.道路交通事故责任认定指南[M].北京:中国人民公安大学出版社,2016.
[21] 张新宝.中国侵权行为法[M].北京:中国社会科学出版社,1998.
[22] 黄立.民法债编总论[M].北京:中国政法大学出版社,2002.
[23] 王清平.实例合同法学[M].北京:高等教育出版社,2004.
[24] 田源,司伟.道路交通事故纠纷裁判思路与裁判规则[M].北京:法律出版社,2017.

[①] 以书中引用先后次序排列。下同。

[25] 李晓倩.机动车交通事故责任纠纷证据运用与裁判指引[M].北京:法律出版社,2020.
[26] 郭忠银,石臣鹏.道路交通事故处理实训教程[M].北京:科学出版社,2017.
[27] 高铭暄,马克昌.刑法学[M].北京:北京大学出版社,高等教育出版社,2000.
[28] 张明楷.刑法学[M].北京:法律出版社,2011.

论文类:

[1] 董学立,纪振永.论配偶权的性质及救济[J].东岳论丛,2004(5):177-181.
[2] 裴桦.配偶权之权利属性探究[J].法制与社会发展,2009(6):64-73.
[3] 杨立新,梁清.原因力的因果关系理论基础及其具体应用[J].法学家,2006(6):101-110.
[4] 张新宝.侵权行为法的一般条款[J].法学研究,2001(4):42-54.
[5] 叶金强.论过错程度对侵权构成及效果之影响[J].法商研究,2009(3):70-76.
[6] 杜万华,贺小荣,李明义,姜强.《关于审理道路交通事故损害赔偿案件适用法律若干问题的解释》的理解与适用[J].法律适用,2013(3):32-37.
[7] 高贵君,马岩,方文军,曾琳.关于办理醉酒驾驶机动车刑事案件适用法律若干问题的意见的理解与适用[J].人民司法,2014(3):19-24.
[8] 张新宝.侵权责任法死亡赔偿制度解读[J].中国法学,2010(3):22-36.
[9] 张济兴.关于机动车道路优先通行权的规定[J].安全与健康,2009(6):50-51.
[10] 周天宝.浅谈交通事故责任纠纷中车主的过错责任[J].现代交际,2015(11):32.
[11] 郑雅方,周国均,张永坡.论因果关系理论在交通事故责任认定中的应用:兼论交通事故责任划分标准的瑕疵及矫正[J].中国人民公安大学学报(社会科学版),2007(6):85-93.
[12] 欧元捷.道路交通事故侵权诉讼中的证明责任分配[J].山东社会科学,2017(10):113-119.
[13] 张新宝,明俊.侵权法上的原因力理论研究[J].中国法学,2005(2):92-103.
[14] 徐斯逵.试论行为、作用、过错、责任之间的关系[J].道路交通管理,2009(8):57-58.
[15] 王翼彪,崔鸿鸣.法律因果关系理论在机动车交通事故责任归结中的运用[J].辽宁公安司法管理干部学院学报,2019(3):99-104.
[16] 王德明.交强险打通分项限额判决评析:兼论交强险的立法目的和对价平衡原则[J].保险研究,2014(6):86-95.
[17] 邬砚.侵权补充责任研究[D].重庆:西南政法大学,2015:1.
[18] 王鑫,李璐,刘方祺.零接触交通事故如何划分责任[J].共产党员(河北),2015(2):28.
[19] 程富君,周克.无接触的交通事故责任应如何认定[J].法制与社会,2014(28):112-113.
[20] 倪维常,郑永建.共同饮酒者的情谊侵权赔偿责任[J].人民司法(案例),2017(8):48-50.
[21] 余凌云.改进道路交通事故纠纷的解决机制[J].清华法学,2017(1):41-53.
[22] 崔鹏.交通事故纠纷行政调解法律问题研究[D].天津:天津师范大学,2021:12.
[23] 赵志,莫嘉敏.论诉源治理下车险人伤案件诉讼衔接的规则重构[J].法律适用,2019(22):15-24.
[24] 柳文彬.交通肇事罪司法适用及立法完善研究[D].上海:华东政法大学,2012:27-34.
[25] 万尚庆,常明明.论交通肇事罪中的责任认定[J].法学杂志,2014(10):58-65.
[26] 劳东燕.交通肇事逃逸的相关问题研究[J].法学,2013(6):3-14.

[27] 姜敏.交通肇事逃逸罪可行性研究[J].西南民族大学学报(人文社会科学版),2012(10): 99-103.

[28] 张卫彬,叶兰君.交通肇事罪中的责任认定[J].法学,2012(11):156-160.

[29] 陈可倩.论刑法中"交通肇事后逃逸"的实质与类型[J].河南大学学报(社会科学版),2013 (5):76-83.

[30] 余倩棠.交通肇事逃逸的性质[J].社会科学家,2017(2):119-123.

[31] 周详.民生法治观下"危险驾驶"刑事立法的风险评估[J].法学,2011(2):24-34.

[32] 李瑞生.论危险驾驶罪的价值及其完善[J].河北法学,2012(12):144-150.

[33] 彭文华.危险驾驶行为入罪的必要性与可行性:以《刑法修正案(九)》的相关规定为视角 [J].法学论坛,2015(5):23-31.

[34] 黄悦.危险驾驶罪的法律特征与司法适用研究[J].中南大学学报(社会科学版),2013(2): 100-105.

[35] 陆诗忠.论"危险驾驶罪"司法适用中的几个疑难问题[J].甘肃政法学院学报,2018(2): 49-61.

[36] 王鹏祥.危险驾驶罪的构成及其完善[J].河南师范大学学报(哲学社会科学版),2012(5): 113-116.

[37] 付晓雅.危险驾驶罪的客观要件[J].法学杂志,2014(8):122-129.

[38] 刘艳红.醉驾型危险驾驶罪刑事证据规则研究:基于刑事一体化的尝试性构建[J].法律科学(西北政法大学学报),2014(2):144-153.

[39] 李凯.危险驾驶罪新增规定的探讨[J].法律适用,2017(15):93-98.

[40] 王耀忠.危险驾驶罪罪过等问题之规范研究[J].法律科学(西北政法大学学报),2012(5): 121-130.

[41] 杨金彪.机动车所有人、管理人也可构成危险驾驶罪主体[J].人民检察,2016(24):35-37.

[42] 陈洪兵.刑法修正案(九)中"同时构成其他犯罪"相关条款的理解适用:"大竞合论"立场再提倡[J].政治与法律,2016(2):17-28.

[43] 张明楷.论刑法的谦抑性[J].法商研究(中南政法学院学报),1995(4):55-62.

[44] 付晓雅.危险驾驶罪的主观要件研究[J].当代法学,2014(5):71-78.

[45] 冯军.论《刑法》第133条之1的规范目的及其适用[J].中国法学,2011(5):138-158.

[46] 谢望原,何龙."醉驾型"危险驾驶罪若干问题探究[J].法商研究,2013(4):105-116.

[47] 曲新久.醉驾不一律入罪无需依赖于"但书"的适用[J].法学,2011(7):13-17.

[48] 李翔.危险驾驶罪主观方面新论[J].法商研究,2013(6):69-75.

[49] 李莉.故意抑或过失:醉酒型危险驾驶罪的主观构成要件辨析[J].江汉论坛,2017(5): 125-130.

[50] 李凯.醉驾标准与危险驾驶罪的构成:基于刑事一体化的考量[J].西南民族大学学报(人文社会科学版),2014(2):92-96.

[51] 张克文.危险驾驶罪的客观不法与主观罪责[J].环球法律评论,2013(6):83-102.

[52] 张爱晓.危险驾驶罪与相关犯罪的界限与竞合:以危险驾驶罪的性质为视角[J].河北法

学,2014(3):195-200.

其他类:

[1] 中央电视台.[新闻直播间]杭州"7·30交通肇事案"一审宣判[EB/OL].[2019-7-16].http://tv.cctv.com/2019/07/16/VIDEaCBbGzPwklc6PfmqxjTu190716.shtml.

[2] 闫继勇,邵泽毅."徐玉玉被电信诈骗案"开庭审理[N].人民法院报,2017-6-28(3).

[3] 卞忠桂.车辆所有人与使用人非同一人时赔偿责任如何划分[N].江苏经济报:2014-8-6(B03).

[4] 张钦利.追逐竞驶不等于飙车[N].检察日报,2015-8-17(3).

[5] 叶良芳.风险社会增设危险驾驶罪契合当前情势[N].中国社会科学报,2011-5-3(14).

后　　记

　　本书系笔者主持的2021年度安徽省社会科学创新发展研究课题"民法典与百姓生活"(项目编号:2021KD007)、2021年安徽省高等学校质量工程项目"思想道德与法治"教学团队(项目编号:2021jxtd092)的研究成果,也是本人长期从事"侵权责任法"等民事法律课程教学、科研和相关案件律师实务的总结。鉴于中国已经进入"汽车时代",交通事故频发,普通人很容易陷入道路交通事故责任纠纷,为此本人在学校开设了公共选修课"侵权责任法",每年有数百人选修学习。出于学时的限制,本课程主要从机动车交通事故责任角度讲授侵权责任法的基本原理及其实务。这门选修课的开设也是本人作为安徽农业大学马克思主义学院教师,积极践行中共中央办公厅和国务院办公厅印发的《关于深化新时代学校思想政治理论课改革创新的若干意见》中所要求的面向大学生开设"宪法法律"类思想政治教育"选择性必修课"的表现。自然,本书也是安徽农业大学省级重点马克思主义学院建设成果。

　　中国科学技术大学出版社领导和编辑对本书的立项、写作、编辑、出版给予了指导帮助,做了大量工作,令我感动,衷心感谢!

王清平
2022年9月20日